名师名校名校长

凝聚名师共识
回应名师关怀
打造名师品牌
培育名师群体

名师名校名校长书系

问史·践履

让历史进驻「人」

唐琴/著

光明日报出版社

图书在版编目（CIP）数据

问史·践履：让历史进驻"人"/唐琴著.—北京：光明日报出版社，2017.5
ISBN 978-7-5194-2939-3

Ⅰ.①问… Ⅱ.①唐… Ⅲ.①教育—文集 Ⅳ.①G4-53

中国版本图书馆CIP数据核字（2017）第107749号

问史·践履：让历史进驻"人"

著　　者：唐　琴	
责任编辑：靳鹤琼	封面设计：北京言之凿文化
责任校对：傅泉泽	责任印制：曹　诤

出版发行：光明日报出版社
地　　址：北京市东城区珠市口东大街5号，100062
电　　话：010-67022197（咨询），67078870（发行），67019571（邮购）
传　　真：010-67078227，67078255
网　　址：http://book.gmw.cn
E-mail：gmcbs@gmw.cn　　caoy@gmw.cn
法律顾问：北京德恒律师事务所龚柳方律师

印　　刷：北京市华审彩色印刷厂
装　　订：北京市华审彩色印刷厂
本书如有破损、缺页、装订错误，请与本社联系调换

开　　本：787×1092　1/16	
字　　数：251千字	印　　张：15.5
版　　次：2017年6月第1版	印　　次：2017年6月第1次印刷
书　　号：ISBN 978-7-5194-2939-3	
定　　价：36.00	

版权所有　翻印必究

教师发展研究专项成果。

江苏省教育科学"十三五"规划重点资助课题"基于历史学科素养的普通高中学术型教师培养的行动研究"研究成果。

苏州市吴江区哲学社会科学界联合会
"苏州市吴江区社会科学书库"资助项目

序言 PREFACE

一切改变都源于对孩子们的爱

《问史·践履——让历史进驻"人"》一书的内容，大家读了就知道，我就不说了。对于书的作者唐琴老师，我倒是想多说几句。

认识唐琴老师，是2010年8月在上海举办的一次全国性历史教育研讨会上，那时她已是江苏省历史特级教师和江苏省四星级高中学校的副校长。短暂的见面，我们主要商议基础教育研究院与他们学校战略合作之事。之后不久，合作正式签约，她和我作为合作双方主要负责人，需要协商包括历史教育在内各个学科的合作服务主题等事，交流自然多了起来。当然，由于学科背景原因，她和我于历史学科的合作则用心尤多。屈指数来，合作已近七年，时间虽不算太久，却一起做了一些还算有益的事情，由此对唐老师也有了不少了解。挂一漏万，说说对她的四点突出印象吧。

一、她看学科教学，注重追根究底、领悟教育真谛

同仁与我聊历史教学，我往往发现一个现象，就是囿于学科谈学科教学的多，用教育整体视野跳出学科谈学科教学的少，总感觉缺点什么。缺什么呢？最缺关于学生的视角。这些年，经过课改的启蒙，愈来愈多的历史教师，已经觉知这一缺陷，唐琴老师是其中最早的觉醒者之一。

从文章到课堂，从课内到课外，仔细观察不难发现，唐老师最看重的是学生，最在乎的是学生的感受和体验。她工作室的成员告诉我，唐老师经常提醒

他们：备课首先要备目标、备学生，然后再选择教学内容、设计教学方法。理由是，只有了解了学生已有的认知和价值观等状态与教学所要达成的目标之间的差异，才能加强备课的针对性，而加强针对性，恰是实现有效教学的关键。在唐老师看来，面对有生命、有情感、正在形成三观的学生，教学应该是一项在良知和责任上要求极高的工作。老师的教学总是一种影响的施加，不是正面的影响就是负面的影响，只是程度有差异罢了。她因此反复提示，教师要警惕自己的一言一行对孩子施加了怎样的影响，因此必须时刻省察自己——"教学每天都在进行，但教育是否每天都在发生？"这实际上是在"人"这个根子上追问历史教育的真谛，亦即以学生健康成长为出发点和落脚点，责问怎样把"历史教学"升华为"历史教育"。

许多同仁或许还记得，唐老师在2016年暑期的一次历史教育大型研讨会上所作的讲座，主题就是"人：教学胜任力的价值指向"，指出历史教育理论研究中"学生"缺席、现实考量中"素养"缺位、课堂教学中"价值"缺场等诸多弊端，特别强调历史教师要把学生当作"心上人"，要拥有一颗培养"人"的心。听这话，我不禁想起尼采的一句名言："教育乃是对创造物的爱，是超出自爱的厚爱。"何以要创造和厚爱？个中深意着实值得玩味。

二、她做教育研究，善于捕捉选题，突破重点、难点

我发现唐琴老师对历史教育实践中存在的各种现象有一种敏锐的观察力和判断力，这或许正是得益于对究竟何为历史教育的清醒认识。对流行的诸多历史教育理论观点、形形色色的教学模式等，她总是保持着冷静观察、理性判断的习惯，一切皆要经过大脑过滤再说，绝不盲目遵从，绝不盲目跟风。唯其如此，她在历史教育研究上，往往能够捕捉到人们不易察觉的重要选题，并且抓住选题当中易被人们忽视或回避的重点、难点，然后自己带头策划研究方案，引领工作室团队成员共同推进研究。近十年来，人们有目共睹，她自己和她的团队在历史教育研究方面的专著、论文、课题等，可谓连年不断、层出不穷，而且质量高、影响大，有人赞其为"唐秦效应"，实非虚语。

在我看来，唐老师和她团队的教育研究业绩，说穿了其实取决于思想。思想从何而来？来自于认真学习、冷静观察和深入思考。做教研最需要的可贵品质是善于批判性思考。批判性思考，换言之就是不盲从和理性判断。唐老师认为正是历史学科教学实践让她养成了批判性思考的习惯，她的团队成员也逐渐

习得了这种思维品质，于是她和团队成员才能形成默契，经常敏锐地发现问题并揪住问题不放，通过策划主办论坛之类的研讨活动来推进研究。结果往往是一举两得，既发表了研究论文，也服务了正在做的事情。

唐老师的教研经验还启示人们，只要保持批判性思考习惯，一时陷入迷茫、抓不准选题也不要紧，只要对问题追根究底、整体判断，终会拨云见日、走出迷津。比如说，在"史料教学"成风靡之势时，她曾带着团队进行"学术引领课堂"的教学研究，然而，她很快又觉察到，这样做本是为了纠偏，却恰恰有可能陷入另一种偏误，于是质疑自己："学术可以引领课堂吗？"在究竟是"学术引领"还是"价值引领"的困惑徘徊中，她果断地否定了自己，把视角回归到历史教育"育人"的常识上来，确定了以时代性价值取向为视角统领教学研究的主题，随之围绕"人"主办了一系列论坛活动，引发全国同仁关注的"历史教育，'人'不能缺席"论坛，就是其中著名的教研活动之一。

凡事追问、洞察、判断究竟什么才是人们共同认为"应该"的，其目的在于明是非、辨善恶、判美丑，指导人做出正确的选择和行动，这恰是价值观的本义。没有清晰和正确的价值观做指引，人心可能是混乱的，行为亦可能走偏。教学和教研也是如此，因此我曾反复强调，价值观是历史教育的灵魂。当然，要做实做好对课堂、教研的价值引领，关键要用足批判性思维。这一点，唐老师做到了。

三、她的专业发展，成在责任担当、乐于学习思考

在个人专业发展的意义上，唐琴老师无疑已是一个有理想、会学习、善创造的代名词。她在教学、教研、管理等方面表现出的素养和胜任力，很引人关注。可我要强调说，唐琴老师并非生来就优秀，她的成长其实源于非常平凡的路径——学习、观察、思考。这事本来人人皆可做，不过有人时断时续不坚持，而她坚持下来了。坚持做好平凡事，就有可能赢得持续改进从而走向不平庸，道理似乎就这么简单。

唐老师之所以能坚持下来，实因心中装着学生，视帮助孩子们健全成长为莫大责任。有对学生的爱，一切苦都是甜的。她备课多从如何学开始，以"教学转化"亦即学生学会和会学为直接目的。她心里清楚，每节课都要涉及教学策略、艺术和智慧，这对所有教师都是一大挑战。她应对挑战的办法很简单，无非是通过学习来谋求反思改进，不仅通过书刊学习，更乐于虚心向专家和同行学习。

了解唐老师的人知道，她熟知全国知名历史教育专家的重要主张，这些专家的专著、论文、PPT在她手里都经过了分类摘录等繁复的阅读手续，她习惯于在重要专家讲座时录音并亲自做整理工作。很多人开会听报告两三个小时可能会犯困，却常见唐老师在听报告时忙碌得很，一会儿记笔记，一会儿拍照，同时还在录音，会后她对照录音，一边整理内容，一边琢磨要义。我们的编辑要选登一些精彩的报告内容，也已知求助唐老师准没错。唐老师手下有很多兵，整理录音稿完全可让他们去做，有人问过为什么不，唐老师笑答，消化、吸收是无法让别人替代的呀。整理录音在别人眼里是辛苦活，却成为唐老师提升自我的法宝。她曾乐呵呵告知我，有些讲座她会隔三差五看着PPT打印稿、戴上耳机听录音，再次沉浸在专家讲座的熏陶之中，因为每次听都会产生新的想法、生成更多的共鸣，她的许多教研新选题就是这么被催生出来的。

唐老师认为，学习并无捷径可走。在碎片化信息泛滥的今天，她特别提倡纸质文本的阅读，不仅读教育学、读历史学方面的书籍，她更推崇阅读学科期刊，认为学科期刊浓缩了中外历史教育的最新研究成果，阅读学科期刊可以帮助教师及时把握历史教学动态和历史教育发展趋势，从而保持教学、教研的新鲜度和时代感。为此，她将"读刊悦悟"活动常态化，通过阶段性分享交流，来督促团队成员阅读学习。说阅读重要时，切不可忘了，唐老师更喜欢通过请教众多名家、广交同行朋友、参与教研活动来学习，而且视之为更有效的学习方式，理由是这种开放性交流学习能激发和引导人更有针对性地去阅读、观察和思考。

布鲁纳在谈及学生成长时强调指出"努力比能力重要"。其实教师专业发展与学生成长一样，均需树立信心让努力持之以恒，一旦养成了学习、观察、思考的习惯，就不愁胜任力的提升，唐老师的成长经历就是好例证。有意识观察她的教学实践，或多或少能感到她在以身作则指导学生也能养成这些好习惯。她懂得亚里士多德反复论说"优秀是一种习惯"，是根究教育意义后得出的真知灼见。

四、她带名师团队，善做专业管理、力促共同成长

唐琴老师是唐秦名师工作室领衔人。如今唐秦（团队）与唐琴（个人）一样，在全国都非常有名。他们是怎样发展到这一步的？不少同仁都想探知其究竟。

唐秦团队的成长，其实与唐琴老师个人的成长一样并无奇特路径，我感

觉靠的主要是对成员做好每件事的严格要求，用术语说就是有非常专业化的管理。走近唐秦团队不难窥知，他们有清晰的目标、规划、计划等愿景，有同伴互助、专家引领、平台跟进等措施，有自评互评、开放交流、共促成长等机制。团队成员始终按照唐老师的要求坚持不懈地去做，持续不断地积极参与形式多样的各种学习和研究活动，这是其难能可贵之处，或许也是团队成长并非秘密的秘密所在吧。

说唐老师对团队有清晰目标、有严格要求等，可举《问史》为例。《问史》是为了促进工作室成员实实在在地成长而办的室刊。办这样一份刊物，无上级要求，无业绩考核，更无资金资助，用她的话说，纯粹是工作室为了成员自己汇集研究成果的"臭美"。在我看来这是谦虚之语，为一个名师团队创造共同成长、谋远图强的契机，可能才是真实用意，否则怎么解释唐老师那么看重《问史》？从栏目设置、选题策划，到彩页设计、内页排版，她都事必躬亲、绝不马虎，要求之高连美编亦知不好糊弄，不得不力求完美。事实上，唐老师借助《问史》，非常成功地"逼"着团队整体成长了。"逼"的内涵很丰富，在唐老师那里，就是用理想追求、价值引领、教研任务等来挑战自己、挑战团队成员，实现更好更快发展。一般地说，教师专业发展需要自我觉醒、同伴互助、专家引领、平台助推等要素综合发挥作用，唐秦团队在这几个方面，没一样差的。

我还要指出的是，自从领衔名师工作室后，唐老师把团队的成长看得比自己更重要，一有机会总是把成员往前推，而自己躲在后面，卖力地为成员搭平台、创造机会。2014年，我们刊物刊发她工作室关于"高考命题的学术视野和价值立意"的一组文章，里边没有唐琴老师的文章，询问后才知她是为了把发表机会给更多成员，这很让人感动。稍加留意可知，类似的情况屡有发生。工作室每次组稿虽然未必有她的文章，但从主题策划、写作方向协调，到逻辑顺序整理、稿件审读修改，她样样全程跟进。原来，她心中藏着这样一个秘密——凭着这份辛苦和功劳，她可以对团队成员提出更多要求。比如，在文章刊出后，发表者要进行最后一次修改——对照发表稿修改原稿，从而竭尽发表文章最后的"油水"。她认为，发表文章不是目的，进一步成长才是目的。文章发表了就束之高阁了吗？她说不是的，还要及时在工作室网站上进行报道，要在工作室阶段性总结中介绍自己的研究成果，成员之间交流写作经验。这样做，是为了"刺激"更多的教师不要安于现状。她曾调侃说："人有惰性，不给点刺激，就会麻木懈怠。"

关注唐秦工作室的人或许发现，有一微信公众平台叫"吴江区高中历史课程研究发展中心"，上面经常发布唐秦工作室的教研动态，但人们不大看到宣传唐琴老师的文字，为什么？唐老师不许这样做。公众号小编深知，老师们的成果尽可以放心发在朋友圈，而关于唐老师个人的消息，则不发，因为小编牢记着唐老师说过的话："唐秦工作室是吴江的，吴江历史学科团队建设'合则共赢'。"唐琴老师的举动还真印证了"高调做事，低调做人"的俗语。严格而甘做人梯，有这样一位团队带头人，团队成员不努力成长，于追求、于感情、于道理，谁能说得过去呀。

我还了解到，唐琴老师作为分管学校的教学管理、科研管理、师资队伍建设的副校长，还曾是教务处主任，从事学校管理已近二十年，由于屡出佳绩而被人视为"女强人"，可是唐老师自己并不喜欢这顶帽子，因为在她看来，"完美"和"好强"是两码事，她的行事风格是"做最好的自己"。做最好的自己，这是一种对完美的自我要求，而不是与他人的争强好胜。对此，我很赞同！

任鹏杰

任鹏杰：陕西师范大学基础教育研究院执行院长、《中学历史教学参考》主编、中国教育学会历史教学专业委员会副理事长、教育部高中新课程历史学科远程培训核心专家。

前言 FOREWORD

在探微索迹中践履成长

学生的每一天都是崭新的，我们必须聚焦学生成长，担当历史教育使命，倾心尽力改善历史课堂，用激情激活激情，用学识丰实学识，用思想点燃思想，用价值唤醒价值，用成长成就成长。[①]

"见异思迁" "情有独钟"：专业化的教学之路

2014年冬的一天，我八十多岁高龄的高中班主任吴梅林老师，获悉我职称晋升正高后，给我带来"礼物"，原来是28年前我刚入大学时写给他的信。信上说："大家都奇怪，怎么进了历史系，真是阴差阳错。'读史使人明智'，可对我来说，'读史使人头昏'，还不知道何时才能把这学历史的兴趣培养起来。"在信的空白处，老师工整地写了一行字："糖老师（戏称），留念。同事吴梅林。"不是这封信的话，谁都不会相信，今天这么痴迷历史教育的我，曾经几度成为历史教学的逃兵。

1987年，我被扬州师范学院历史系录取，那时，一直纠结于报考外语专业怎么会被历史系录取这件事，由此开始了心不甘情不愿的大学学习。1991年回到县城一所中学工作。可能是因为本科生那时还算吃香的缘故，被"委以重

[①] 韩迎迎，文丹.用良知担当使命 用成长成就成长[J].中学历史教学参考，2015，（1）：1.

问史·践履
——让历史进驻"人"

任":工作前五年,除任教高中历史外,一直被要求同时任教其他学科,如初中英语、政治、生物以及职高写作,其中,最感兴趣也最有感觉的仍然是英语,还曾经提出正式改教英语的申请。但是,校长没有允诺。难道要和历史"终身相伴"吗?

1996年参加吴江一次全科性的"好课"比赛。凭着不落俗套的教学,我获得了第一名,并被推荐参加苏州市评优课比赛。至今还记得那节课,轮到我上课时停电了。为了不影响赛程,评委组要求比赛继续。当时最先进的电教设备是投影仪,我已经能制作动态呈现历史进程的投影片了。而停电就意味着此项优势不能发挥。然而,评委们惊讶地看到了我的"绝技"——快速徒手板图。那是临行前,我忽然想到,如果投影仪不能正常使用呢?于是,这堂课就有了第二套预案。也许是服从大局的姿态,也许是临场不乱的从容,也许是信手拈来的"地中海地形"图……我捧回了一等奖的证书,这在一个农村中学自然引起不小的轰动。不知道是不是从那时起,我不再"见异思迁"了。

之后的一个暑假,家人替我报名让我考公务员,然而我最终却因为舍不得一帮选读文科的学生而放弃了考试。1998年,工作还没满7个年头的我,成为全市历史学科的第二位带头人。此后六年,我经历了历史单科、文科小综合、文理大综合、"3+2"等四种模式的高三教学,在教学上有了游刃有余的感觉。与此同时,一篇篇教学论文和高考评析文章陆续获奖发表。2002年,在我工作的第十个年头,还是中一职称的我被评为"苏州市学科带头人",站上了学校教师专业发展的最高台阶。

"教师能在日复一日的平常、平淡、平凡中不断发现新奇、新鲜、新意,使生命富有色彩和激情。我开始热爱我的学科,被工作的快乐所滋养、所润泽……我常常感叹,幸亏没有改行。学历史真好,教历史真好,做一个历史教师,引领着学生遨游在史海是一件多么惬意幸福的事情。"这是我在2004年全市教师节表彰会上的发言。

从"见异思迁"到"情有独钟",我走上了专业化的成长之路,享受着专业成长的成果,感受着历史带给我的愉悦,不仅专业思想稳固,更有对学科教育不离不弃的钟情!我想发现,这样的变化究竟源自什么魔力?是学科的魅力还是成功的动力?或者兼而有之?而这是否具有普适性?是否对其他人有借鉴?持着这份坚信,无论是带培学科老师,还是学校的分管工作,"让老师们发现职业的精彩和趣味",成为了我的情趣和价值所在!

"特级领跑""唐秦效应"：个性化的成长方案

2009年，教育局授牌"唐秦名师工作室"，工作室由此诞生，成为本地最早的名师工作室。六年来，不断地有人问我："你到底叫唐琴还是唐秦？"因为他们更多地看到的是"唐秦工作室"，也正是这样的困惑，我的工作室留给了大家更深刻的印象。我想说，"唐琴"是一个人，"唐秦"是一群人！工作室的人都是历史教师，"唐""秦"是中国历史上颇有代表性的朝代，"唐秦"替代"唐琴"，应该多几分贴切和厚重。

经常被问道："教师成长最主要的原因是什么？"虽然更多人认为是教师自身的发展需求和为此而做的努力，而我却不完全认同。2013年教师节表彰会上，我在发言中说道：环境的助推和领导的督促，使我摆脱了职业倦怠的迷茫，从而保持着对专业发展的持久热情。我有着这样的幸运，如果这种幸运成为一种机制，福泽更多的教师，这是我对自己这份幸运的回报，也是一名特级教师的价值所在。

工作室组建基于志同道合，三年一期。成员间谈的是教育，比的是业务，只有专业荣誉的上下，没有行政职务的高低。每期开班第一课主题为"为成长做规划"，我的"行走在走向名师的路上"讲座，以及上一届学员的成长汇报，使成员从中汲取成长的动力，获取成长的激情；然后组织大家学习省、市、区各级学科荣誉评审条件，在盘点成果中发现不足，在认识自我中定位自我，进而制订三年专业成长规划。"不跳也够得着"或者"跳了也够不着"的目标，都不利于成长。为了让规划切实可行，工作室对每位成员的规划把关，充分了解优势和弱项，调整完善成长方案，争取三年跳一跳，获得十年大发展。而这，仅仅是成长规划的第一步。为了让规划清晰可见，降低执行难度，工作室要求学员将宏观的三年规划细化为微观的每年计划。年终，我跟进掌握每一份计划的执行力，并组织优秀成员成果展示，无须严词厉色，大家自然而然从中获得动力、鼓励、诫勉。

规划发展成为专业成长的助推器，推动教师们不断寻求新目标，从而使职业生涯成为实现自我价值的幸福追求。9年来，团队建设取得了丰硕的成果，等第之高，奖项之多，被同行称为"唐秦效应"。季芳、季建成、徐学珍、张秋华、石晓健等9人获得苏州市评优课、基本功比赛一等奖，工作室成员发表在省级以上刊物的教学论文达百余篇；13名成员受培成为苏州、吴江学科带头人。

问史·践履
——让历史进驻"人"

当我忙碌于行政工作时，有人问我："你现在还上课吗？"当我为一节公开课而费神时，有人说："你还高兴开课啊！"当工作室考核时，有人说："这些台账你可以让你的成员去做啊。"其实，亲力亲为不是不放手，也不是争强好胜，只不过是顾惜颜面，"做最好的自己"，也只有这样，才能尽量保持自己对专业的敏感和活力。领跑在团队的前列，我在第二期成长手册上写下自己的规划目标：①正高级教师；②立项省级规划课题；③提炼教学核心词。回望即将逝去的三年，我欣慰于前两项的完成。展望新的三年，我又该为自己做怎样的新规划呢？又该为即将成立的第三期工作室做怎样的顶层设计呢？志同道合、成长规划是我们的传统，分层结对、错位发展是我们的新思路，根据教师不同的成长期，让他们得到不同层次传帮指点，完成从合格教师向骨干教师的转变，为步入名优教师队伍积累成本，从而在捆绑式的发展中塑造出更强的团队力量。

"探究"、"建构"、得"意"忘"形"：去模式化的实践研究

2013年，江苏省基础教育优秀教学成果的一、二等奖获奖项目中，有两项是历史学科的，其中，一项就是我的"高中历史'探究—建构'型课堂教学的实践研究"。2009年第一届工作室成立之后，我们在"探索，建构模式"基础上，通过"实践，形成变式""推广，纷呈成果""反思，创出特色"的"进模"、"出模"、得"意"忘"形"的研究路径，开展"探究—建构"型课堂教学的实践研究。

历史学科的核心功能在于情感态度价值观的养成。探究历史，就要让"死"去的历史在探究、建构中"活"过来，并全方位、多角度续写"活着的过去"[①]。我们以"人的发展"为目标，凝炼核心内涵；以"探究""建构"为主线，设计基本流程；以"教""学"融合为重点，优化教法学法。在探索中建构模式，在模式中重构课堂，以"探究—建构"为主线的十多项教学设计、网络软件设计、命题设计、课件制作获全国、省、市一等奖，多篇教学实录、课例研究和说课设计发表在学科主流期刊，成员在省内外开设研讨课、展示课四十余次，课堂教学被省、市电教馆拍成视频作为新课程培训教材；四十

---

① 唐琴.在平凡的岗位上诠释师者的精神[N].江苏教育报，2014-10-31.

多篇以"探究—建构"为主题的学法指导、教材分析得以发表；基于实践研究形成的相关成果，如《创设情境 激励探究》《浅议网络环境下的历史探究性教学的建构》等论文发表于《江苏教育研究》等刊物上，《在"探究""建构"中把握历史教学的精髓》收录于《著名特级教师教学思想录》。

高中学生知识储备有深浅，分析能力有高低，个性素养有差异。在"探究—建构"基本模式的基础上，我们秉持统一性与多元化并存的原则，得其"意"而忘其"形"，逐步形成覆盖各学段、不同课型的系列变式，各种变式灵活变通、贯穿运用。我们以《高中历史"探究—建构"型教学变式的实践研究》为题，通过丰富翔实的材料、分门别类的论述，对"探究—建构"教学变式的理论和方法做了归纳总结，该文发表后被人大书报资料中心全文转载。教学模式的去模式化研究，充分照顾学情差异，尊重教师个性，克服了模式化教学的僵化倾向，不仅对历史教学具有应用价值，对其他教学模式的实践也有借鉴意义。

研究如果游离课堂，忘却学生，任何成果都将失去意义。我们在各个年级开展历史探究实践活动，使学生走进历史、亲近历史，汲取成长的精神动力，历史学习从"考历史"向"研究历史"转变。以战争题材为例，我们组织"战地记者报""前线来的家书""一个士兵的日记"等活动，让学生更多地从人性和和平的视角回望战争。2009年和2011年工作室受邀于《江苏教育报》，主持"建国60周年"和"建党90周年"专栏，指导全省高中学生学习历史。

"探究—建构"型教学逐渐形成了以"学生自能发展、教师课堂转型、课程时代取向、模式出模去模"为主要特色的实践智慧，成就了小学科的大作为。工作室成员在各级课展中不输风采，敢与名特教师试比高低。他们的研究也带动了地区历史教学的课堂转型，学术型教师、探究式课堂成为吴江历史课堂教学的特色项目，被《江苏教育报》等媒体报道；本地新闻媒体也先后以《历史教坛上的唐琴》《各美其美，美美与共》为题进行专题介绍。

价值引领、学术视野：时代性的"问史"论谈

德国哲学家雅思贝尔斯说："教育要培育一代人的精神，必须先使历史进驻个人，使个人从历史中汲取养分。"然而，历史教育的"三缺"现状令人堪忧。首先是"人的缺席"，一些满足于应试备考的把关教师，以教科书和教辅用书为圣经，教学手段不外乎做题、背诵、默写，不要说"教育"，连"教

学"都谈不上；其次是"价值缺场"，一些尚能坚持阅读的教师，由于没有"历史教育影响学生价值取向"的意识，沉醉于摆弄噱头，教学呈现出满足学生感官的"泛娱乐化"现象；再次是"教育缺位"，一些教师颇具研究精神，但缺乏价值判断的眼光，在选材和导向上，不知不觉偏离了真善美的教育本真。

在此背景下，我们思考，"探究—建构"型如何让"历史进驻个人"？2012年我们迎来了第二届工作室的组建。基于以上困惑和思考，我们以时代性价值取向为视角，把历史教育目标置于当代核心价值观教育的语境下，以中学历史教学"价值立意"和"学术视野"为突破口和切入点，以构建"时代价值取向下的历史学术性课堂"作为"历史进驻个人"的通道。

历史课程标准中提出，历史课程内容的选择要坚持基础性、时代性、选择性。其中时代性，要求历史课程要根据时代需要及时调整更新，体现时代进步、科技发展，反映学科发展的趋势、关注学生生活经验、增强课程与社会生活的联系。既然历史课程内容随着时代而变化，这就要求教师不断学习，与时俱进。

我们相继开展了"问史论坛"系列主题活动，如"历史教育，'人'不能缺席""读书与成长""学术性课堂的价值追求"等；汇编《问史》系列研修专辑，如《问史·文献汇编》（年刊）、《问史·成果》（半年刊）、《问史·活动简报》（双月刊），作为我们与外界交流的名片。主题活动中，"共读、研课、成长"成为每年读书节前后的传统节目。成员们共读一本书，又基于各自独特的学术理解，共研一节课，思想获得独立成长。不脱离历史教育核心目标，又把读书与课堂相结合，这既是对历史教育需求的积极回应，也是工作室成员在积淀中丰厚自我、实现专业成长的必然要求。在彰显时代性价值取向的课堂里，学生告别"死记硬背"，尊重自己的体验与认识，不盲从、敢质疑，带着理性的思考，多角度审视历史，在历史与现实的重构中，忠实历史传统，理解并尊重多元化的文明范式，成为具有传统情怀和国际视野的公民。

"基于时代性价值取向的高中历史学术性课堂的构建"作为"探究—建构"型课堂教学在育人目标上的深化研究，被立项为江苏省教育科研"十二五"规划课题。立项至今两年，课题组有近百篇研究论文发表获奖，其中，研究报告《构建高中历史学术性课堂的实践性认识——以时代性价值取向为视点》被人大书报资料中心全文转载；反映教研路径的《积养学识 丰厚课堂》发表于《中学历史教学》；教研沙龙"问史，指向学生的发展"、专题研究"高考命题的学术视野和价值立意及其教学影响"以及多篇课例研究发表于《中学历史教学参考》。我们还将实践研究整合到全国、省、市历史教学研讨活动中，推呈实践思考，接受专家同行点评，无论是学术引用上的突破传统，还是教育目标上对当下"升学效应"和长远"成人目标"的双重指向，都获得专家认可，引发同行共鸣。

习近平总书记在致第二十二届国际历史科学大会的贺信中说："重视历史、研究历史、借鉴历史，可以给人类带来很多了解昨天、把握今天、开创明天的智慧"；在德国科尔伯基金会演讲时说："历史是最好的老师，它忠实记录下每一个国家走过的足迹，也给每一个国家未来的发展提供启示"。既然"历史是最好的老师"，作为一个历史教师更应担负使命感和责任感，力争"做最好的历史老师"：不仅要有求真求实的学术追求，更要在呈现历史的时候以严肃认真的态度实施积极的价值导向，提供给学生健康成长的正能量。从这个意义上讲，我们工作室把目光聚焦于"价值担当"和"学术追求"，切合了新历史教育的诉求，也照应了时代对人才培养的需求。我们当继续前行。

目录

上篇 建构

第一章 以育人为指向，凝炼核心内涵 ········ 2
【视　角】"探究—建构"的价值指向 ········ 3
【例谈1】我理解的历史观：历史是属"人"的！ ········ 5
【例谈2】我困惑的学习观：升学的敲门砖？ ········ 6
【例谈3】我追求的教学观：插上思维和人文的双翅 ········ 8
【路　径】寻找自己的"关键词" ········ 10

第二章 以建构为要义，设计基本流程 ········ 13
【视　角】"探究—建构"的基本流程 ········ 14
【例谈1】实录：古代中国的发明和发现 ········ 18
【例谈2】说课：用美丽的理想去代替那不足的真实 ········ 28

第三章 以融合为重点，优化教法学法 ········ 37
【视　角】优化教法、学法，实现教学融合 ········ 38

【例谈1】"欧美资产阶级代议制的确立与发展"的教学设计 ……………… 41
【路　径】"做历史"活动体验 …………………………………………… 48
【例谈2】创意教学：让历史作业"生动"起来 ……………………………… 50

中篇　去模

第四章　遵向学情，实践课型变式 …………………………………………… 54
【视　角】变式，去模式化的实践探索 …………………………………… 55
【例谈1】"探究—建构"型习题教学 …………………………………… 62
【例谈2】网络环境下的探究性教学 ……………………………………… 67

第五章　遵循规律，重构课程体系 …………………………………………… 74
【视角1】整合，内化时序 ………………………………………………… 75
【视角2】重构，凸显专题 ………………………………………………… 81
【例　谈】世界市场的形成及其对中国的冲击 ………………………… 90

第六章　遵行学道，共生成长智慧 ………………………………………… 109
【路径1】基于"探究—建构"的师生成长 …………………………… 110
【路径2】基于教改、学研的科组建设 ………………………………… 114
【路径3】基于学识、课堂的研修转型 ………………………………… 119

下篇　转型

第七章　时代价值，"探究—建构"的新取向 ············ 128
【视角1】"时代性价值、学术性课堂"的认识思考 ············ 129
【视角2】时代性价值下学术性课堂建构的实践效应 ············ 136
【例　谈】"创异·创意·创益"视域下的教学设计 ············ 142

第八章　问史寻人，指向学生的发展 ············ 152
【路　径】问史，指向学生的发展 ············ 153
【例谈1】评课，学生不能缺席 ············ 165
【视　角】转化：对接"学生"和"价值" ············ 190
【例谈2】重视历史再认识 ············ 197

第九章　聚焦核心，对学科素养的追问 ············ 200
【视　角】谁的素养？怎样的胜任力？ ············ 201
【路　径】核心素养的学科建构 ············ 206
【例　谈】斯人已逝　写照传神 ············ 213

参考文献 ············ 222
后记 ············ 225

上 篇

建 构

历史学科作为一门人文学科，其核心功能在于情感态度价值观的养成，而这一核心是建立在历史思维和历史意识基础上自然生成的。"一切真历史都是当代史"，对历史的探究，就是要让"死"去的历史在探究、建构中"活"过来，多角度、全方位地续写"活着的过去"，进而理解昨天、思忖今天、展望明天。

第一章

以育人为指向，凝炼核心内涵

"探究—建构"型教学遵循学生身心发展规律、学科教学规律、人才成长规律，指向"人的发展"，促进"精神成长"。

"探究"是指学生以研究者的身份自主探索，经历并理解知识的形成过程，获得认识，发现规律。

"建构"是指学生在"探究"基础上，将新知与旧闻相联系，自觉主动地完成对知识的意义建构。

"探究—建构"过程既是外部知识信息纳入学生已有知识结构的内化过程，也是学生积极情感的体验过程，更是学生自我价值的实现过程。

> 视　角

"探究—建构"的价值指向

随着知识更新的加快和知识信息量的增加，教学目标由知识型向能力型转化，强调综合、注重人文、创新开放等的教学趋势要求历史课堂教学加以改革。课堂教学模式是教学实践与教学理论联系的中介和桥梁，教学模式的改革和优化，是教学改革的必然趋势。

本着"突出学生主体地位，发挥人文学科社会功能，优化课堂教学结构"的宗旨，2001年起，我把人本主义与建构主义教学理论有机地联系起来，以学生为中心，诱发学生自主探究、主动求知，构建"探究—建构"型历史课堂教学模式。

一、"探究—建构"型教学的依据

1. 从现代教学理论出发

"以人为本，以发展为本"已成为当今教学改革的趋势。建构主义与人本主义学习理论是近年来兴起的新的学习理论，两者都强调教学要以学生为主体。人本主义教学观认为，学生是有思想、有感情、有独立人格的个体，是有主观能动性的个体，是不断发展与进步的个体。教学中的以人为本，就是要尊重学生的人格，从学生的需要出发组织教学活动；用发展的眼光看待学生，使课堂成为实现学生生命价值的绿洲。建构主义教学理论认为：意义建构是整个学习过程的最终目标，教师是意义建构的促进者，学生是意义的主动建构者；学生是能动的认知体和生命体，是学习的主人和知识的探求者；学生不是被动地知觉外在信息，而是在一定的社会文化背景下，借助其他人的帮助，利用必要的学习资料，根据先前认知结构，通过自身主体性活动，主动地注意和选择性地知觉外在信息，建构当前事物的意义；学生主体的参与状态和参与度是决定教学效果的重要因素，只有积极、主动、直接地参与探索新知的全过程，才能领悟知识的奥秘，感受学习的乐趣和成功的喜悦。

2. 从学生心理发展规律出发

高中学生相对初中学生来说，独立学习的能力较强，自我表现意识发展较快。他们具有较强的独立性和成熟感，渴望自己的能力得到同学和老师的承认。同时，高中学生兴趣与经验的差异，决定了学生对学习内容和方式有"选择性"的需要，而历史教学内容本身具有"可选择性"。高中历史新课程倡导创设有利于引导学生主动探究的课程实施环境，培养学生浓厚的学习兴趣、旺盛的求知欲与积极的探索精神，培养学生搜集和处理历史信息的能力、获取新知识的能力，更好地为每一个学生的发展奠定基础。因此，在教学中要顺应学生的这一心理特点，改进教学，把学生视为教育活动的起点和归宿，对每一个学生充分尊重、全面关心，使他们和谐持续地发展。

3. 从历史学科特点出发

历史学科的最大特点是"过去性"，要使学生真切地感知历史、体会历史，教师就要运用各种手段去模拟、再现历史，由单一知识传授转向思想教育、技能训练、能力培养，教学目标多元化，教学方法最优化，信息交流多样化。历史教学不能仅仅让学生陶醉于过去的辉煌，更要引导学生"知古鉴今"，体现历史的"资政教化"。因此，教师要针对现实热点、社会焦点进行全方位的思辨探讨，把历史与现实紧密地结合起来，发挥历史学的根本功能。

二、"探究""建构"的涵义

"探究"就是在教师的指导下，学生以探索研究者的身份认识客观世界的规律性，也就是学生根据教学目标，通过自主探索性学习而获得认识、理解知识、发现规律。

"建构"就是通过"探究"，不仅使学生掌握现成知识，更能经历并理解知识的形成过程，自觉主动地完成对知识意义的建构，将新的信息和经验与其原有的知识基础相融合。

因此，"探究—建构"就是以"探究"为基础，以"建构"为目标的教学过程。这个过程既是把学生的学习当成把外部知识信息主动纳入学生知识结构的过程，也是学生积极情感的体验过程和个性的发展过程，更是人的潜能不断得到发挥的自我实现的过程。

三、"探究—建构"型教学的指向

"探究—建构"型历史课堂教学模式旨在达成的价值目标：

1. 有利于实现主体地位

"探究—建构"型历史课堂教学模式有助于发展学生的自学能力和自学态

度；有助于学生在教师的引导下通过阅读提炼进行知识结构的自我构建；有助于与学生对相关、相类、相反的知识点归纳综合，不仅"温故而知新"，而且可以透视历史现象的本质，启迪思维培养能力；课堂上进行思辨探讨可以最大限度地活跃学生的情绪，调节课堂气氛。

2. 有利于营造民主氛围

在"探究—建构"型历史课堂教学模式中，教师平等民主，学生畅所欲言。既重视了学生的主体性活动，又注重了学生之间的相互帮助，这有利于学生合作技能、社会性情感的形成和发展。

3. 有利于发挥史学功能

"探究—建构"型历史课堂教学模式可以使学生产生模拟历史的真实感，从而真切地去感知历史、体会历史；可以针对现实热点、社会焦点进行全方位的思辨探讨，把历史与现实紧密地结合起来，发挥历史学的根本功能。

例谈1

我理解的历史观：历史是属"人"的！

历史最大的属性是什么？历史是前人为后人所记录的人的活动，历史是属人的。历史产生于人，服务于人，而人之所以为人，从哲学角度上看，必须是"活"的人，死了的人失去了人的特征也就不称其为人了。历史也是"活"的。

一、人说历史

有人说历史是一具"木乃伊"，因为历史总给人一种感觉，它属于过去，宁静，将过去娓娓道来，似乎只有"木乃伊"才是最真实的写照。然而，这仅仅是一种错觉罢了，历史以它的沉寂向现实世界的人们诉说着属于昨天却又对今天有着丰富教益的故事，它不是为发生在历史中的人而写，历史从来就是活着的人为今后活着的人而重构的死者的生活。其资政教化、知古鉴今的功能不是一个"死"字可以诠释的。昨天是今天的历史，今天是明天的历史，历史是动态的，是发展的，充满着生命的活力。历史在短暂中永恒，永恒存在于它的意义中。我们可以从已成为历史的历史中得到启发，受到警示，从而认真地撰写人类的今天，为明天留下一份璀璨。

有人说历史是一个小姑娘。历史的痕迹既然是人的活动的记录，而刻印痕迹的人必然以他的欣赏、他的喜好，一笔一划、一深一浅，无不透视着书写者的人生态度，所以，历史又好像是一个任人打扮的小姑娘。的确，我们悲哀地看到历史成为人们茶余饭后的消遣，成为屏幕上戏说的具有一身神武的真命天子和疯疯癫癫的公主格格。然而历史却微笑着看着人们的消遣，听着舞台上的戏说，并把这些评说刻录在历史的印记里，再由后来的人继续评说——这就是历史的姿态。

二、我说历史

历史是人的放大镜，它教会人站在人的高度关注人类、尊重情感、承认价值、进化文明。忘记历史意味着背叛。一个民族没有自己的历史，那么这个民族是苍白和虚弱的，而历史赋予这个民族以凝聚力、奋发向上的力量，积极开拓。人文的缺失是民族的悲哀，人文的充实是民族的希望。在演绎历史、感悟历史、预知历史中，历史正以它丰富的内涵吸引着你，丰富你的人生，铸造你的精神，陶冶你的性情，提升你的品位。

历史离我们很远，历史又离我们很近。很远，远到我们无法追踪，远到我们不能眺望；很近，近到与现在同步，就在不经意间成为你刻骨铭心的昨天，成为你的历史。我们每一个人都在演绎着历史、创造着历史。面对现在，如何开创未来？这不是轻松的故事，而是责任，是使命。

例谈 2

我困惑的学习观：升学的敲门砖？

一、割裂历史的忧思

为什么要学历史？为什么要研究历史？大凡对历史稍有了解的人都知

道，历史最显著的功能在于她的"资政教化"和"知古鉴今"。唐代李世民说，"以铜为镜，可以正衣冠；以人为镜，可以知得失；以古为镜，可以知兴替"，一语道出了历史探求社会发展规律的功能；"前事不忘，后事之师"，生灵涂炭使我们为避免战争、谋求人类的和平发展而做积极的努力，这成为我们不自觉的意识。我们曾经指责日本修改教科书篡改历史，掩盖当年侵略亚洲人民的历史面目，我们也担心他们年轻的一代不了解先辈对人类文明的罪行，而是沉溺于大和民族的光荣之中，并有可能重蹈战争的覆辙，那我们的教育为什么不深刻地反省：中国有着绝大多数高中生不学习世界历史、不学中国古代史。也许有人会说学习历史是没有用的，是的，历史学科并不具有强烈的工具性，也没有现实的经济利益，学历史的人还常常给人以迂腐之感——尽管谁都承认不重视历史是民族的悲哀，那么既然如此，中国乃至亚洲何必要对日本修改教科书一事这般敏感？在我们割裂历史的时候，我们又有什么资格去指责别人否定历史？我们在担心我们的下一代如此匮乏历史意识，今后将怎样去面对世界？他们不能从美国由一个殖民地经过100年的开拓成为世界大国中吸取成功的经验；他们不能理解日本一个战败国在20年后经济发展的速度位于世界第一；他们又怎能从新加坡"70年代的奇迹"中获得启发？而对中国五十到七十年代因左倾错误而延误了20年的生产力麻木不仁。人文的缺乏会让我们的学生今后朝着怎样的方向发展？我们更担心他们的思想中没有作为中国人的骄傲情感，而成为精神空洞、技术发达的怪物？！如此的精英是人类的灾难！

二、选择历史的无奈

我们庆幸还有小部分高中学生在学习历史。自然这是由于高一年级课程开设。那么高二、高三——选读文科、选报历史的学生，他们又为何走进历史的课堂？他们说，历史不像其他学科那样需要扎实的基础和敏感的思维，只要花点时间背背就可以得分了。造成他们得出如此经验的因素很多：主观上，初中学习不到位，教师划书、学生背书、考试得分的模式使学生尝到了甜头，并在高中延伸；高中教师对这种模式的改造也是心有余而力不足，甚至由于某些客观原因迁就学生，不能使历史学习要求从知识层面转向能力考查。于是，学生满足于这样的模式并对历史学习造成了一个认识上的误区。客观上，重理轻文这一工业化的产物在中国仍占有较大的市场。在有些人看来，一个全面发展的学生如果选修文科、选考历史是一件很吃亏、很遗憾的事，而一些数理化相加不满100分的同学倒是最适合读文科的。这些没有对历史真正探究过的人这样的看法在很大程度上影响着甚至决定着学生的选科。且不论这是认识的偏差还是功利的诱惑，文科的整体状况一届不如一届。文科成了学生的"避风港"和"救难所"了。把目光投放到社会上，当前以经济为准、以现实为先，历史用什么来吸引我们的学生呢？我们可以让学生在课堂上享受学习，东周列国信手拈来；我们可以让学生体会成功，应付考试胸有成竹；我们也可以让学生感到充实，旁征博引拿手好戏……可是，一旦高考挣分多的学科、招生人数多的学科、工作赚钱多的学科站在历史的面前，自然，历史成为无奈。录取上的比例悬殊、史地专业的狭窄，这是活生生的现实啊！即使因对历史的留恋而徘徊，最终也意味着放弃。而一些无可奈何的学生才会把文科，尤其史地的选报作为绝处逢生的救命稻草。当然，不乏一些真正对历史情有独钟的学生，冲破重重阻力——家长、升学、就业、面子，杀出血路，和历史相亲相爱。

历史不是升学的敲门砖，它更是一个人一生的财富。

例谈3

我追求的教学观：插上思维和人文的双翅

对历史的探究要从"死去"的历史中"活"过来，否则人的学习只能成为"殉葬品"，而这一个"活"字，只有细细咀嚼方可品味出其鲜美滋味。历史学是研究古今中外怎样发展、怎样变化的学问，并对这种发展变化的规律进行分析、判断和探究解释。它是一种人文素质的教育，其核心是情感和价值观的养成，而这一核心是建立在历史思维和历史意识的基础上自然生成的，如果我们热衷于过去是个什么样，使学生仅成为一个旁观者，这样生成的情感态度和人生价值是被动的和脆弱的，有着牵强附会的别扭。历史教学必须教会学生多角度、全方位、立体地分析人类活动，并在思考历史、理解历史、分析历史的过程中生成价值观和人生态度，从而为其学习插上思维和精神的翅膀，腾飞万里。但由于历史学习目的的困惑和认识的误区，课堂里学生往往不在学历史，而在学考历史，"死记硬背"成为学生得分的法宝。也许这在常识性的考查中会侥幸成功，然而当面对真正的探究学习、综合复习时却又手足无措，大有"误入歧途"的懊丧，大发"早知今日何必当初"的嗟叹。作为一个历史教育工作者，面对这样的状况是应该感到痛心的，多么好的东西经过机械、麻木的学习反倒成为一种"想说爱你不容易"的累赘。所以，我们要树立一个活的教学观，教师要活教书，教活书；学生不要死读书，读死书，把学生从"死记硬背"中解救出来。

一、让历史活在思维中

僵化历史，你将作茧自缚，苦不堪言；活化历史，你将游刃有余，乐在其中。

要有学问，首先学"问"。学贵有疑。有疑方能问，善思方会疑，此即求学好问。学习是一个不断提问、答疑、解疑的过程。长期的教学，学生已习惯于接受现成的知识和结论，囫囵吞枣、照猫画虎，从不怀疑，成为等待填食的鸭子，历史也成为一种僵化、凝固、没有生命力的古董了。我认为，应该让学生学会问问题，没有经过思考的知识往往不称其为问题，只有在追问历史的过程中方能掌握真正的学问。

带着问号走进课堂。我们的课堂习惯于给学生留些费解的问题，让学生带着问号走出教室，使课内教学继续占领学生的课余时间。与其让学生带着问号走出教室，不如让他们带着问号走进教室，这就必须培养学生有自我学习的能力，能在课前总体上把握教材，梳理知识网络，使每一个知识点"活"在知识体系中；对自学中不能把握的疑问则在课堂上进行质疑，作为教师，采取合适的学习方式导疑，使疑问自然地化解在学生的知识体系中，而不是简单生硬地用句号来替代学生的问号。

在合作中探究，在归纳中建构。历史长河中处处蕴藏着辩证的哲理、智慧的珍珠。历史的发展不是简单的周而复始的循环，而是有发展规律的。对历史思维的训练要求学生把握历史特征，探究发展规律。通过再造历史情景，创建历史时空，塑造历史镜像，把死的说活；同时，要从活生生的历史表象下看到潜藏的实质和规律，使具体的史实抽象化，把活的讲死。无论是历史的外在表现还是内在实质，源于历史又高于历史，个性盎然地"活"在历史知识体系中。通过探究，深入浅出地勾勒、建构出历史的框架体系。历史发展的规律和自然规律一样，不以人的意志为转移，而这其中的规律正是我们对历史的领悟和体验。

二、让历史活在精神中

历史教学的"活"仅仅追求课堂表面的"活"是不够的，"活"，重在再现、重在演绎、重在架构历史与现实的桥梁。在教育功利性的驱使下，人们只重视教育的经济价值，而没有重视教育的人文价值，在实现了物质生活富裕之后，人们感到精神的迷茫和心灵的空虚，道德水平下降了，个人主义膨胀了，社会责任感减退了，人文精神的底蕴在悄悄地流失。历史告诉我们，没有科学，一打就垮，受人宰割；但没有人文，不打自垮，甘为人奴。科学求真，人文求善，科学是立事之基，人文是为人之本，科学与人文交融方能生成正确的追求目标，方能生成优秀的思维形式。历史学科作为一门人文学科，倡导不与现实割裂，不与生活割裂；主张传承与创新；张扬人文精神和科学理念；重视对情感和价值观的培养和树立。究竟什么是人文？朱永新市长说：人文就是关心人类命运、关心他人、关心人类文明、关心人类文化，历史学是最能实现人文的追求的。对战争的反省可以让人热爱生活、珍惜和平；对中华文明的追忆使人产生热情、关怀人类；对中国古都的迁址、经济中心的转移的探究使人关怀环境、谋求发展；我们看到英法肆虐北京、项羽火烧阿房宫，我们为人类文明的流失而悲叹。在人文的潜移默化中，学生的目光越来越深邃，眼界越来越开阔，胸襟越来越博大，对人类、社会、人生、时代、生命、自然的认识越来越深刻，对国家民族的责任感越来越强烈，从而使人类文明的优秀成果内化为人格、气质、修养，成为一个大写的人，一个完美的人。

路径

寻找自己的"关键词"

作为一名教师，应该有属于自己的"关键词"。教师的课堂特色和教学风格，不是与生俱来的原生态的个性性格，一定是经过理念的吸纳、实践的锤炼、反思的提升后逐渐形成的。我的"关键词"是什么？

一、关键词一："死"去"活"来的教学观

1999年，我被要求在学校组织的"我的教学观"大会上发言。什么是教学观？我一无所知。校领导对我说："从你现在的课堂来看，教材处理、教学设计等，无不体现了你对这门学科的看法、对学生的理解，所以，你要让理念充实自己，形成自己的教学观。"于是，我不得不去涉猎能够支撑我的教学实践的理论和思想，并在回望中把目光聚焦在我的教学观、教师观、学生观上，重塑我的教学。在大会上，我发言的题目是《让历史"死"去"活"来》。我是这样说的："历史是活着的人为今后活着的人重构的死者的生活，历史在短暂中永恒，以丰富的内涵向现实诉说着属于昨天但对今天具有丰富教益的故事。探究历史，就是要让'死'去的历史在探究、建构中'活'过来，多角度、全方位地续写'活着的过去'，进而理解过去、反思历史、重构历史。"

二、关键词二："探究—建构"的教学模式

教学模式可以定义为在一定教学思想或教学理论指导下建立起来的较为稳定的教学活动结构框架和活动程序。本着"优化课堂教学结构、突出学生主体地位、体现人文学科社会功能"的宗旨，我开始尝试"探究—建构"型教学模式。在目标上，以"育人为本"为理念，指向"人的发展"、促进"精神成长"；在流程上，以探究、建构为主线，设计基本流程，把外部知识信息内化到学生已有知识结构中去；在方法上，以教学融合为重点，优化教法、学法，通过探究式设计、引导式教学、体验式建构，转型教师教学方式；通过探究式学习、理性化思考、多角度审视，转变学生学习方法；在过程上，从立模式到破模式，得其"意"而忘其"形"，构建覆盖各学段、不同课型的系列变式，克服模式化教学的僵化倾向。这一模式在教学实践中实现了轻负高效，彰显了学科的品牌效应。

三、关键词三："情境中引导、合作中探究、亲历中建构"的课堂特色

"我的课堂我做主。"那么，课堂是谁的呢？我认为，是老师和学生共有的。所以，"课堂特色"的建构，不是教师的专利，还必然包含学生在教师的

培养下形成的学习习惯和素养积淀。我的历史课堂教学，呈现出这样的特色：教师在"情境中引导"，通过创设情境、问题驱动，使"情景"与"情境"再现融合；师生在"合作中探究"，通过小组合作，集体"互补"，使"师生"与"生生"思维碰撞；学生在"亲历中建构"通过体验经历、理解内化，使"知识"与"意义"建构对接。

四、关键词四："真、厚、活"的教学风格

"不跪教材""不唯考分"，这是我历史教学的底线，守住了这一底线，我得以在平淡、平常中，在对话、点化中雕琢我的教学风格。在一次面向全市的"魅力教师：性格课堂中的风格教师"的教学展示活动中，我是这样阐释我的"真、厚、活"的教学风格的——真，即实事求是，尊重学科特点、遵循认知规律、从学生基础出发、从学生需要出发，由浅入深、由易到难，掌握史实、探寻规律，把握脉搏；厚，即以扎实的基本功、丰富的学科知识、全面的教育思想，旁征博引，得"意"忘"形"，引领学生穿行于历史学习的殿堂；活，即树立活的教学观，活教书，教活书，对历史的探究从"死"去的历史中"活"过来，再现、演绎、架构历史与现实的桥梁。

"关键词"的搜索，架构并丰实了我的教学思想——"在'探究''建构'中把握历史教学的精髓"。

在探微索迹中，回归历史教育培育"人"的本真，践履自身专业成长的价值追求，这是我对历史教育生命图景的追溯和追求，也是我对"师者"这一命题的解读和践行。

第二章

以建构为要义，设计基本流程

"设置目标"，教师分层设置学习目标，学生主动提取知识，并与自己的认知结构相联系；

"质疑探究"，学生"质疑""辨疑"，教师"释疑""激疑"，在合作探究中互补共享；

"归纳建构"，构建系统完整性的知识体系，使知识结构内化为学生的认知结构；

"发散创新"，学生综合运用多学科知识分析现实问题，孕育人文素养。

问史·践履
——让历史进驻"人"

视 角

"探究—建构"的基本流程

"探究—建构"课堂教学涉及许多因素，从便于操作的层面入手，着眼于研究的实效化、规范化，通过协作性的行动研究，引导教师边实验、边反思、边归纳、边提高，形成"探究—建构"型教学的基本程序。下面以"戊戌变法"一课为例说明。

一、设置目标

教师针对学生的学习状况和兴趣特长，分别设置达标层、发展层、优胜层等不同层次的教学目标，学生在提前学习的基础上，根据目标主动地提取知识，并把教材相应内容与自己的认知结构联系起来，形成自己的观点；同时，鼓励学生完成本层次教学目标后向"邻近区"发展，不仅品尝成功的喜悦，进而激发探究，达到面向全体、全面提高的目的。

达标层目标：
（1）维新变法运动是在怎样的历史背景下产生的？
（2）说明戊戌变法法令内容是怎样除旧和布新的？
（3）为什么说维新变法运动是爱国、进步的？

发展层目标：
（1）洋务派、维新派和顽固派的主张有什么异同？
（2）为什么康有为宣传维新思想要"托故改制"？
（3）变法历经几个阶段？如何认识其结果的必然性和曲折性？

优胜层目标：
（1）结合变法法令内容评价戊戌变法的积极性和局限性。
（2）如何认识康、梁维新派与列强的关系？
（3）从维新变法的结果得到怎样的认识？

二、质疑探究

对一些学生不能突破的疑点进行探究。这些疑点可以是教学目标达标的继续，譬如重点、难点的突破；可以是学生对教材内容的"质疑"，也可以是教师颇具匠心的"激疑"。对于这些问题教师要有预见性，要求学生课上提出，进行"预期性探究"；并且，教师根据学生的实际反映，颇具匠心地"激疑"，进行"建议性探究"；在教学组织形式上，要采取小组合作的集体教学方法进行探究，使不同智慧水平、知识结构、思维方式、认知风格的成员"互补"：互相启发、互相补充，实现思维和智慧的"碰撞"，产生新思维。

1. 预期性探究

（1）既然说"甲午战争、资本输出严重阻碍了中国民族资本主义的发展"，可为什么又说"帝国主义侵略的加剧客观上为民族资本主义的发展提供了条件"？（民族资本主义的发展是中国近代化的主要线索，此问作为新课的导入，通过对这一问题的探讨可以使学生深刻理解中国民族资本主义在产生、发展过程中与外国资本主义的矛盾关系：列强在中国开厂，进一步掠夺了中国的原料和廉价劳动力，凭借其技术新、管理先进、成本低及各种特权占领中国市场，因此，严重阻碍了中国民族资本主义的发展；但同时伴随着列强侵略的加剧，中国自然经济进一步解体，这又客观上为民族资本主义的进一步发展提供了劳动力和市场，从这个意义上讲是提供了客观条件。而这又是与列强侵略的主观愿望相背道而驰的，是一种历史的背离现象。）

（2）为什么早期维新派没有像康、梁那样把理论付之于行动？（此问实际回到了维新变法的民族危机加重这一历史背景，康、梁之所以进一步宣传维新思想并能使维新思想发展成为爱国救亡的政治运动，这是因为当时甲午战争后民族危机空前严重，列强又掀起瓜分中国的狂潮，这是康、梁发动维新变法深刻的历史背景；同时，早期维新派宣传维新思想时中国民族资本主义尚处于产生时期，资产阶级作为新的阶级关系力量还不够强大，而19世纪末资本主义取得初步发展，上层民族资产阶级实力有所增强，因此，他们担负起时代的重任登上了政治舞台。）

（3）如果没有袁世凯，中国会向日本一样走上富强的道路吗？（此问可以交付学生讨论，从分析维新变法失败的原因入手，认识到变法失败的根本原因在于中国民族资本主义经济发展的不充分，从而使资产阶级在进行政治变革时不可避免地带有先天的软弱性和妥协性。因此，即使没有袁世凯，中国仍然不可能走上资本主义发展的道路。）

2. 建设性探究

（1）有人说康有为是"跪着造反"，你认同吗？用史实证实你的观点。（此问引导学生分析维新派的软弱妥协表现，要求学生就整课内容有关资产阶级的软弱妥协表现各抒己见，如既要救亡又要对帝国主义抱有幻想；既要兴民权又认为"民智未开"；只进行改良反对革命等）

（2）有人说光绪帝既然支持改良派改革，说明他的身份已经从地主阶级演变为资产阶级，你赞同这一观点吗？（教师让学生从光绪帝的角度出发，认识到光绪帝在当时民族危机加重、统治阶级内部斗争激烈的背景下，只能利用维新派进行政治改革，从而使自己避免亡国之君、傀儡之帝的命运。所以，他仍然是一个封建君主，不可能摇身一变成为资产阶级。）

（3）如果说洋务运动是地主阶级维护封建制度的根本目的，使中国最终没有走上富强的道路，那么为什么代表先进生产力的民族资产阶级也没有成功地使中国走上资本主义发展的道路？（此问可以引导学生探究中国近代社会所面临的两大主题——独立和富强的关系进行探究，在半殖民地半封建的中国，既有帝国主义的侵略，又有本国封建势力的黑暗统治，只有完成了反帝反封建的任务，才能在民族独立的前提下建设国家、谋求富强。）

三、归纳建构

在教学中，让学生明确一个教时内容或一个章节知识体系的基本结构，把某些孤立的知识点按照一定的标准和要求放到一个完整的知识体系中去进行归纳综合，从而把疏散于本教时以外的相关知识点通过穿线结网式的整理，构建线性知识乃至立体知识结构体系，保持历史知识的系统性和完整性，揭示知识内在的本质联系，把握事物运动的规律，呈现阶段特征，使知识结构内化为学生的认知结构。本课中结构图的"中心区"是在"质疑探究"的过程中逐步完成的；外框架在"思辨探讨"中作为本课小结构建完成（见下图）。

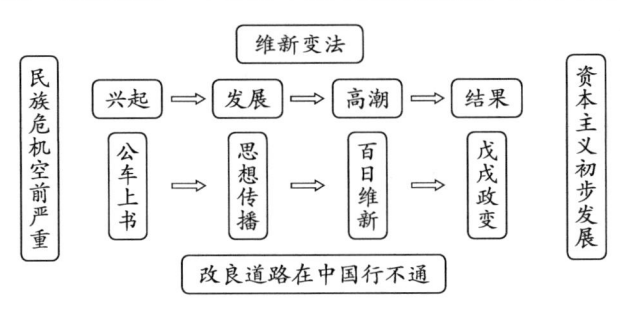

```
                    维新变法
         ┌─────────────────────────┐
民族   │ 兴起 → 发展 → 高潮 → 结果 │  资本
危机   │                           │  主义
空前   │ 公车 → 思想 → 百日 → 戊戌 │  初步
严重   │ 上书   传播   维新   政变 │  发展
         └─────────────────────────┘
              改良道路在中国行不通
```

四、发散创新

人文学科的知识要素与人类进步、社会发展、国家建设、个人成长的有机联系体现了人和自然、社会协调发展的现代意识。"探究—建构"课堂教学中，或把教学重点、难点转化为系列的有坡度、有层次的问题进行思考、辨析；或对时事热点、社会焦点运用人文学科知识，集体探讨现实问题的成因、发展及其解决；或把鼓励的知识点放到历史发展进程中去进行归纳综合，充分发挥人文学科的社会功能，培养人文素质，树立人文精神。

1. 史学论坛

当代著名史学家胡绳说，"认为光绪帝是一个维新派的皇帝，也就是说，这个皇帝是代表软弱的民族资产阶级利益，企图实行一种民族资产阶级性质的政治路线，只是遭到了惨败，这种看法不符合历史事实"，你认为胡绳的观点是否正确？学生通过讨论，从变法的背景下可知光绪帝之所以接受变法是因为巩固清王朝的统治，从变法内容上可知法令没有提出实行君主立宪这一要害问题，这说明光绪帝变法绝不是实行民族资产阶级的政治路线，所以，他仍然是一个封建皇帝，在国家政治体制这一根本性的问题上，他不代表民族资产阶级。

2. 百家争鸣

有人说，戊戌变法是一次自上而下的资产阶级性质的改良运动；也有人说，它是一次失败的不彻底的资产阶级革命。你同意哪一种观点？为什么？第一种答案：运动领导者是康、梁维新派；变法有利于资产阶级文化的传播、发展资本主义；由于资产阶级的软弱性而采取改良方式，把希望寄托在皇帝身上。第二种答案：康、梁变法提出发展资本主义的主张，如果成功将走上资本主义道路，从而成为改变社会性质的革命；因为他们没有发动群众，所以是不彻底的。

问史·践履
——让历史进驻"人"

例谈 1

实录：古代中国的发明和发现

依 据	目 标
课程标准	概述古代中国的科技成就，认识中国科技发明对世界文明发展的贡献
江苏省课程标准学习要求	1. 概述古代中国四大发明的产生及外传。 2. 认识古代中国四大发明对世界文明发展的贡献。 3. 体会古代中国人民的勤劳智慧，感受古代人民的科学创造精神的价值
江苏省课程标准建学建议	1. 联系"英法早期资产阶级革命"、必修二·专题5"新航路开辟"、必修三·专题6"西方人文精神的起源"等相关内容，帮助学生分析古代中国四大发明外传的影响。 2. 以列表的方法，从发明、外传、影响等方面，引导学生归纳造纸、指南针、火药、印刷术等古代中国重大科技成果的内容。 3. 组织学生课后搜集材料，举办一次古代中国科技成就的小展览或知识竞赛，引导学生自觉地了解古代中国的科技成就，帮助学生分析古代中国科技发展的原因，讨论古代中国科技发明对世界文明发展的贡献

能力目标：

（1）概述四大发明的产生、完成的过程。

（2）联系世界史所学知识，认识四大发明对世界文明发展的贡献。

（3）分析中国古代科技发展的原因，学会归纳历史时代特征。

（4）理解科学技术作用的发挥和社会环境之间的关系。

（5）体会古代中国人民的勤劳智慧，感受古代人民的科学创造精神的价值。

教材整合：

必修一：明清专制、鸦片战争、资产阶级代议制

必修二：宋元商业、古代经济政策、新航路的开辟

必修三：古代中国的发明和发现、文艺复兴、近代以来世界的科学历程

选修四：唐太宗

材料呈现：

学生竞赛知识、统计表格、名人名言、图片资料

理念依据：

在合作中探究，在亲历中建构：依据建构主义教学理论，从学生的旧知和已知领域出发，通过合作探究，引导学生的学习向未知的新领域进发，以最终达到在新知与旧学基础上的知识结构的重组，用已经学过的知识来分析新问题、解决新问题。

总体思路：

本课分成"隋唐：中华文化圈的形成""宋元：古代科技的高峰""明清：传统科技的衰落"三个部分，分析探讨"中国科技领先世界的原因""中国科技对世界文明进程的影响""中国传统科学技术在近代落后的原因和影响"，并进一步思考"中国的文明在近代西欧和中国的不同用途说明了什么""我们该如何认识中国古代的科技成就""当代中国应如何迅速发展科技振兴民族"进而增强民族自豪感和时代责任感。通过教师示范、学生模仿到自主运用，引导学生整合相关历史知识，建立对某一时代历史全貌的整体认识，培养学生归纳历史时代特征、分析"社会意识是社会存在的反映"等历史学习能力；引导学生的思考从感性走向理性，从而进一步把握历史发展的脉络，探求历史发展的规律。

教学实录：

（课堂导入：从西欧谚语导出中国对世界历史进程的推动作用。）

师：大家听说过西欧这则谚语吗——"中国人的头，阿拉伯人的口，法兰克人的手"，它蕴含了怎样的丰富内涵？

生1：中国人有聪明的头脑。

生2：阿拉伯人伶牙俐齿，（停顿）法兰克就是法兰西吧？

生3：阿拉伯人把中国的发明传到了法兰克。但我也不知道什么是"法兰克人的手"。

师：那老师做个补充：公元843年，法兰克国王的三个儿子在凡尔登缔结条约，把查理曼大帝遗留下来的法兰克王国一分为三，该条约奠定了日后法国、德国和意大利三个国家疆域的基础。

生：那我知道了，"法兰克人的手"就是欧洲人运用中国的发明。

师：正如同学们所说的，这句谚语精辟地道出了中国的发明到了欧洲被转化为一种物质力量，推动了历史的进程。

师：（指地图讲解）中华文明博大精深、源远流长，秦文化、汉文化、唐

问史·践履
——让历史进驻"人"

文化辐射周边，光照四邻，而那时，西方世界还处于一片混沌与迷茫中；宋元科技更是站在世界的巅峰，尤其是三大发明，给世界带来的变化如此之大，以至没有一个帝国、没有一个宗派、没有一个赫赫有名的人物能比这种发明在人类事业中产生更大力量和影响。中国成为"发明和发现的国度"，中国科技成为献给世界的文明之火。

（板书：发明和发现的国度）

（巩固旧知：通过小组竞赛的形式，检查古代科技知识的掌握程度。）

师：我们究竟对中国古代的科技成就了解多少呢？昨天我们三组同学分别为大家准备了三组问题，下面就请各组出题。

（第一组出题）

生1：请第三组回答。1.世界上现存最高的古代木结构建筑是什么？

生2：应县木塔。

生1：2.近期我国科学家打捞上来的古沉船"南海一号"是什么朝代的？

生3：宋代。

生1：3.奥运火炬的主体造型源于什么？

生4：纸卷轴。

（第二组出题）

生5：请第一组回答。1.造纸术是谁传到欧洲的？

生6：阿拉伯人。

生5：2.古代四大农书是哪几部？

生7：《氾胜之书》《齐民要术》《农书》《农政全书》。

生5：3."万世宝典"和"东方药物巨典"分别是哪两本巨著？

生8：《伤寒杂病论》《本草纲目》。

（第三组出题）

生9：我们只能请第二组回答。1.最早的指南针叫什么？产生于什么朝代？

生10：司南、战国。

生9：2.十进位计数法分为哪两种？

生11：自然计数法和算筹计数法。

生9：3.中国造船时代是从哪个时期开始的？

生12：旧石器时代。

师：（多媒体投影"设置目标"）借助刚才的铺垫，我们将共同探讨中国古代科技领先世界的原因、宋元科技是怎样推动历史进程的、明清时期中西方在科技方面的差异。

探究一：中华文化圈的形成

（出示投影"合作探究1"，学生阅看）

年代	科技发明	中国 件	中国 百分比	世界其他国家 件	世界其他国家 百分比
公元1—400年	45件	28	62%	17	38%
公元401—1000年	45件	32	71%	13	29%
公元1001—1501年	67件	38	57%	29	43%
公元1501—1840年	472件	19	4%	453	96%

根据《自然科学大事年表》的统计，从公元前6世纪至公元1000年，中国在世界重大科技成就中所占比例达50%~71%。

以隋唐为例，探讨中国科技长期领先于世界的原因。

（问题设计思路：要求学生以隋唐为例，探讨古代科技领先世界的原因。该问在学生学习选修四《唐太宗》基础上，引导从唐太宗的政绩去探视唐朝的政治、经济、教育、民族、对外交往等方面的特征，进而分析社会因素对科技发展的影响，从而归纳科技发展原因的一般性的规律。）

师：根据《自然科学大事年表》统计，从公元前6世纪至公元1000年，中国在世界重大科技成就中所占比例达50%~71%。我们看看，这个时间基本上截止到哪个朝代？

生：唐朝。

师：古代为什么能在科技发明上取得如此巨大的成就呢？我们已经学过选修四《唐太宗》，能否从唐太宗的政绩去探视唐朝政治、经济、教育、民族、对外交往等方面的特征，进而分析社会因素对科技发展的影响，从中归纳科技发展原因的一般性规律？下面请同学介绍一下唐太宗时期的社会情况。

生：唐太宗时社会政治清明，封建经济繁荣，民族政策开明，对外交往出现盛况。

师：这些社会因素为科技发展提供了哪些条件呢？

生：政治清明为科技发展提供了环境条件；经济繁荣为科技进步提供了物质基础。

师：有道理。此外，还有哪些因素能推动一个时代科技的发展呢？

生1：唐朝实行科举制。

师：正确的文化政策有利于科技发展。

生2：中外交往。

师：开明的民族政策和对外政策，有利于加强内外交往，促进科技的丰富多彩。

生3：人民的劳动。

师：这是我国古代科技文化领先于世界的根本原因。

生4：继承前朝的基础。

师：前代科技文化成就为后代的进一步发展奠定了基础。同学们思维很开阔。现在我们看看，科技发展的原因可以从哪些方面进行概括？

生（部分）：政治状况、经济发展、中外交往、文化教育、前朝继承、人民创造等。

师：非常好！国家统一、疆域辽阔、经济繁荣、民族融合、中外交流、开明兼容、科举推行、前朝文化积淀使隋唐文化博大精深、泽被东西、影响深远。世界公认的中华文化圈的基本格局就是在隋唐时代完成的，在中国文化发展史上写下了不朽的光辉篇章。

（板书）隋唐：中华文化圈的形成

生（齐）：（朗读文字投影）"中国人在许多方面的科学技术发明走在那些创造出'希腊奇迹'的著名传奇式人物前面，和拥有古代西方世界全部文明的阿拉伯人并驾齐驱，中国人在公元前3世纪到13世纪保持一个西方所望尘莫及的科学知识水平。"

探究二：古代科技的高峰

师：在中国文化走向成熟、趋向精密的大背景下，中国古代科技在宋元时发展到极盛，而三大发明是这一时期的经典成就。请大家和老师一起进入第二阶段的探究学习。

（板书）宋元：古代科技的高峰

（出示投影"合作探究2"，学生阅看材料）

> 李约瑟说，每当人们在中国文献中查找任何一个具体的科技史料时，往往会发现它的主要优点就在宋代。
> 马克思说：火药、罗盘针、印刷术——这是预兆资产阶级社会到来的三项伟大发明。
> 问题：
> 1. 用史实佐证李约瑟的观点。
> 2. 为什么三大发明起始在宋之前，却完成在宋元时期？
> 3. 三大发明对世界文明与进步产生了怎样的重要影响？

（问题设计思路：引导学生了解三大发明的完成过程，关注标志性事件，并由此分析三大发明完成在宋元时期的社会原因。两个问题都要求学生打通教材，将知识纳入原有知识结构中，培养中外贯通的意识，建立一个有机联系的知识结构。）

师：两位西方的学者分别从中国和世界的视界，对宋元科技做了精辟的评价，针对两段材料，老师出了三个题目，我们三组同学分别对应其中的一题进行分组讨论。

（学生开展小组讨论，教师在学生中来回巡视、适时点拨）

师：下面请各组陈述讨论结果，在陈述前，先把本题解题切入点说明一下。

生："用史实佐证李约瑟的观点"，就是要求我们回忆梳理宋元时期的科技成就。……（宋元时期主要科技成就略）

师：三大发明起始在宋之前，却完成在宋元时期，为什么？请第二组同学根据其他模块所学过的内容进行陈述。

生：这个问题可以借助前面的分析视角，其中，原因就在于宋元的时代背景。火药是由于民族战争；指南针是由于海外贸易的发展；印刷术是由于城市经济繁荣、文化发展。

师：那你跟同学们描绘一下宋元的社会面貌。

生：政治上，从分裂走向统一，北宋结束五代十国的分裂局面，元朝实现全国统一，有利于各地区之间交流。

经济上：商业和城市繁荣，海外贸易发展。

民族上：民族战争不断；民族融合出现高潮，各族人民共同创造。

教育上：王安石变法，改革学校制度；同时，理学兴起。

师：第二组同学把我们学过的教材中有关宋元的内容进行了整合，不仅印证了李约瑟的观点——宋代集合了古代科技的优点，而且为我们分析了原因。的确，学习历史，"识人先识时代"。下面让我们进一步放眼世界，请第3组同学谈谈宋元科技对世界文明与进步产生的重要影响。

生：我们在刚才讨论的过程中，同样发现局限在必修三是不能真正理解这个问题的。我们发现，正是由于三大发明的西传带动了近代西方政治、经济、文化、科技等一系列的连锁反应：火药把骑士阶层炸得粉碎，为资产阶级革命做了军事准备。罗盘针使西欧人开辟了地理发现、开辟了新航路的时代，打开了世界市场并建立了殖民地。印刷术改变了僧侣垄断知识的局面，促进欧洲文化的发展、思想的解放。

师：综合刚才同学们的分析，我们可以用哪几句话来概括宋元科技发展的特征呢？

生1：实用性科技得到大发展，是中国古代科技的高峰。

生2：世界领先，推动世界历史的进程。

师：（小结）宋史专家邓广铭先生说，宋朝是我国封建社会发展的最高阶段，其物质文明和精神文明所达到的高度在中国整个封建社会历史时期内可以说是空前绝后的。

生：（第一组学生提出异议）我认为唐朝才是封建社会空前绝后的时代。

师：为什么呢？

生1：唐朝时，欧洲刚刚进入封建社会。唐朝的制度是当时世界上最优秀的，农业文明也是最发达的，文化更是影响深远，2001年APEC会议上，各国领导人所穿的服装为什么叫唐装呢？就因为唐朝代表了中国。

生2：而我们今天讨论的是物质文明和精神文明，宋元的经济是在前朝基础上继续发展的，尤其是商品经济的活跃，正是生产力发展的最有力证明。

生3：可那也不能说是"绝后"啊，明清时期中国的科技依然取得了重大成就。

师：比如呢？

生3：明清时期有《本草纲目》《农政全书》，这些都是集大成的科技成就。

师：大家的观点都有些道理，但是对历史的评判，也许只有历史本身。正如刚才这位同学所说的，明清时期中国古代科技文化进入总结阶段，取得巨大成就，显示了中华文明的博大气象，但科学技术的成就主要体现在集大成的科技巨著的问世，终究没能转化为近代科学而成为社会转型的重要动力。随着明清几部巨著的沉寂，明清科技无可挽回地失去唐宋时期的发展势头和辉煌，停滞并走向尽头。虽然"西学东渐"曾经为古老的中国学习西方先进科技文化提供了一次极好的机遇,但第一次东西文化交流却最终在清统治者的严令下丧失了良好的势头。下面我们一起来学习明清时期中国科技的走势。

探究三:传统科技的衰落

(板书)明清:传统科技的衰落

师:请同学们想象一下,如果你是明清时期的读书人,你的学习生活是怎样的?

生1:每天私塾里读四书五经,学习写八股文,参加科举考试。

生2:我不会像范进中举那样傻头傻脑,我会像郑板桥那样寄情于水墨,行走于江湖。

生3:这样都痛苦,不能光为我自己,我要像黄宗羲那样,用笔鞭挞黑暗的社会。

生4:"清风不识字,何故乱翻书",文字狱惹不起、躲得起,还是在自己三分田里耕牛种地,闲来看看《西厢记》《西游记》吧。

生5:那是禁书,只怕也要坐牢的。

生:……

师:江泽民总书记在《院士科普书系》的序言中指出:"近代科学技术首先在文艺复兴后的欧洲出现,而未能在中国出现。"让我们把视角转向同时代的欧洲,那里,正是伟大的文艺复兴时代。

(出示投影"合作探究3")

1. 列举14—16世纪的中外科学家,说说他们身上体现了怎样的品质和精神。
2. 中西方科学研究在内容和方法上有什么不同?
3. 从中西方社会因素的对比去分析明清时期中国没有产生近代科学的原因。

(问题设计思路:通过同时代中西科学家科学研究不同方式的对比,理解中国传统科技随着世界资本主义时代的到来而走向衰落,并进一步从社会因素角度去分析差异背后完全不同的社会背景,并学习科学家捍卫真理的治学品质。)

师:请同学们选择其中任意一题,相同题组自由组合,共同探讨,并推举一位发言人。

(学生阅读投影上的问题,组成题组,开展讨论)

(在学生讨论中,发现第一组有难度,教师就多媒体投影伽利略和李时珍的图片,引导通过对比两位著名科学家生平经历、科学探索,认识他们的研究

问史·践履
——让历史进驻"人"

特点和优秀品质。）

（在同学讨论过程中，一学生举手示意向老师求助，要求上网，查询李时珍生平）

师：请第一题组的同学来介绍他们熟悉的科学家。

生：李时珍是16世纪中国的医学家和药物学家。他阅读了大量古医籍，发现一些医书良莠不齐，于是，决心重新编纂一部本草书籍。为了"穷搜博采"，他读了大量参考书，家藏的读完了，就利用行医机会，向豪门大户借。"读万卷书"固然需要，但"行万里路"更不可少，他深入实际调查，遍访名医宿儒，搜求民间验方，观察和收集药物标本。

师：介绍得非常好，那么我们能从李时珍身上感受到什么精神呢？

生1：严谨认真、实事求是。

生2：为民造福、不怕吃苦。

师：哪位同学再来介绍一下西方的科学家？

生1：欧洲近代自然科学始于天文学革命。哥白尼提出了太阳中心说，体现了其不畏权势、用生命来捍卫科学的精神。

生2：小时候听老师说过伽利略在比萨斜塔进行两个铁球同时着地的实验，说明他不轻信权威、坚持用实验来检验理论的科学思想。

师：李时珍和伽利略他们是同时代的科学家，对比李时珍《本草纲目》的成书经过和伽利略两个铁球同时着地的实验，我们能否看出同时代中西科学研究在内容和方法上有什么不同？

生：内容上，《本草纲目》是医书，具有实用价值；而伽利略的实验，是宏观世界的运动规律。

师：很好。在内容上，中国主要成就大多属于应用科学，而同一时期西方科学家努力的重点，不在于实际的应用，而在于对事物及其规律的探索，如哥白尼的"太阳中心说"，如果从实用的角度看，比起托勒密的"地心说"不能显示它的优越性；但就人类对太阳系的认识而言，哥白尼学说更能反映天体运行的本质。伽利略更是一位对理论充满情趣的人，他对自由落体定律、惯性定律、抛物体运动的轨迹等做的探索，大都属于对事物规律的追寻。

生：方法上，李时珍是通过查阅典籍、实地检验和经验总结；而伽利略是通过实验观察。

师：中西方科学研究在内容和方法上的不同正是传统科学和近代科学本质

差别的具体表现。下面我们来分析中国没有产生近代科学的原因。请第三题组派代表给大家分析。

生： 老师，我们两个人来分析，一个代表中国，一个代表西方。行吗？

师： 大家说好不好？

（学生鼓掌）

生1： 社会制度上，中国正处在封建制度日趋衰落、专制主义空前加强的时期。

生2： 西方正处于资本主义上升时期。

师： 日趋衰落的封建制度是阻碍中国近代科技出现的最根本原因。

生1： 经济形态上，自然经济对科学技术的推广没有要求。

生2： 西方商品经济发展，对科学技术提高生产力有着强烈的要求。

师： 自给自足小农经济具有分散性和狭隘性，使近代科学的产生和应用失去应有的土壤。

生1： 经济政策上，"重农抑商"限制了手工业规模，"闭关锁国"政策阻碍了中西文化的正常交流。

生2： 西方推行重商主义政策，对外扩张，抢夺世界市场。

师： "重农抑商"阻碍了和工商业有关的科技的发展，"闭关锁国"使中国失去了吸取外来先进科技文化的条件，中国被隔绝于世界市场之外。

生1： 文化政策上，明清实行八股取士，大兴文字狱。

生2： 西方文艺复兴、宗教改革和启蒙运动，解放了思想。

师： 文化专制把大量知识分子迫入脱离实际、脱离生产、脱离对自然界观察研究的歧途，私塾教育既不利于科学间的融合，也不利于培养大批人才。

师： 两位同学东西对应，对中西方社会因素进行了比较分析，使我们看到了中国古代科技由发展转为停滞的原因所在。请同学们简要概括明清时期科技发展的特征。

生1： 出现总结性的科技著作，传统科技处于世界领先地位。

生2： 西方科技开始传入中国，没有产生近代自然科学。

生（齐）：（朗读投影）鲁迅说："外国用火药制造子弹御敌，中国却用它做爆竹敬神；外国用罗盘针航海，中国却用它看风水；外国用鸦片医病，中国却把它拿来当饭吃"。

师： 有几个问题我们不得不认真思考，那就是"明清的科技走势给近代中

问史·践履
——让历史进驻"人"

国造成怎样的影响？""中国古代科技在近代西欧和中国的不同用途说明了什么？""我们该如何认识中国古代的科技成就？""当代中国应如何迅速发展科技振兴民族？"带着这些问题，我们先看段录像《工业革命后英国发动鸦片战争》，从中受到一些启发。

（看完录像，学生情绪高涨，展开学生讨论、教师总结结论）

师： 落后就要挨打。

科学技术能否产生巨大的经济效益和社会效益取决于社会环境。

克服阿Q式的民族自慰情结，也不可妄自菲薄，理性的思考才是对民族的真正热爱。

面对先进的外来文化，我们要主动汲取，而不是被动遭遇。

（下课铃响）

师： 大家的见解很有见地，有个性、有思想。虽然铃声打断了我们今天对中国古代科技的探讨，但通过今天的探讨，我们已经深切地感到无论是遥远的古代、屈辱的近代还是发展的今天，历史无时无刻不在印证着一个道理，那就是"科学技术是第一生产力"。

今天作业有四个选题，但是大家只要选择一项完成，要求搜集材料，延伸所学内容：

选题1 写一项中国古代科学发明实例，要求有题目、能引用原文，并用现代科学观点、原理予以说明、评价。

选题2 从历史角度评述中外科学技术交流的事例。

选题3 编写"中国科技发展大事记"。

选题4 仿照某份历史上的报刊格式编一份"中国科技史"一类的小报。

例谈2

说课：用美丽的理想去代替那不足的真实

说课，以其重在体现说课的要素和过程的流畅，让别人听明白某课应该怎样上、为什么这样上、这样上可能会遭遇的问题和产生的效果，日益成为说课者向评委和同行阐述自己教学设想及其依据、体现自身教学水平的一种重要的教学研究方式，越来越受到行政、教研部门以及学校的关注，成为招师、考核、比赛、展示的重要形式。我担任过多届说课考核和比赛的评委，发现不少老师只会上课，不会说课，常常是简单地把上课的45分钟浓缩为15分钟，照搬要点，简述过程，并未凸显说课的特定含义……现在市面上关于如何说课的辅导用书很多，但理论性太强，而操作性欠缺，以致如何说课成为困扰青年教师的难题之一。

2011年，我应用"探究—建构"型教学思想，在苏州市高二学业水平测试教研活动中开设公开课"用美丽的理想去代替那不足的真实"，并就"如何体现说课的要素和流程"作说课示范。

一、关于内容编排和课题设计

1. 说内容编排

"用美丽的理想去代替那不足的真实"是人教版高中历史必修三第八单元的教学内容，是公开课的冷门选题。

按教材体例，本单元由"文学的繁荣""美术的辉煌"和"音乐和影视艺术"三课构成，每课均按时序线索展开。"历史是文化的镜子，失去了历史的依托，文化也就失去了原有的魅力和光彩"，因此，在历史教学中，理解文化现象一定要结合相应的时代背景。然而，如果按照教材体系讲授，每一课都要重复古典主义、浪漫主义、现实主义、现代主义这一历史过程的先后顺序及其各种风格流派产生的历史条件，未免导致重复的烦琐和乏味，不能很好地突出各个风格流派的时代感，也无法增强各种流派下文学、美术、音乐等不同文艺形式之间的关联性。为此笔者调整了本课的教学体例，把教材三课中的19世纪初期新古典主义和19世纪前期的浪漫主义文学、美术、音乐等内容提炼出来，糅合成一个整体进行教学；而把19世纪中期的现实主义和20世纪的现代主义另行编排，作为下一课的教授内容。通过这样的调整，有利于学生很好地理解"美术、文学、音乐是同一个时代背景下的不同形式的文化产物"的道理。

2. 说课题设计

本课课题是德国作家席勒的一句话，说浪漫主义"试图用美丽的理想去代替那不足的真实"。罗曼蒂克（Romanticism）似乎人人都懂，但更多的是停留在感性直觉上，很少有人真正理解浪漫和浪漫主义的本质含义。而席勒说浪漫主义"试图用美丽的理想去代替那不足的真实"，不仅概括了浪漫主义的本质内涵，还体现了古典主义到浪漫主义的过渡，揭示了浪漫主义不同于现实主义在于其"美丽的理想"。

二、关于教学对象、理论依据和教学方法

1. 说教学对象

本课授课对象是高二文科班学生，他们已经完成了必修一和必修二的学习，具备了文化模块学习所需的政治、经济知识铺垫，并有了一定的人文素养积累和"缄默知识"。结合本课教学内容"学科内整合、多学科综合"的特点，教学设计时，应尊重学生的生活经验和前认知，并以此为起点，打通知识联系，使教学新内容与学生原有知识结构相结合，实现知识的意义建构，促进学生在亲历、体验、建构的过程中更好地予以理解、消化、吸收。

2. 说理论依据

本课根据学习需要，着力体现"用教材教"的教材观。本课以课程标准为依据，打通人教版教材，参考人民版教材，重组教学内容，凸显时代特征。本课教学资源整合不仅体现在不同版本教材的整合、不同模块的整合、中外历史的整合，还体现在历史学科与其他学科领域的整合和渗透，如美术、音乐、文学、戏曲等。

3. 说教学方法

教学方法上，应符合因材施教、循序渐进的教学原理，精心处理同类别教学内容；遵循由浅入深、由易到难的认知规律，使学生在领会中模仿、在理解中运用、在迁移中提升。

三、关于目标建构和教学板书

1. 说目标建构

按照课程标准，本课教学目标不难确定：通过了解、欣赏浪漫主义文学、美术、音乐的代表人物和代表作（知识目标），认识浪漫主义文学、艺术作品产生的时代背景及其艺术价值（能力目标），进而理解、尊重文化发展的时代性、多样性，学习文学艺术家执着追求、热爱生活的精神和爱国情操，自觉继承优秀的人类文化遗产，为国家、社会与人类做出自己的贡献（情感态度价值观）。

但在教学过程中，三维目标之间不能割裂和孤立，而要在实施过程中，使其浑然合一、层层推进。所以，在目标建构上，要努力使三维目标的达成方式具有连贯性、指向性。具体设计本文将在"四、关于教学过程和方法预设"中展开讲解。

2. 说教学板书

本课的教学板书，采用以黑板板书为主、现代媒体为辅的方式。

本课主要用传统的黑板板书展开教学内容，揭示层层线索（见下图）。

```
        "用美丽的理想去代替那不足的真实"
          ——十九世纪前期的浪漫主义文学艺术
              风格
   背景        奔放的情感        成就
工业革命的扩展   壮丽的素材    美术：浪漫主义的狮子
欧洲政局的动荡   瑰丽的情节    音乐：浪漫的乐章
对理性王国的失望 夸张的手法    文学：激荡心灵
```

然后用现代多媒体辅助板书，并体现以下特点。

辅助性：根据不同的文艺形式，借用多媒体手段，引入形式多样的史料载体，如音乐名曲、美术作品画面、人物肖像、电影视频和名人名言等，最大限度地发挥媒体的辅助功能。

协调性：PPT画面、图片、字体的选择和设计，力求与新古典主义、浪漫主义风格相一致。新古典主义的画面采用冷色调和隶书，以突出理性、严谨的特点；浪漫主义的画面，字体采用华文行楷，自定义动画形式多样，图片动感强，如跳动的音符，以衬托浪漫主义瑰丽、鲜艳、夸张等特点。

流程性：作为一节示范性展示的公开课，在不影响主题思想的前提下，注重环节之间的衔接和流畅。虽然流程预设性较强，但这不排除课堂的生成性。只有对教学各个细节的流程予以充分考虑和周密安排，才能从容地去应对课堂上的突发情况，捕捉教学的灵感。

四、关于教学过程和方法预设

1. 说导入氛围

课前，多媒体动画慢慢地"飘进"徐志摩的《再别康桥》字幕"I leave softly , gently .Exactly as I came……"，同时播放《茉莉花》的优美旋律，营造浪漫的氛围。中国20世纪20年代前后的十年被看作是浪漫的十年，文学、音乐、美术方面都有卓越成就，徐志摩的《再别康桥》就是代表，而普契尼歌剧《图兰朵》的故事发生在中国，其中，有一段旋律就出自中国民歌《茉莉花》。这一设计，意在使学生在感同身受和心驰神往中投入学习。最后，板书课题。

2. 说任务驱动

整合《课程标准》《教学大纲》《江苏省高中历史课程标准教学要求》，提炼出关于"19世纪以来世界文学和艺术"的关键词和直观图示（见下图），借以介绍本单元基本线索和本课学习要求，以期在任务驱动下，明确本课地位和目标要求，有效完成学习任务。

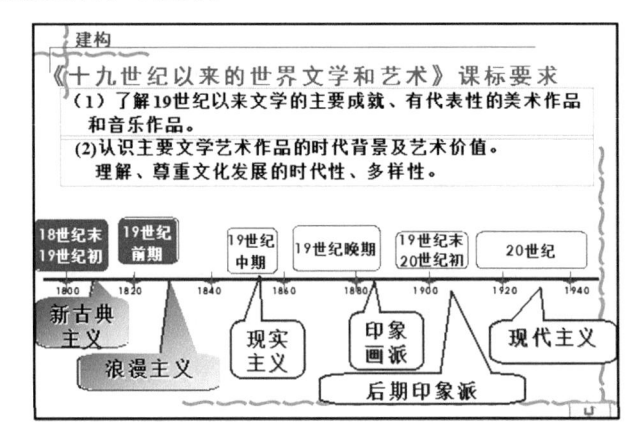

```
建构
《十九世纪以来的世界文学和艺术》课标要求
（1）了解19世纪以来文学的主要成就、有代表性的美术作品
    和音乐作品。
（2）认识主要文学艺术作品的时代背景及艺术价值。
    理解、尊重文化发展的时代性、多样性。

18世纪末  19世纪    19世纪   19世纪晚期  19世纪末   20世纪
19世纪初  前期      中期               20世纪初
1800    1820    1840    1860    1880    1900    1920    1940
   新古典
   主义
        浪漫主义
                现实
                主义
                        印象
                        画派
                                       现代主义
                            后期印象派
```

3. 说"背景"突破

"背景"是本课的难点。设计时，先要提出问题："如何理解工业革命时代的浪漫主义情怀？"继而引入丹纳"艺术和时代精神同时出现"的观点，通过背景分析加以论证。由于学生在必修一政治模块和必修二经济模块的学习中已经积累了一定知识，只是尚未和本课教学内容相联系贯通，所以，在备课时应搜集相关背景材料，分别指向"工业革命的扩展""欧洲政局的动荡""对理性王国的失望"，以再现19世纪上半期历史场景，归纳浪漫主义产生的背景。这样设计，可以提高学生用已学知识来解决新问题的能力，也体现"论从史出、史论结合"的学科要求。

在学生回答的过程中，教师板书关键词。

4. 说"风格"提炼

"浪漫主义风格"是理解本课内容的关键。对浪漫主义文学风格和美术风格，教材均有介绍，虽然表述不一，但内涵相通、精髓统一，需要教师在教学中提示，也需要学生在学习中加以比较、提炼，以免不得要领、死记硬背，割裂了两者作为同时代产物的一致性。为此，在设计上，明确要求学生阅读教材，提炼浪漫主义文学和艺术的共性。在这个认知过程中，学生不仅熟悉了教材，而且通过对相似、相类、相同知识的对比归纳，培养了历史思维和解决问题的能力。

在学生回答的过程中，教师提炼关键词板书。

5.说"成就"突出

浪漫主义艺术成就是本课的重点，分别由"浪漫主义的狮子"（美术）、"浪漫的乐章"（音乐）和"激荡心灵"（文学）三个部分组成。具体突出以下两个方面：

一是在内容选择上，要体现"用美丽的理想去代替那不足的真实"这一灵魂，突出浪漫主义斗士爱国主义的情操、民主斗争的精神和热爱生活的态度。

二是在切入方式上，基于学生的人文素养和前认知，针对不同领域文艺形式的特点，采用不同的技法，选择不同的切入口，提高学生学习兴趣和参与热情。如果以同一方式呈现七项文艺成就，学生会感到单调、乏味，反而使原本生动丰富的题材变得黯然失色。

（1）美术：在归纳浪漫主义风格的基础上，要求学生从多幅作品中挑选出具备浪漫主义风格的作品（见下图），学生如果回答正确，就可顺势进入名画《自由引导人民》的学习，如果回答错误，则可乘机强化浪漫主义不同于其他画风的特点。接着，引导学生根据教材和自己原有知识"图说历史"，解读德拉克洛瓦的《自由引导人民》，理解为什么德拉克洛瓦被誉为"浪漫主义的狮子"，感受画家渴求自由的强烈追求。（板书，略）

（2）音乐：引用恩格斯对贝多芬音乐的评价，"要是没有听过这部壮丽的

作品（《命运交响曲》）的话，那么你一生可以说是什么作品都没有听过。"（出处）激发学生了解"乐圣"、聆听其作品的迫切感。设计上，教师此时应退到"幕后"，多媒体动画播放介绍贝多芬生平的字幕和《命运》《英雄》的声频片段，让学生沉浸其中，感受"乐圣"与命运抗争的顽强意志，以及对民主和自由的执着向往（板书）。

为了让学生理解教材关于"在音乐领域里，出现了很强的民族性趋势"的论述，除了讲解教材重点介绍的欧洲的音乐流派，在本课设计上，笔者有意插播了中国国粹京剧《贵妃醉酒·海岛冰轮》的视频。富丽堂皇的场景，缠绵悱恻的剧情，美轮美奂的扮相，清丽婉转的唱腔，无不让学生在欣赏中增强了"民族性音乐"的意识，增进了对"各国的音乐都在本国原有音乐文化传统基础上有所突破"的理解，还达成了"增强对祖国传统文化的认同感，树立自觉传承祖国和人类思想文化遗产的意识"这一价值观的目的。

（3）文学：考虑到学生有一定的文学素养的积累，介绍五位浪漫主义文学家及其作品时，设计上有意从不同的角度切入。

以问题"为什么拜伦身着异装"来激发学生对拜伦生平了解的欲望，进而对拜伦作为资产阶级民主革命家一生追求自由进步产生崇敬之情；以学生诗朗诵《西风颂》，体验雪莱短暂人生的浪漫主义情怀；以奥地利皇后伊丽莎白（茜茜公主）崇拜海涅的故事，引导学生认识海涅及其作品对德国的深远影响；以《巴黎圣母院》中"爱斯美拉达给受示众折磨的卡西莫多送水"的视频，理解雨果对美与丑的哲学思考；以普希金的《渔夫和金鱼的故事》来揭示俄国农奴制下各种社会矛盾……

当以上教材上的内容学习结束后，回应本课开头的氛围设计，视角再次从世界转向中国——"西学东渐"影响下的中国"浪漫的十年"。在多媒体动画慢慢地"飘进"徐志摩的《再别康桥》诗句时，学生自然而然地吟出声来："轻轻的我走了，正如我轻轻的来……"，五四时期中国文人的成就激活了学生的文学素养，提升了学生的人文精神，使教学设计有效达成了"认识到不同特色的思想文化相互碰撞、相互交融，共同发展"的课标要求。

6. 说小结提升

"掌握历史知识不是历史课程学习的唯一和最终目标，而是全面提高人文素养的基础和载体。"在本课的小结中，笔者再次援引了丹纳的另一观点"艺术和时代精神同时消亡"，并进行评判：浪漫主义所蕴含的历史使命感和社会责任感，成为超越时空的精神，激励后人自觉担当对社会、人类、自然的责任。通过讨论，学生得出"精神永恒"的结论。最后，以温家宝总理在世博会高峰论坛上关于"文化精神"的精彩演讲词作为结束语："人类创造的一切文明成果，当上升到精神和理性的高度时，成为人类的共同财富，并永久传承……每个国家、每个民族都有值得骄傲的传统文化，各种优秀文化都是人类文明的成果，都值得我们尊重和珍惜，一枝独秀不可能形成争奇斗艳的百花园。"

7. 说作业安排

为了进一步提升学生对本课重点和难点的把握和理解，启迪学生感悟艺术和时代精神的关系，本课的作业是：印发温家宝《让世博精神发扬光大——在2010年上海世博会高峰论坛上的讲话》，结合本课学习内容，写一篇不少于800字选题为《世博精神，让历史见证》的小论文。

听课老师随感

听唐老师的课，是种享受，更是被唐老师的魅力深深吸引。每次听课收获总是很多，这次也如此。

一、播下积极的种子

课堂是一种孕育。每个人都有能力找到内心的宝藏，它让我们有能力获得成功，并且成长。唐老师对一章内容的知识整合和建构，避免了对以往复习内容的单调重复，不仅让学生获得了新的学习思路，更是让我们体会到了唐老师对历史学科的热情。

一个个"感知"的素材、一次次"探究"的思考、一份份"建构"的收获，用美好的理想批判现实，用一位特级教师对历史教育的热情在每位学子的心里播下积极的种子。

二、体验深刻的情感

课堂是一个过程。教学的精彩在课堂，学生的成长在课堂。学习中的每个问题，在课堂中一起体验，四个人一组的集体回答给学生自我个性展示的空间；一张绘画、一首音乐、一段视频，给学生心灵的激荡。这次是真正的历史课，工业革命时期的历史背景那么清晰地重现。

三、引导自主的思考

课堂是一种体悟。唐老师运用矛盾点设置问题，引发学生认知冲突，使学生积极思考。思维视角的变换、丰富的课堂素材、亲切的表情动作，引发了学生对课堂交流的新思考。当学生开始思考的时候，认知的成长点就出现了。

课堂时间是短暂的，铃声响起，唐老师用一段书本文字巧妙地结束整节课。

于课堂内容之外，也很佩服唐老师的敬业精神。无论是于历史教师，还是于校长，一样的专业。

（地理老师　钱明霞）

第三章

以融合为重点，优化教法学法

教师在"情境中引导"，通过创设情境、问题驱动，使"情景"与"情境"再现融合；

师生在"合作中探究"，通过小组合作、集体"互补"，使"师生"与"生生"思维碰撞；

学生在"亲历中建构"，通过体验经历、理解内化，使"知识"与"意义"建构对接。

问史·践履
——让历史进驻"人"

视 角

优化教法、学法，实现教学融合

"探究—建构"型教学以优化教法为重点，创设情境、媒体辅助、分层施教、合作探讨，实现教学融合。

一、创设情境，激励探究

学生的学习过程可以看作是以心理活动为基础的情意过程和认知过程的统一。其中的情意因素是一个重要因素，具有启动、定向、维持、强化等功能。而情意因素的激发要求教师在教学过程中根据教学实际的需要，适时地创设最佳教学情境，激发学生的兴趣，点燃思维的火花，从而使学生产生良好的心理体验，以浓厚的兴趣和积极的情感投入教学活动中。我把创设教学情境作为自觉设计的产物，作为不可缺少的教学情意场而贯穿于教学过程的始终，使学生处于优化的心理情意状态。

1. 问题性情境

学贵有疑，教贵设疑。为了引导学生实现某个教学目标，我有目的、有计划、有层次地激疑、导疑、释疑，构成多种类型的问题情境。如诱发兴趣型，我注意从学生所熟悉的基本事实中、从新旧交替事物的联系中找到"激发点"；如激发悬念型，我有意设置矛盾，设计惊疑情境，启迪求知欲望，在分析鸦片战争原因时，我提出一个观点："如果林则徐没有进行虎门销烟，也许就可以免去鸦片战争这场战火了？"再如换位思考型，当学生的思维在某一历史时空"刹车"时，对知识的理解停滞在书本字面上，我就创设模拟换位型的问题情境让学生设身处地感受特定的历史时空。

2. 形象性情境

形象是情感的载体，教学中我通过形象思维的加工处理，正确理解知识、发展认识能力。从心理学角度看最能正确反映现实形象的表象莫过于实物表象，所以我通过实物展示，使学生形成有关历史人物、物质环境、历史时空等正确表象，进而掌握历史知识，在分析"鸦片战争的影响"时，我出示了一百年前吴江人民手工纺织的一块土布，让学生通过观察、触摸比较，得出"先进的机器工业具有对落后的手工业的优越性"这一结论；通过故事诱导，让故事成语、传奇小传唤起学生头脑中最先形成的表象；借助录像、录音、幻灯投影等现代化教学手段再现情景，渲染气氛，让学生如闻其声、如临其境，引起丰富的联想。

3. 竞争性情境

当大脑处于竞争状态时的效率要比无竞争时要高得多，因此，课堂教学中我经常创设竞争情境，如针对重点和难点集体讨论，开展师生辩论、生生群辩、正反辩论等多形式辩论；组织小组竞赛，诱发学习积极性。

此外，创设成功情境，使学生的好奇心和学习愿望获得满足；对学生进行赏识性评价，尤其对后进生，对他们主动回答问题的勇气表示赏识，调动学生主动积极地参与教学活动，主动探究，掌握知识，发展能力。

二、借助媒体，主动求知

多媒体具有直观性、交互性、动态性、高效性等特点。利用多媒体可以帮助学生建立新旧知识之间的联系，组建新的认知结构。随着信息技术的迅猛发展，网络教学，把鼠标交给了学生，实现学生和电脑一对一的"人机交互"，学生自主探究，成为课堂的主人。

1. 网络环境下探究性教学的必然性

网络为探究性教学营造了开放的学习环境，提供了丰富的信息资源，使学生在交互的学习过程中，通过自主的学习策略、多向的传播形式，主动发现、主动探索，对建立新旧知识的联系、形成认知结构、促进知识的意义建构非常有利，最大限度地提高了学生主观能动性，使学习活动始终处于积极状态，激发了学生的创造性思维。网络环境下的历史探究教学，在目标上强调个性与创造性的发展，在内容上强调通过自主式探究活动获取直接经验，在方法上放手让学生自我选择、自我发现，学生把握了学习的主动权，通过独立探索、积极发现、协作交流、意义建构，展示个性、开发潜能、实现价值，应合了新课程理念、建构主义倡导和网络时代人才培养的要求。

2. 网络环境下探究性教学中师生角色的新定位

任何现成观点都不如学生自己思考得到的更深刻自然。网络环境下，教学中心点从教师的教转换为学生的学，这给师生角色的重新定位开拓了全新的视界。因此，学生在教学过程中的角色发生质的变化，不再是被动的接受者，而是鼠标的控制者、信息的加工者、意义的建构者、探究的成功者。探究学习过程中，学生始终处于主动地位，主动发现，主动探索，自主探究，协作交流，把新知内化到原来的知识结构和经验体会中，完成意义建构，丰富历史认识。网络环境下的历史教学，历史教师的作用不是强迫、专制，也不是放任自流，而是作为信息的开发者、目标的导航者、教学的组织者、建构的促进者，开发能引发学生思索体验的、能激发学生主动建构的信息资源，保障学生在学习中始终不偏离目标方向，设计对接旧知经验、引发思考对话的问题；由浅入深，把思维引向深入，提高力度，推进学生从被动接受向主动探知转化。

3. 网络环境下历史探究性教学的策略优化

网络环境下历史探究性教学要求教师采取科学的策略、恰当的方式，根据学生现状和发展需要，以及学科特点来设计教学：营造开放的学习环境，变学生从教师、书本单向接受知识到多维互动探究知识；引导教学任务的产生，指导学生在信息加工、知识探究的过程中不偏离教学方向，达成知识的意义建构；创设自主探究的氛围，变学生被动接受为主动自我导向，开放思想、乐于思考、勇于质疑、敢于创新；采取协作学习的机制，调动学生参与积极性，学会与他人合作，养成团队意识；实现意义建构的目标，帮助学生调动主动性、发挥创造性，促进其实现对当前所学知识的意义建构。

三、分层施教，全面发展

素质教育全面性原则亦即在课堂教学中面向全体学生，全面完成教学任务。我认为课堂上贯彻全面性原则必然是分层教学的全面性原则，全面性原则和分层教学两者是统一体，前者是指导，后者是实践。

1. 面向全体，划分层次

学生智力才能、兴趣爱好各不相同。教师应综合学生的学习动机、基础掌握和能力水平，将学生分成若干层次。对拔尖层学生要给以难度较大的训练，并让他们领略大纲以外的知识天地；对于发展层学生则要求他们巩固基础，并向拔尖层目标挑战；对于达标层学生，要求他们基本完成基础目标，及时鼓励、激励思考、增强信心。分层教学不但重视优等生的超前发展，同时又不歧视差生，在集体教学、分组交流、个别指导相结合的方式下，达到面向全体的目的。

2. 确定目标，全面达成

教学任务的完成，首先体现在教学目标的完成上。教学目标是课堂教学的起始和归宿，其制定和落实至关重要。我依据课程标准和教材要求，编制面向全体、符合各层次学生实际的教学层次目标体系。只有注重教学目标的全面性和层次性，才能在教学中把每一个学生的培养和提高都置于自己的视线之中，使达标层、发展层、拔尖层各得其所，各展所长。

3. 因材施教，多元发展

"孔子施教，各因其才"，教学要面对全体学生，达成教学目标，但如果只注重面向全体而难以照顾到学生的差异，搞大家齐步走，那会使一些学生吃不饱，另一些学生吃不了。所以，尤其要重视学生的客观差异性，选择不同的教学对象、确定不同的教学目标，运用不同的教学手段进行分层教学，从而使每个学生的素养都有所发展。

课堂教学中，还应根据教学需要，针对重点、难点或时事热点，开展合作争鸣，通过各种形式的讨论、辩论，调动学生合作解疑的积极性和主动性，让尽可能多的同学能从不同角度抒发己见，在合作中逐渐完善自己的认知结构，形成对讨论点的全面深刻的认识。

例谈1

"欧美资产阶级代议制的确立与发展"的教学设计

"探究—建构"教学，在目标上，以"育人为本"为理念，指向"人的发展"、促进"精神成长"；在流程上，以探究、建构为主线，学生把外部知识信息内化到已有知识结构中，体验积极情感，发展个性素养[1]；方法上，通过探究式设计、引导式教学、体验式建构，转型教师教学方式，通过探究式学习、理性化思考、多角度审视，转变学生学习方法。

---

[1] 陈仲丹.著名特级教师教学思想录.中学历史卷［M］.南京：江苏教育出版社，2012：308.

问史·践履
——让历史进驻"人"

本课"欧美资产阶级代议制的确立与发展"是高二单元复习课。该单元"英国君主立宪制的建立""美国联邦政府的建立"和"资产阶级代议制在欧洲大陆的发展"三部分内容分别从"确立""完善""发展"三个阶段勾勒出资产阶级代议制的发展轨迹。作为单元复习课,本单元及必修2和选修4相关内容为高二学生建构知识体系、化解突破难点提供了丰富的知识背景。基于此,本课将教学目标定位于:梳理17世纪以来欧美资产阶级代议制建立、完善和发展的历程,理解资产阶级代议制在促进资本主义发展方面的作用;归纳欧美四国政体的特点,并从历史、传统、现实等方面分析其成因,理解各国政治制度的差异是由各国国情所决定;通过17到19世纪中西方的对比,从政治民主化进程的角度认识人类文明的统一性与多样性,进而形成开放的世界意识。

一、教学导入

设计思路: 18世纪是世界历史的分水岭。导入环节把历史镜头定格在18世纪晚期天朝上国的"康乾盛世"和蛮荒一片的北美大陆,对比近代中西政体,分析由此带来的差异,指出民主的魅力和实力。

出示材料:

康熙(1662—1722)说:"今天下事务,皆朕一人亲理,无可旁贷。若要分于他人,则断不可行。"[1]

乾隆(1711—1799)说:"乾纲独断,乃本朝家法。"[2]

华盛顿在《告别演说》中,提出要"正确估计支配人类心灵的对权力的迷恋及滥用权力的癖好"。[3]

一面是日落余晖、江河日下,一面是蒸蒸日上、如日中天;上升到同一时代东西方对比上看,一边是王法、家法,一边是宪法、国法。当天朝上国的君主处心积虑强化皇权的时候,在英国,资产阶级和新贵族正在拥立一位愿意服从议会的新国王[4];在北美,华盛顿建立了三权分立的联邦国家;在法国,

---

[1] [清] 蒋良骐.东华录[M].济南:齐鲁书社,2005.
[2] 中华书局.清实录[M].北京:中华书局,2012.
[3] [美] 乔治·华盛顿.华盛顿选集[M].北京:商务印书馆,2012.
[4] 钱乘旦,陈晓律.英国文化模式溯源[M].上海:上海社会科学出版社,2003:50.

《人权宣言》宣告了旧制度的消亡。到19世纪，先进与落后、文明与野蛮碰撞交锋，其结局令人唏嘘不已。再回首，我们有必要反思，近代西方实力究竟何在？（板书课题：资产阶级代议制的确立与发展）

二、复习建构

设计思路：本课基础知识点学生在高一已经学过。在此基础上，通过问题驱动，引导学生梳理"17到19世纪资产阶级代议制确立和发展"的脉络，进而建构本单元整体知识框架。

1. 概念理解

学生根据已学，交流对代议制的理解：西方国家实行的代议制度，是一种间接民主的形式；代议制的核心是经选举产生的代表组成议会，形式上代表民意行使国家权力；代议民主已成为当今世界各国政权的普遍原则。

2. 问题探究

组织学生对以下问题进行分组讨论。

（1）17到19世纪，资产阶级代议制在欧美经历了怎样的历程？

（2）欧美主要资本主义国家分别确立了怎样的政体？

（3）英、德的政体有哪些突出的差异？

（4）美、法的政体有哪些突出的差异？

3. 生、师归纳

基于学生讨论，教师引导学生归纳：17到19世纪，资产阶级代议制经历了"17世纪英国确立""18世纪美国完善""19世纪欧洲大陆发展"的历程；欧美主要资本主义国家中，英国和德国确立了君主立宪制，美国和法国建立了民主共和制；在历史传统和现实因素的共同作用下，议会在国家政权组织体系中地位和作用也有所不同：英美式民主，强调个人权利，严格限制中央权力；欧美大陆式民主，封建专制传统浓厚，强调中央权力（板书：英国：立宪制——君主统而不治；美国：共和制——限制中央权力；法国：共和制——强调中央权力；德国：立宪制——君主专制色彩）。

三、合作探究

设计思路：在学生梳理、归纳的基础上，教师设计"图说历史""原版史料""答记者问"等情境，以小组合作为组织形式，通过"情境中引导""合

问史·践履
——让历史进驻"人"

作中探究",让学生走进历史、体验历史、感知历史。

1. 图说历史

随机抽题,链接图片,说出图片中所反映的与本单元相关的历史信息。

以上图片对应的历史信息分别是:德意志帝国诞生、英国女皇、美国最高法院。

设计意图: 要求学生从图片中捕捉历史信息;而随机抽题、抢答的参与方式,有利于增加神秘感,提高参与热情。

2. 原版史料

各组推选同学朗读、翻译,回答问题。

(1)"Sovereignty is ultimately derived from the people……The power of the ruler is absolute , but kings do not hole their power by divine right."[①]

哪些启蒙思想家具有这样的观点?

---

① 课程教材研究所,历史课程教材研究开发中心[M].普通高中课程标准试验教科书历史必修1. 北京:人民教育出版社,2005:107.

（2）"The executive power shall be vested in a president of the United States of America."①

体现这段引言思想的法律文件有哪些？

（3）"Britain is probably closer to the revolution than any other countries in Europe."

引言所评价的是_____年_____国_____（事件），为什么这样评价？

（4）"Not by speeches and resolutions of majorities are the great questions of time decided upon—but by blood and iron."②

发表演讲词的是谁？为什么马克思说他"不自觉地完成了历史的任务"？

翻译和答案提示：

（1）主权来自人民……统治者权力是绝对的，但国王们所掌握的权力并非神授。

这是英国霍布斯的观点。法国卢梭的"人民主权论"也有一定程度的体现。

（2）行政权归于美国总统。

体现该思想的法律文件有美国《1787年宪法》、中国《临时约法》等。

（3）在欧洲英国是最革新的国家。

引言所评价的是1832年英国议会改革。因为改革使工业资产阶级获得了更多的议席，大大加强了在议会中的作用，为工业资本主义的进一步发展提供了保障。

（4）当前种种重大问题不是靠演说和多数表决所能解决的，而是要靠铁与血。

演讲者是俾斯麦。他所领导的王朝战争，实现了德意志的统一，为资本主义发展扫除了障碍。

设计意图： 历史史料有多种呈现形式。全国各地高考卷上已多次出现英文试题。本环节把教材中的英文材料设置成历史问题，引导学生开阔眼界，关注史料的多样性，同时锻炼学生双语思维能力和口头表达能力，让英语学习优秀

---

① 课程教材研究所，历史课程教材研究开发中心［M］.普通高中课程标准试验教科书历史必修1. 北京：人民教育出版社，2005：112.

② 课程教材研究所，历史课程教材研究开发中心［M］.普通高中课程标准试验教科书历史必修1. 北京：人民教育出版社，2005：117.

问史·践履
——让历史进驻"人"

者在小组合作中有展现机会。

3. 答记者问

学生通过述职，出任领导人，回答记者提问。

（1）记者甲提问英国女王维多利亚（十九世纪中期）。

女王陛下，记得有一位英国宪法权威人士说过，如果上下两院做出决定，把您本人的死刑判决书送到您面前，您也不得不签字，请问是这样的吗？您在位时，中英两国很不愉快，贵国发动了鸦片战争。请问是您授权发动战争的吗？

教师点评：我们看到君主的权利受到限制。英国开创了民主的先河，成为"议会之母"（板书"民主先河"）。

（2）记者乙提问美国加州州长施瓦辛格（当代）。

州长先生，媒体说，您和里根都是电影演员，面对摄像机镜头经验丰富，里根的"光辉历程"将在您身上重现。请问这是否是您的愿望？当年罗斯福总统预见了德国、日本包抄世界的侵略野心，但为什么迟迟不向日本宣战，直到日本打到了家门口？如果您当选总统，当你遇到类似问题，你将如何处理好和议会的关系？

教师点评：尽管美国总统是无冕之王，但是，立法权和行政权在制约中平衡，体现美国宪法的民主性（板书："制约平衡"）。

（3）记者丙提问法国总统希拉克（当代）。

总统先生，有人把法兰西第三共和国称为"不光彩的、从窗缝潜入的共和国"，甚至预言其必将步第一、第二共和国后尘，很快夭折。所以，向您请教两个问题：第一、第二共和国怎么会很快夭折？法兰西第三共和国真的是"不光彩的、从窗缝潜入的共和国"吗？

教师点评：正如希拉克总统所言，法国的共和经过了长期斗争、反复易手，最后以一票之胜得来的结果（板书："艰难共和"）。

（4）记者丁提问德国宰相俾斯麦（十九世纪晚期）。

尊敬的首相大人，听说普奥战争中，威廉一世要直捣近在咫尺的维也纳，您急得打算从四层楼上跳下去，请问为什么？虽然您被称为"能一只脚玩七个皮球"的高手，但您也许不能预知未来：1914年和1939年，德国发动了两次世界大战。请问这和您有关系吗？

教师点评：战争的烙印在德国是如此之重，统一战争、军国主义、专制色彩渗透德国政体，虽确立了立宪制度，但却是脆弱的（板书："脆弱立宪"）。

设计意图：通过述职，考查学生对基础知识的掌握；模拟记者招待会，就历史或现实问题回答记者提问，以此考查学生运用知识分析问题的能力。

四、拓展延伸

设计思路：本环节为"晚清访欧行"，呼应导入环节，引导学生建立中外联系的大历史观，把中国放在世界大背景下，提升民族责任感，形成开放的世界意识。

历史舞台，各领风骚。康乾明君牵引着中国这艘古老的大船沿着旧的航线缓缓前行，这时西方脱胎换骨、改天换地，走出中世纪，跃上文明制高点。19世纪中叶以后，悲剧演化为中国山河破碎、主权沦丧。大清国臣子们感受到切肤之痛后做出怎样的反应呢？无论是清王朝还是有识之士，都认识到中国已经走到历史的转折点上。清朝派出了由亲王载泽为首的考察团到欧美考察政治制度，仿效西方进行政治改革。一行人中有清朝官员，有早期留学生，有新思想的学者。感慨万千的他们，有的给清皇帝上了奏折，有的给当时最大的报纸《申报》写了策论，有的檄文一道抨击朝廷，有的悲谭嗣同回天无力。如果你是其中一员，你将怎样以笔抒怀？奏折？策略？檄文？悼词？选择一种体例，字数400字左右，要求观点鲜明，指明对策。

板书设计：

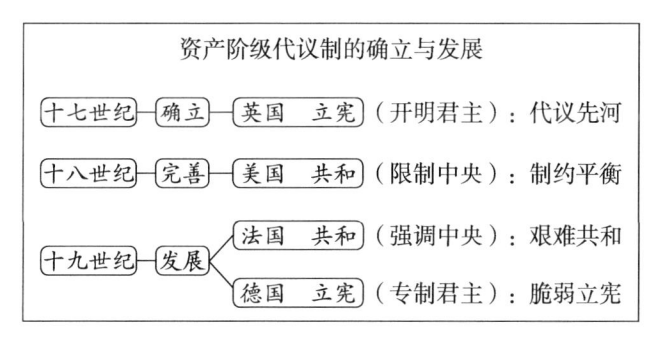

```
           资产阶级代议制的确立与发展

十七世纪—确立—英国 立宪（开明君主）：代议先河

十八世纪—完善—美国 共和（限制中央）：制约平衡

                 ┌法国 共和（强调中央）：艰难共和
十九世纪—发展—┤
                 └德国 立宪（专制君主）：脆弱立宪
```

学习反馈：

本课基于"探究—建构"型课堂教学的基本要义，着力于"情境中引导""合作中探究""亲历中建构"。为自我诊断本课教学效果，教师在课后向学生无记名征集以下信息：

问史·践履
——让历史进驻"人"

学习记录	探究到的新问题	
	课堂参与状态	
评教反馈	存在的疑惑	
	对教师的建议	

以上学生的感悟反馈，主要体现在：在参与形式上，以抽题、必答、抢答、竞赛等形式，累计得分，提高了学生参与热情，效应"不同凡响"（学生语）。题型设计上，本课具有多样化并具有时代感的特点："图说历史"，自由女神像的由来、总统山的精神、法德宿愿的演变，一幅幅图片展现，一个个问题接踵而至，学生在感受中亲近历史，在思考中提高思维；"原版史料"来自教材，不仅引导学生关注平时所不予重视的多样化史料，而且在调动语言智力的同时，使有英语特长的女生有了展示的机会；"答记者问""当选"的领导人不失风范、对答自如，体现了和平时学习生活中不一样的"风度"；命题角度上，始终为教学目标达成、知识体系建构服务，以学生的回答来搭建板书结构；能力目标上，培养综合、创新能力，如"晚清访欧行"，学生综合运用文史哲知识，把中国置于世界大背景下生成责任态度、提升开放意识。

路径

"做历史"活动体验

1. 战地记者报

以战地记者的身份，"亲临"某一次战争的某一次战役，并进行实时报道。要求图文结合，A4版面。

2. 万金家书

以参战战士的身份，在作战前线拟写一封家书，寄给远方的亲人。A4版面，注意书写格式，包括信封设计。

3. 仿真××（区域）日报制作

以历史上某一区域的某一天制作日报，对折，A4版面，2个版面。

4. 专题海报

确定一个历史主题，凸现时代特征。A4版面，图文结合。

5. 新闻报道

以记者的身份，就某一历史事件或社会现象，编辑新闻报道，要求图文结合，A4版面。

6. 人物访谈录

以写手的角色，为电视台制作19世纪某一历史人物的访谈。

7. 我家老照片

制作一份电子期刊，通过和家族相关的老照片的介绍，感悟历史的沧桑变迁。

8. 历史明信片

设计一张历史明信片，全仿真。

9. 历史人物日记

模拟历史教科书上曾经出现的人物，写一篇日记。

10. 给《××》电影导演的建议

从戏说的影视作品中发现有违历史真相的错误，加以还原，并指出戏说历史的影响。

11.《××》纪录片花絮

为某一大型历史纪录片做一多媒体花絮（A4版面），或者写一篇推介导读。

12. 族谱

通过调查、走访，完善或制作自己家族的族谱，A4版面。

13. 对家乡××的考察报告

就家乡某一事物、现象进行调查，阐述发展演变进程、介绍当下现状、指出未来发展走向和社会价值。

14. 网访博物馆

向同学老师推介一个网上博物馆，通过介绍，吸引同学老师去浏览，并能获得该博物馆最有价值的体验。PPT演示。

15. 给政府的一封信

模拟自己处于某一历史阶段，针对国际形势或家国情势给政府部门写一封信（上书），阐述上书原因、建议或要求等。

16. 历史小论文

有论点、论据和现实关照。

17. 历史制作

模仿历史文物或教科书图片，制作富有历史意味的教具，并就制作依据和过程做成PPT。

18. 文学中的历史

挖掘语文课本或高中文学作品中的历史切口，展现历史大背景。

19. 发现历史偏见

从教科书里发现历史偏见或错误，阐发观点，并提出论据或解决办法。

20. 我为教科书讲故事

教科书里省略了很多细节，而把太多的历史结论直接告诉了同学，每个结论后面都有着太多的历史故事。为教科书里的某一历史结论寻找历史依据。

例谈 2

创意教学：让历史作业"生动"起来[1]

历史作业谁说了算？是教师吗？在江苏省特级教师、吴江高级中学副校长唐琴看来，教师对作业的态度决定了学生对作业的态度，教师布置作业时不能"一言堂"，必须考虑学生的兴趣，尊重学生的劳动。

制作报纸 "找碴"影视剧：激发学生历史学习兴趣

在吴江高级中学高一（2）班教室里，记者看到了一份份仿真的历史报纸：1937年7月8日《人民日报》刊登"平津危急！华北危急！中华民族危急！"；1997年7月2日《人民日报》刊登中英香港政权交接仪式在港隆重举行……

---

[1] 该文是《吴江日报》记者徐力维撰写的专题报道。

该班历史老师唐琴认为，报纸是人们获取信息、了解社会的主要传媒工具。要制作历史上某一天的报纸，首先，学生要浏览多种报纸，了解各种报纸的制作特色，注意报纸的栏目、标题、图片、文字和版式。其次，学生要根据所学知识，查阅历史资料等。总之，编辑一份历史小报，是一份锻炼学生动笔、动脑能力的作业。

不仅如此，唐琴还擅长用好"边角料"时间。唐琴发现，班上部分学生放假时爱看影视作品，但影视作品创作水平良莠不齐，那何不让学生从戏说影视作品中找出错误，加以还原历史真相呢？这一作业又"戳中"了学生的兴趣。班上不少学生还给导演写信帮助更正：芈月是秦昭襄王的母亲，而黄歇的原型春申君是战国末期的战国四公子之一，黄歇和芈月的年龄相差20多岁，芈月的孩子比黄歇还大点。

做战地记者 写士兵日记：培养学生的人文素养

历史是一门比较特殊的学问，它既是最典型的社会科学，也是典型的人文科学。唐琴认为，历史课最重要的是培养学生的人文素养，让他们了解历史，并学会敬畏历史、培育道德。

以参战战士的身份，在作战上前线前拟写一封家书，寄给远方的亲人；以战地记者的身份，就"亲临"某一次国际战争的某一次战役进行实时报道……这些都是唐琴布置过的历史作业。通过这样的作业，学生不仅体会到战争的残酷，更能从和平和人性的视角回望战争。唐琴认为，历史课程改革的核心要体现人文关怀，要以学生为中心，让学生去体验、感悟历史。

制作族谱 观察家乡：关注身边"活"历史

让学生留意家乡古老的城镇、宁静的乡村、别具风格的民居或令人叹为观止的民俗文化，还有或惊心动魄，或印象深刻，或婉转隽永的家族陈年往事……这些也是唐琴"探究—建构"历史作业的几项内容。

唐琴还从更生活化更贴近的方面为学生布置作业。比如，让学生了解家族族谱、姓氏的历史渊源等。学生通过对家乡的实际走访和资料搜集，了解亲人的经历，从具体的历史故事中探究个体与社会、局部与整体的互动关系。

"面对高一学生，传统的讲授和记录方式难免枯燥乏味，引导他们对学科的兴趣很重要。我了解班里学生的兴趣，花心思去考虑更适合学生的教法，把知识和兴趣结合起来，希望这些尝试在让学生对学科知识学得更扎实的同时，也能拓宽他们的知识面，让学生对历史产生浓厚的兴趣。"唐琴如是说。

中 篇

去
模

　　学生知识储备有深浅，思维能力有高低，个性素养有差异。在"探究—建构"基本模式的基础上，从高中各年级学生不同的心理特征和能力层次出发，秉持统一性与多元化并存的原则，得其"意"忘其"形"，形成覆盖各学段、不同课型的系列变式，在"进模""出模"中，灵活贯穿，实践变式。

第四章

遵向学情，实践课型变式

初高中学习的侧重点发生变化，高中历史简化具体史实、突出前因后果、强化理性分析、注重现实影响；同时，各年级教学有着不同的能力要求，学生必须随着年级的提升而不断地适应学习重心的转移和学习方法的更新。

基于此，从高中各年级学生不同的心理特征和能力层次出发，结合新课程改革和高考变化，秉持统一性与多元化并存的原则，在实践中探索"探究—建构"型课堂教学的变式，形成必修、选修、单元复习、专题复习、习题教学等不同课型系列变式。

> 视 角

变式，去模式化的实践探索

"探究—建构"型课堂教学中，学生是有思想、有感情、有独立人格的个体[1]，有主观能动性，能不断发展与进步，是意义的主动建构者；教师是意义建构的促进者，教师用发展的眼光，尊重学生的个性，从学生的需要出发，引导学生进行探究，完成对知识意义的建构。

建构主义教学理论明确指出，"复杂的学习领域应针对学习者先前的经验和学习者的兴趣，只有这样，才能激发学习者的学习积极性，学习才可能是主动的"[2]。初高中历史学习的侧重点发生了变化，高中历史简化具体史实、突出前因后果，强化理论分析、注重现实影响；高中各年级历史学习对学生也有不同的能力要求，而学生知识储备有深浅、分析能力有高低、个性素养有差异，学生必须随着年级的提升而不断地适应学习重心的转移和学习方法的更新。随着课程改革的深入推行，关注过程、重视体验、强调创新的"形低实高"的教学要求为教师和学生主观能动性发挥开辟了广阔的空间。

基于以上认识，我们在"探究—建构"型课堂教学实践研究的基础上，从高中各年级学生不同的心理特征和能力层次出发[3]，针对教学任务的差异，结合当前中小学课程改革和高考制度的变化，秉持统一性与多元化并存的原则，走出定式，探索"探究—建构"型高中历史教学模式的变式，在实践中逐步形成了"高一必修课""高二选修课""高三单元复习课""高三专题复习课"等不同课型的"探究—建构"型教学模式的系列变式。

一、高一必修课"纲要导读—问题探究"

从2000年开始，高中起始年级开始使用新教材。新教材顺应了当前课程改

---

[1] 齐健.教给学生有生命的历史[J].中学历史教学参考，2004(10).
[2] 李其龙.建构主义教学哲学探讨[J].教育参考，2000(5).
[3] 张春兴.教育心理学[M].杭州：浙江教育出版社，1998：116.

革的要求，强调教师用生动活泼的方法和科学的考试评估等多种途径来渗透能力培养和思想教育的目标和原则，避免脱离学科、不切实际地空谈能力和生硬说教，而这又必须建立在基本史实的基础上[①]。但是，由于中考历史不计入总分，一定程度上导致一些初中历史课开课不足甚至根本不开，学生的历史知识虚弱苍白。另外，高一不仅是学生扎实基础的"大后方"，更是学生高中学习的"瓶颈"时期：初中历史注重"是什么"，高中分析"为什么"、思考"还有什么"，顺利通过"瓶颈"则大有一方天地游刃有余，而一旦被卡住则上下不能、左右为难。所以，高一历史教师必须在最短时间内让学生抛弃"死记硬背"的短视行为，掌握历史学习基本方法，让学生不再发出长达三年的"恨死政史地"的呐喊。所幸我校高一备课组凭借年轻的朝气和严谨的教风以及不易被旧套路束缚的优势，结合本年级的特殊情况，在课堂教学中形成了"探究—建构"教学模式的变式之一——"纲要导读—问题探究"模式。其程序是：

1. 列纲要，予提示

历史教材人事众多，头绪纷繁复杂，信息量大，每一具体历史问题的发生都有其特定的条件和独特的影响；同时，任何历史现象都不是孤立的，都是和周遭情势相关联的，这就要求教师对历史信息进行提炼加工，用简练的关键词或图表图示将知识联系传递给学生。所以，上课开始后由教师在黑板上书写本课的板书（或用投影，或印发学案），作为导读提纲，如中国古代科技的提纲为：隋唐——中华文化圈的形成、宋元——古代科技的高峰、明清——传统科技的衰落，学生根据纲要提示，对教材进行自主学习，以此引导学生掌握知识点、归类零散知识、接触重点难点、发现知识联系，起到提纲挈领的作用。导读提纲的形式有辐射式提纲、表格式提纲、填空式提纲等。

2. 设问题，以探究

这是启动学生思维，促进其主动探索的阶段。导读提纲上教师要针对重点、难点以及知识点之间的联系，精心设计问题，引导学生通过自我探索，积极主动地解决问题，获取知识。这一阶段学生是主体，教师起导向作用把学生的思路引向正轨。问题探究的形式多种多样，按提问的对象分有个别式提问、集体式讨论和小组式交流。当一个问题涉及面广、难度大、个别提问难以全面

---

① 黄安年，任鹏杰，陈瑜.错不在多少，而在于如何尊重史实[J].中学历史教学参考，2000（11）.

处理、集体回答又无法统一思路时，依据认识由表象到本质、由已知到未知的规律，教师可将问题设计成若干个由浅入深、由感性到理性、由现象到本质的小问题，根据学生的学情差异，让不同层次的学生讨论对应层次的问题，这样不仅有效地突出重点、突破难点，而且让学生体验成功、激发兴趣，进而积极地去思考、去想象、去创造。如"为什么近代科学技术首先出现在文艺复兴后的欧洲而不是明清时期的中国"这一疑问，可以设计成以下几个小问题：李时珍的《本草纲目》是怎样完成的？伽利略是怎样得出两个铁球同时着地的结论的？这两位东、西方科学家在研究上有什么不同？对比东西方社会因素，分析产生这些不同的原因。通过这样由浅入深、由感性到理性、由现象到本质的设问，进而得出明清中国没有产生近代科学的社会根源。

"提纲导读"与"问题探究"相互联系、相互影响，不仅发展了学生的自学能力，还能帮助学生在教师的指导下完成对现有知识结构的理解补充，实现对知识结构的全面构建，实现学生的主体地位。

二、高二选修课"品尝探究—消化建构—吸收内化"

高二世界史在原旧教材基础上简化了教学内容，增加了培养学生创新精神和实践能力的内容，这进一步要求教学以学生为中心，改进教学方法，让学生真正认识历史，培养历史学习的科学方法[①]，做到为学而教，而非为考而教。基于以上思考，在高二教学中，在"探究—建构"教学实践基础上，形成了"品尝探究—消化建构—吸收内化"变式。

1. 品尝探究

这一环节是学生获取知识、锻炼能力的第一步。学生在课前自学教材、初步认识基本知识点的基础上，分析探求章节知识点之间的联系，以图示框架的形式，列写提纲，搭建知识联系，描摹结构轮廓，初步形成观点和认识；对于自己不能解决的问题，提出质疑并标注在提纲上以待课堂解决。教师从课前收上来的提纲中挑选一份能够体现知识联系、揭示历史发展规律的"示范性提纲"，课上出示点评；也可针对普遍存在的问题，挑选"问题性提纲"进行对

[①] 中华人民共和国教育部.普通高中历史课程标准（实验）[M].北京：人民教育出版社，2003：2-4.

照性教学，这样不仅可以纠正学生自我探究中存在的问题，提高教学针对性，而且有利于提高学生参与教学的主动性和积极性。

2. 消化建构

这是承上启下的中间环节。教师将学生的疑点、错点汇总归类，并结合教学目标设置不同档次的问题，有的让学生解决，有的交由学生讨论，至于重点、难点的突破可让学生展开多种形式的合作学习，或小组讨论，或集体交流，或小型辩论，使不同层次、不同水平的学生都能在各自探究的基础上综合思考角度、互补思维方式，在消化知识的过程中达成共识，从而揭示历史的本质联系，把握历史发展的规律，建构新的知识体系。如在"启蒙思想"一课中，由于学生未能正确把握人文主义思潮的发展特征，进而产生了"启蒙运动兴起于法国"的认识偏差。针对这一问题，教师可介绍霍布斯和洛克的生平和观点，并引导学生通过对英法资产阶级革命所处时代的比较，分析启蒙运动产生于英国、高潮形成于法国的历史必然性。

3. 吸收内化

学生通过课前探究、课堂建构，基本上消化了知识点，但能否完全吸收，教师应站在更新的高度，打破思维定式，创设情境，引导学生灵活运用所学知识，展开相关知识的探索研究，将知识内化到自己原有的知识结构中。如上例中，教师通过设置相关问题，引导学生重新整理思路，理清发展线索：近代西方人文主义思潮14、15世纪兴起于文艺复兴运动；16世纪宗教改革使人文主义获得传播和发展；17、18世纪启蒙运动是人文主义发展到理性阶段的体现。在此基础上，学生将内化的知识重新用作探究的工具，以"启蒙思想为未来社会提供了政治蓝图"作为理论依托来学习英、美、法代议制，进而展开对新知识领域的探索，开拓新的历史视野。

"品尝探究—消化建构—吸收内化"教学过程中，学生主动参与，完成了对零散知识点的整理，理解了知识的形成过程，将新的信息和经验与其原有的知识基础相融合，实现对整体知识的理解、运用、创新，从而主动完成学习任务。

三、高三单元复习课"归纳—质疑—活化—延伸"

历史学习要有连贯性、宏观性，横看一大片、纵看一条线，古今贯通、中外关联。高三第一轮单元特征复习要求在历史学习过程中抓住历史发展的时序性，揭示特定历史时代的阶段特征。历史特征有外在的表现和内在实质，它源于历史又高于历史，个性盎然地"活"在历史知识体系中。所以，高三历史复习必须在宏观上把握历史的阶段特征，注重知识体系结构，突出历史发展阶段和知识体系的要求，以时空为单位划分历史阶段，并按照时序排列和组建知识内容，深入浅出地勾勒历史发展的时代特征。"归纳—质疑—活化—延伸"模式体现了这一复习要求。

1. 归纳

这一步是建立在高三学生已占有一定知识量的前提下，教师于课前布置一个能充分体现阶段特征的思维任务，由学生凭借已有知识，从经济、政治、思想、外交等方面归纳阶段特征，进而对该阶段有全面完整的认识。例如，"鸦片战争给中国社会带来怎样的变化？"此题要求学生从政治上"主权丧失"、经济上"自然经济解体"、思想上"新思潮出现"以及外交上"中国被迫放弃闭关政策"上考虑，而这四方面又正是十九世纪中期这一时代的阶段特征。

2. 质疑

在归纳过程中，学生也会产生一知半解的问题，如：对"半殖民地""半封建""人民大众"等概念似懂非懂，对"太平天国与西方侵略者的关系"不明确。这是"教学中经常会出现可遇不可求的机会，需要教师顺势应变、及时点拨、促进探究。"[1]所以，课上让学生充分暴露自己在单元归纳时所产生的疑问，对于一般的问题可以鼓励其他学生回答，对于稍有难度的问题可让学生讨论后派代表回答，对于难度较大的则可通过教师点拨后回答。通过这一环节，扫除了这一单元的知识障碍，形成课堂上浓厚的探究氛围，还充分发挥了学生的主观能动性，发掘了学生的潜能，激励学生对知识的渴望，同时，也对教师的自身教学水平起到一个考验、促进、提高的作用。

3. 活化

这一环节要求学生用具体史实去论证所归纳的特征。如果说阶段特征是个框架的话，那么，具体的史实则起到了活化特征的作用，它使特征框架更显得有血有肉，富有生气。"活化"环节要求学生用具体的史实去论证所归纳的特征，其途径可以由教师设计问题来完成。如本单元可以设置下列问题：①两次鸦片战争使中国丧失了哪些主权？（引向主权的丧失、半殖民地化开始）

---

[1] 聂幼犁.历史课程与教学论[J].杭州：浙江教育出版社，2003：190.

②十九世纪四十至六十年代中国经济发生了什么变化？（引向半封建化的开始）③用史实说明为什么"向西方学习"是"新思潮"？（引出向西方学习的内容）于是，学生头脑中的知识框架不再是干枯的，而是有史有论、史论结合。

4. 延伸

任何一个知识点都是历史知识链中不可或缺的一节，承上启下，左右牵制，所以，不仅要把握好某一知识点在特定历史阶段中的作用，还要掌握其在整个历史发展过程中的地位，延伸事件的横向联系和纵向发展。十九世纪中期阶段特征复习就必须要联系"英国工业革命后，资本主义生产方式的内在要求推动英国在世界各地强占商品市场和原料产地"，鸦片战争就是在这样的背景下发生的；从纵向上看，"鸦片战争是中国半殖民地半封建社会的开始"，之后中国的半殖民地化又经历了"大大加深""完全形成""深化"等几个阶段。通过纵横延伸，古今中外的历史处于一个有机整体之中，牵一发而动全身。

四、高三专题复习课"领题研究—交流共享—总结升华"

高三历史复习不仅要横向掌握体现阶段特征的知识结构，还要把握历史发展的脉络、探究历史发展的趋势。时代特征和专题线索纵横交错构成网络，时事热点支撑网上的知识点，使历史与现实结合得更为紧密，在这样的三维交错中，历史知识结构成为一个多层面的立体的交叉体系，在诸多的知识点上繁衍出新的知识，体现了历史"知古鉴今"的功能。历史是人文学科中的一门综合性很强的基础学科，加强学科间综合，加强科学精神和人文精神的渗透与融合[1]，这也是对学生潜在能力和创新能力的考查。高三复习"领题研究—交流共享—总结升华"教学变式，以社会热点为切入口，以专题知识为主干，用研究性学习的方法，着眼过去、正视现实、展望未来，进行专题探讨。

1. 领题研究

课题的挑选要体现"小题目，大视角，深挖掘"的原则，尽可能小而集中、涉及多门学科知识、有开发和拓展空间，如"科技革命"这一主题。教师就这一主题，从多个视角透视设计成"三次科技革命对中国的影响""科技和大国兴衰""科技与生活""古代、近代、现代中外科技对比"等系列小课

---

[1] 赵行良.论中国人文精神和科学精神的相互渗透与融合[J].社会科学，2003：12.

题，学生不必对每题都一一研究，他们可以选取一道自己感兴趣的课题，相同课题的同学结合成题组，充分援用手边的资料，包括各学科教材、各类书刊、网络资源等，各题组可对课题进行分工合作。考虑到高三学生学习紧张，这一环节主要在第一课时内完成，各组还可视自身情况略做调整。在这一过程中，学生体验了科研的流程，学会了合作分工团队协作，增强了集体感和责任心。由于每个课题的开展必然涉及这一主题的相关基础知识，所以，既能进一步扎实学生的基础，又能引导学生触类旁通，综合创新。

2. 交流共享

此环节在第二课时内进行。由各组选派代表将研究成果向全班同学交流。汇报者必须出示一份小型结题报告即所领课题的答案提纲，然后用相应的论据论证报告，可以口头阐述，也可以引用实物材料，甚至网络资料。例如，"科学与环境"题组同学不仅指出"科学技术在造福人类丰富物质生活的同时也给人类提供着自杀的手段"，他们还链接到相关网站的环保网页，向同学介绍了"气候转暖""白色污染""沙尘暴""核战略"等给人类造成的威胁，使同学增强了环保意识和社会责任感。一个题组的精心研究不仅使该组同学掌握了学习方法和研究手段，还把其成果通过展示让全班同学得到了共享，于是，班级的每个学生无论在技能还是在知识上都取得了长足的进展。探索和拓展是研究性学习的生命所在。在课堂交流中，各种观点碰撞，使探索和研究有可能向着更纵深更开阔的方向发展，使交流不泛泛而谈，从而取得新意，甚至胜于教师一筹，如"中外科技比较"题组将自然科学分门别类地系统阐述，让教师自叹不如；学生对"中国传统科技与世界现代科技的对比"的精辟分析，所流露的自信、洋溢的神采，俨然是一个个地道的社会学家。

3. 总结升华

领题研究、交流共享让学生在广袤的知识海洋获取、思考、感受、想象，思绪洋洋洒洒、一泻千里，但作为教师必须做到"形散神不散"，因此，要在展示结束后把学生的展示结果进行全面总结，使学生对本主题有一个整体系统的认识，达到高屋建瓴的境界。在本专题中，教师可以用三句话进行总结：科学技术是第一生产力（从生产力角度）；科学技术是一种革命的力量（从社会变革角度）；科学技术是一把双刃剑（从科学与人类的共处关系角度）。由于这样的专题复习从内容到方法上都是开放的，学生不仅了解了人类社会的发展过程，还从历史角度认识了人与人、人与社会、人与自然，从历史中汲取智慧，提高素养，形成正确的人生观、价值观。

规范地进入模式，娴熟地操作模式，灵活地走出模式，适时地创新模式，课题模式不是一成不变的，必须根据教学内容、学生积淀储备以及教师教学风格而定。"探究—建构"教学模式的各种变式同样也不是固定在某个年级的，各年级除上述主要课型外还有研究性学习课程、活动课程、复习课、评讲课等，以上变式应灵活变通、贯穿运用。

例谈 1

"探究—建构"型习题教学

平时教学中，很少、绝少有教师把习题课作为公开课推出。对习题课的回避造成的直接后果是：考前的习题讲解和考后的试卷评讲无人关注，课堂应呈现的教学理念无人问津，习题教学平淡乏味、死板机械、味同嚼蜡。久而久之，习题课受到了冷落，遭遇了尴尬。

众所周知，习题在教学中占据了举足轻重的地位，习题可以检测学生掌握知识的程度，弥补课程教学的缺漏，完善知识体系，加深学生对知识的理解。尤其进入高中以后，习题的分量不仅加重了，且习题作为知识的延伸、补充、完善、深化，其功能不是其他形式可以替代的。面对浩如烟海的练习，上下五千年，中外大舞台，仅仅靠题海战术，学生必会被淹没于"汪洋大海"之中。为了纠正上述弊端，我尝试在习题教学中采用以"探究"为基础、以"建构"为目标的"探究—建构"型教学模式。下面以有关"十九世纪末、二十世纪初的俄国"的一组练习为例，具体予以解说。

一、习题教学的流程

"探究—建构"在习题教学的运作是以学生的实际需要来组织教学的，无论是课前质疑、课上探讨，还是课后反思，学生始终是教学的主体。

1. 把答案交给学生

（1）精心组卷。习题训练和试卷检测的目的是促进学生对专题知识、阶段知识的巩固、完善和发展，作为组卷教师应精心设计一些能够激励学生探究并达到知识建构的习题。世界近代史上册的主线是资本主义的发展，其中，包含了资本主义经济发展、政治状况、殖民侵略等主要线索，每一条线索都鲜明地体现了商业资本主义、工业资本主义、垄断资本主义的阶段特征。而精心组织习题，就要从细小的切口入手，对历史进行全方位的探究，架构起历史知识的网络。本组练习就以俄国历史为切入口，纵向联系从工场手工业时期的彼得一世改革到工业资本主义时期的亚历山大改革，以及由此改革的不彻底性而带来的封建军事特点；横向联系主要资本主义国家进入垄断资本主义阶段后出现的政治经济发展不平衡的规律。

（2）呈现过程。在进行习题课堂教学前，我要求学生阅题后先把代表"有把握""有疑惑""不理解"等不同意思的记号标注在各个题号上，鲜明地呈现自己解题的思维特征；对选择题则要将题干中的关键词标注出来，如"根本目的""主要原因""错误的是""相比特点"……以在自己二次阅题时起到提醒的作用；为了防止个别不自觉的学生敷衍了事，保证练习的有效完成，教师可组织学生自我管理，进行组内、组际作业完成情况的互检。

（3）交付答案。学生完成练习后，教师应将答案向学生出示，让学生通过答案的对照进行二次练习，对自己原先做出不同记号的题目产生新的认识。如纠正原先自以为"有把握"而实际答错了的题；即便侥幸答对了"有疑惑"的题，也要端正认识，巩固消化；而对原先"不理解"的题，回答无论对错，都要回归书本重新认识、提升水平。在上述自我诊断、自我分析的过程中，学生应提出自己不能解决或意见观点不一致的题项，留待全班同学共同探讨解决。

（4）承包、合作。为了使课堂上的共同探讨不流于形式，教师须在课前根据题量将每道题责任到人，或者个别承包，或者同桌合作，要求责任人在课前对自己所承包的题目进行分析，尽己所能确定题目选项应选或不选的理由、由此及彼派生了哪些知识概念、延伸出怎样的知识联系，等等。为了让学生顺利完成承包任务，教师应事先提醒学生通过各种渠道，如同学、老师、书本、参考书甚至是网络，得到最大的帮助。

2. 让问题走进课堂

让学生在课前练习、自我诊断的基础上，带着自己不能解决、不太理解的问题走进课堂，通过课堂上同学之间的互诊以及师生会诊，共同解决难题，有助于学生巩固知识、提升能力。

（1）将自我诊断中遇到的问题提到课堂上来。例一：列宁认为俄国帝国主义"可以说被资本主义前的关系的层层密网缠绕着"。对"层层密网"的正确理解是：A.沙皇专制制度；B.完整的封建农奴制；C.封建农奴制残余；D.封建小农经济。学生对该题就提出了疑问：B项和C项有何区别？

（2）对于学生个体提出的疑难问题，教师交由全体学生尝试释疑，统一认识。由于每个题目都有学生承包，各自也会拿出充足的论据，但并不能保证一定正确。当答案有误而恰好有别的学生提出异议时，应该以此为契机，将问题交由全体学生讨论解决。如当有学生对上述试题存在疑问时，我就组织全体学生展开讨论，结果学生以"1861年俄国进行农奴制改革""改革后完整的封建农奴制度已经不存在""1861年改革不彻底""资本主义前的生产关系即封建生产关系""小农经济的存在是封建农奴制残余的表现"等推断论证了答案应该是C而不是B。通过这样的议一议、说一说、争一争，学生的主体性得到了充分发挥，个性得到最大程度的张扬，有效地纠正了部分学生似懂非懂的学习偏差。

（3）营创宽松氛围，让学生在互问互答中提升认识。作为试卷组织者——教师，在自己的用意不被学生理解时，应抓住最佳契机，采用学生互问互答的形式，对知识进行联系、拓展、深化，以提升学生的认识。如从例一引申出这样的问题："1861年俄国农奴改革不彻底对俄国社会的发展带来什么影响？"组织学生互问互答，学生在回顾"垄断资本主义的形成"内容中有关俄国的历史后，得出"经济上成为帝国主义链条上最薄弱的环节"和"政治上封建专制使无产阶级没有合法斗争的环境"，进而形成"为俄国的十月社会主义革命创造了条件"等新认识。通过互问互答，学生的思路被打开了，思维活动也被推向了高潮。

3.构建知识的网络

学问、学问，首先要"问"，只有带着问题走进课堂，学生对知识的探究才能把握主动、思维活跃。而一旦学生的"问"开了场，教师就应及时把学生的思维引向知识网络的构建。

（1）在"不确定"中建构。由于学生自身对知识理解的不确定性，使问答不能体现命题者的意图，这时就需要教师独具匠心、及时引导，把学生思维中孤立、零散的知识点归位，正确作答。例二：俄国和日本的垄断组织都带有封建性，形成这种特征的历史原因是：A.由封建国家走上资本主义道路；B.沙皇和天皇实行封建专制统治；C.实行的资本主义改革很不彻底；D.统治阶级热衷于对外侵略扩张。学生通过本单元学习，已知道俄日两国都通过自上而下的改革走上了资本主义道路，但改革不彻底，还保留着大量的封建残余，因此C项肯定是正确的，但A项似乎也有道理。我抓住学生认识上的这一不确定性做以下设计：①英、法走上资本主义道路之前是一个什么样的社会状态？（答案：封建社会。既然A项符合英法，英法又未呈现封建性，可以排除A项）②英、法、美是通过怎样的方式走上资本主义道路的？（答案：资产阶级革命）③俄国和日本又是通过什么事件走上资本主义道路的？（答案：分别经过1861年改革和明治维新这两个资本主义性质的改革，和②比较后可知各自所采取的方式是不同的）④为什么会有这样不同的方式？（答案：英法美资本主义经济的充分发展推动了资产阶级革命，而俄国和日本资本主义经济发展相对落后并存在着政治危机的催化因素）通过这样的设计，学生把资本主义制度在各国的建立的途径及由此带来的影响融会贯通，形成知识结构，如下图所示：

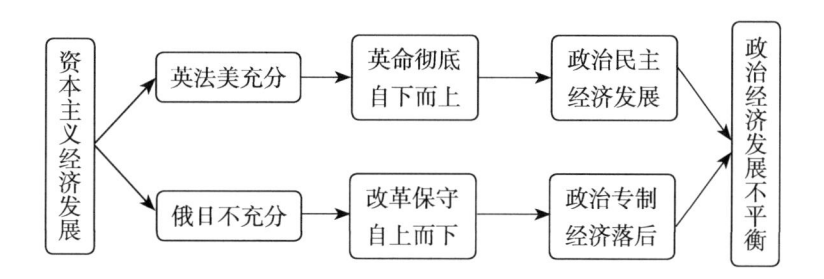

```
                  ┌─英法美充分─→ 革命彻底   ─→ 政治民主 ─┐
资本主义经济发展 ─┤              自下而上       经济发展   ├→ 政治经济发展不平衡
                  └─俄日不充分─→ 改革保守   ─→ 政治专制 ─┘
                                自上而下       经济落后
```

（2）有"预谋"的建构。这是建立在教师精心组卷的前提下的。随着学生的分析和教师的引导，资本主义发展各个阶段的特征以及政治、经济、扩张等线索就自然而然地融入了知识结构，使习题评讲不只是流于检测、强化记忆，而是更进一步完善知识结构。通过本组练习之后，学生的知识结构得到巩固，俄国历史发展的特征得以清晰地呈现和证实，如下图所示：

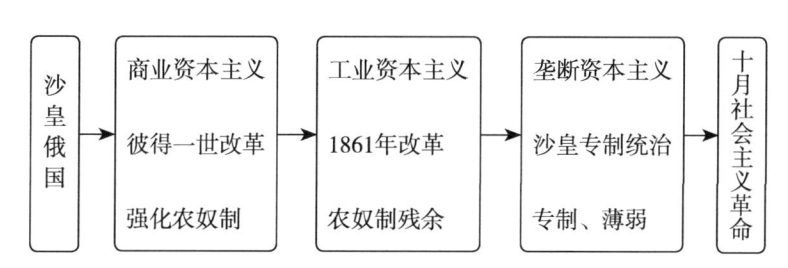

```
沙皇俄国 → 商业资本主义      → 工业资本主义  → 垄断资本主义   → 十月社会主义革命
           彼得一世改革         1861年改革      沙皇专制统治
           强化农奴制           农奴制残余      专制、薄弱
```

二、解题素养的转化

人们通常说：要给学生一碗水，教师首先要有一桶水。而"探究—建构"型课堂教学的目标不仅要给学生一碗水、一桶水，更要引领学生找到知识的水源。

1. 先示范

教师要在平时教学中做好示范，从习题所考查的知识点到能力的要求，从洞察命题者的出题意图到对知识的联系、延伸，从答题技巧的点拨到失分原因的分析，教师都要规范讲解、严谨示范。例三：彼得一世改革是一次非资产阶级性质的改革，最能表明这一性质的是：A.削弱贵族势力，加强中央集权；B.引进西欧先进军事技术，建立海军和新式陆军；C.鼓励发展工业，允许工厂使用农奴劳动；D.推行学校教育，提倡西欧式生活方式。对该题教师讲解时语言要严谨、科学，点明判断改革性质关键是看其采取的措施是否符合资本主义生产关系。雇佣关系是资本主义生产关系的本质特征，而使用农奴劳动仍属封建性质，C项正是以强化农奴制的方式来发展工场手工业，所以切合"彼得一世改革是一次非资产阶级性质的改革"的题干。通过示范，能帮助学生透过现象看本质，善于用唯物主义的观点分析历史、把握历史。

2. 后仿照

示范后，教师应向学生布置说题的任务，激励每一位学生都积极探究、展示自我，必要时可开小灶，使学生享受成功的喜悦，激发向上的情感。例四：俄国1861年改革是一次资产阶级性质的改革，其主要依据是：A.亚历山大二世倾向于发展资本主义；B.改革实际由资产阶级借助沙皇的权威而展开；C.改革使俄国走上迅速发展资本主义的道路；D.改革使资本主义政治制度在俄国得以建立。通过教师的示范（如例三），学生也能以"改革的措施是否符合资本主义生产关系的概念"为标准进行判断、分析，得出"1861年改革使俄国获得了资本主义发展所需要的劳动力、资金、市场，走上了资本主义发展的道路，故应选C项"的结论。学生的分析无论对错，教师都要肯定其勇于展示自我的精神，然后再做适当的分析、补充和拓展。

3. 再创造

历史习题对知识的考查往往可以一题多变、一题多考，通过对习题的再创造，变换角度或题型，举一反三，不仅能促进学生掌握习题内容，还能培养学生的创新精神。例如，可将例四改头换面成例五：与欧美工人运动不同，19

世纪末俄国工人运动以政治斗争和暴力斗争为主,其原因不包括:A.俄国缺少工人合法斗争的条件;B.俄国是"军事封建性帝国主义";C.无产阶级坚持马克思主义思想路线;D.俄国不存在修正主义。如此一改,旨在让学生通过深入分析俄国国情,并结合19世纪晚期资本主义政治呈现民主、专制两类不同的特征,从另一个侧面促进学生创造能力的提高。

时至今日的信息化时代,人才的标准不再是单纯的知识储备,人们更看重的是创新能力,因为不会创新,知识就可能成为包袱,甚至桎梏。"探究—建构"型习题教学通过旁征博引,摆史实讲道理,健全了学生的知识;通过对习题的探究和知识的建构,使学生的知识体系更加丰满;通过创新再造,举一反三,使知识学习充满了生命的活力,从而把学生培养成有时代感、有人文情怀、有创新能力的全面发展的人。只要能达成目标,学生手头有答案并不可怕,把答案交给学生又何妨?!

例谈2

网络环境下的探究性教学

学生不是单纯的知识的接受者,学生的知识更多的是在平等宽容的学习环境中,通过主体参与、探究体验而获得。探究性教学作为全新的教学方式,强调在知识探究建构的过程中,学生自主决定的权力——学生围绕一定的问题,在教师的指导和帮助下,探究结论、建构知识,培育创新意识和创新思维能力。这不仅改变了学生的学习方式,而且改变了教师的教学观念和教学方式,使教师在教学过程中注重培养学生的探究能力和学习兴趣,为学生充分发挥其主动性提供了广阔的空间。[1]

---

[1] 姬秉新,李稚勇,赵亚夫.理解与实践高中历史新课程——与高中历史教师的对话[M].北京:高等教育出版社,2005:69.

一、问题与发展：网络环境下探究性教学的必然性

1. 问题

随着现代教育技术的深入发展，计算机作为教育现代化的载体和工具，以其丰富的表现力、强大的感染力，成为教学领域里夺目的新技术。然而，随着普及推广，计算机辅助教学在开发和应用上逐渐出现了一些问题，尤其是"一师一机式"的多媒体教学：画面"艺术"化了，学生眼睛花了；概念形象化了，思维简单化了；教学设计强调预设、忽略生成，教学流程丝丝入扣、环环相接；情感生成遭忽略，问题意识被冷落；表面上教师控制鼠标操作电脑，实际上电脑操纵课堂、把持走向……课堂教学从"人灌"型的"教师主导"演变为"机灌"型的"电脑主宰"，而学生的主体地位非但没有突出，反而更加淡化，积极性难以调动，创造性无从发挥。计算机辅助教学所体现出来的定向化、格式化、模式化，喧宾夺主，使教学走进误区、陷入困境。

2. 条件

随着信息技术的迅猛发展，信息技术与学科课程的整合，逐步实现教学内容的呈现方式、学生的学习方式、教师的教学方式和师生互动方式的变革。网络惊人地改变了人们的学习方式——网络教学，把鼠标交给了学生，实现学生和电脑一对一的"人机交互"，学生自主探究，成为课堂的主人。网络环境下的探究性教学，为计算机辅助教学走出困境提供了机遇、创造了条件。

（1）开放的学习环境：网络教学建构了一个开放的学习环境。其时空开放，穿越学校围墙和城乡界限，从封闭走向超时空；其资源共享，学生可以访问全球教育教学网站，学习资源不再是专利；其过程透明，通过网络，学生可以及时掌握别人的学习状态，家长、领导、社会可以随时了解、监督教学。

（2）丰富的信息资源：互联网跨时空建构知识库、信息库，按超文本、超链接方式提供了大量历史教学所需要的信息，历史教育改革发展动态，史学研究最新成果，对其筛选、整理、提炼，为教学所用，实现资源共享[1]，方便了学生主动发现、主动探索，对建立新旧知识的联系、形成认知结构、促进知识

---

[1] 姬秉新，李稚勇，赵亚夫.理解与实践高中历史新课程——与高中历史教师的对话［M］.北京：高等教育出版社，2005：112.

的意义建构非常有利。

（3）交互的学习过程：网络环境下的学习是学生通过与计算机交互、与网络交互、与同学交互、与老师交互进行的。人机对话、BBS论坛为学生协作会话提供了平台，在你说、我说、大家说的交互中，学生得到及时的辅导点拨和即时的反馈评价。

（4）自主的学习策略：网络教学适应中学生喜欢自主参与、探索体验的心理特征。电脑作为自主探究的认知工具，学生可以任意选择适合自己的学习方式，或自学，或复习，或训练；可以自由选择信息加工整合，在更为宽松、更安全的空间发展个性。

（5）多向的传播形式：网络环境下的教学为学习者提供了图、文、声、像多种感官刺激，调动了视、听、学、练相结合，最大限度地提高了学生的主观能动性，使学习活动始终处于积极状态，激发了学生的创造性思维。

3. 理论

建构主义教学理论认为，学生是能动的认知体和生命体，是学习的主人和知识的探求者；学生不是被动地知觉外在信息，而是在一定的社会文化背景下，借助其他人的帮助，利用必要的学习资料，根据先前认知结构，通过自身主体性活动，主动地注意和选择性地知觉外在信息，建构当前事物的意义；学生主体的参与状态和参与度是决定教学效果的重要因素，只有积极、主动、直接地参与探索新知的全过程，才能领悟知识的奥秘，感受学习的乐趣和成功的喜悦。

高中学生兴趣不一、经验差异决定了学生对学习内容和方式有"选择性"的需要，而历史教学内容本身具有"可选择性"，表现在学习内容可选择、学习方法可选择，社会多元化发展需要也决定了学生需要对学习内容和方法进行选择。传统教学方法很难满足学习的"选择要求……而网络平台则可以解决'选择'学习这个难题"[1]。同时，高中历史新课程倡导创设有利于引导学生主动探究的课程实施环境，培养学生浓厚的学习兴趣、旺盛的求知欲与积极的探索精神，培养学生搜集和处理历史信息的能力、获取新知识的能力，更好地为每一个学生的发展奠定不同基础。

---

[1] 朱汉国.历史教学研究与案例［M］.北京：高等教育出版社，2007：187．

网络环境下的历史探究教学，在目标上强调个性与创造性的发展，在内容上强调通过自主式探究活动获取直接经验，在方法上放手让学生自我选择、自我发现，学生把握了学习的主动权，通过独立探索、积极发现、协作交流、意义建构，展示个性、开发潜能、实现价值，应合了新课程理念、建构主义倡导和网络时代人才培养的要求。

二、教师与学生：网络环境下探究性教学师生角色的定位

在建构主义教学中，即教师由学生行为的支配者转变为学生学习的支持者和合作者。

网络环境下，教学中心点从以教师的教为中心，转换为以学生的学为中心。"教师是外部的辅导者、支持者，其职责不是给予，而是利用现代信息技术资源构建学习环境，引导、扶持和促进学生学习。"[1]这种中心的转变给师生角色的重新定位开拓了全新的视界。

1. 学生角色的更新

建构主义学习观主张每位学习者都不应等待知识的传递，而在给予自己与世界相互作用的独特经验去建构自己的知识并赋予经验以意义[2]。高中历史新课程以学生发展为本，学生学习主体性被凸现出来，他们不再是被动的接受者，因此，学生在教学过程中的角色发生质的变化。

（1）鼠标的控制者：如果把传统教学比作有固定站点和行驶路线的公交车，那么网络教学可比作是"打的"，它有个性化的出发点、路线和目的地。网络学习，学生控制鼠标，自主参与、探索体验，在人机交互中把握了学习自主权。

（2）信息的加工者：学生不是外部刺激的接收器、前人经验的存储器，网络环境下，学生根据教学方向，利用网络资源的丰富性和易获取性，通过主动探究、搜集分析、鉴别筛选、比较推理，成为信息加工的主体。

（3）意义的建构者：任何现成观点都不如学生自己思考得到的更深刻自然。意义建构是历史学习的目的，靠学生自觉自动地完成。网络环境下历史教

---

[1] 程胜.合作学习[M].福州：福建教育出版社，2005：6.
[2] 钟启泉，崔允漷，张华.基础教育改革纲要（试行）解读[M].上海：华东师范大学出版社，2001：24-25.

学，学生自主探究、协作交流，把新知识内化到原来的知识结构和经验体会中，完成意义建构，丰富历史认识。

（4）探究的成功者：网络环境下，学生找到适合自己的学习方式、适合自己的难易程度，体验了成功的喜悦，激发了内在的需求。网络环境下的探究教学实现了在同一时空进行高、中、低多层次非线性的教学，适应了不同层次学生的发展需求。

2. 教师角色的转化

教师即课程，学生每天所学的具体的课程内容，是由执教者设计和提供的。每位历史教师都应主动地把自己融入新课程之中。新课程背景下，历史教师的作用不是强迫、专制，也不是放任自流，而是有价值地引导、有目的地追求，推进学生从被动接受向主动探知转化。

（1）信息的开发者：网络时代信息呈爆炸型增长，而网络的虚拟性要求教师练就慧眼，正确判断教学所需要的信息。历史学是探讨人类思想和经验的，历史教师要善于开发能引发学生思索体验的、能激发学生主动建构的信息资源，使学生从信息中探寻历史本身。

（2）目标的导航者：探究学习过程中，学生始终处于主动地位，主动发现、主动探索，教师应成为学习目标的导航者，或面对面指导点拨，或邮件传输思想，或网上在线交谈……保证学生在学习中始终不偏离目标方向。

（3）教学的组织者：网络环境下的教学方案应以"有利于学"为出发点，如何整合信息吸引学生？如何设计问题激活思维？教学方式如何利于主动探究……把这些思考组织成一个系统，通过网络教室控制平台，调控和辅导学习，推进协作和交流。由此，教师由管理者转变为组织者。

（4）建构的促进者：历史探究教学强调教师从知识的传授者转化为学生探究建构的帮助者、促进者：设计适当的问题对接旧知经验，引发思考对话；由浅入深，把思维引向深入，提高力度；指导克服探究中的困难，提供探究中所需要的服务，促进学生对知识的意义建构。

三、策略与方式：网络环境下历史探究性教学的模式

"学生在学习中，由于能力、特长方面差异很大，特别是在信息时代，学

生的信息素养差别更大。"[1]网络环境下历史探究性教学要求教师采取科学的策略、恰当的方式，根据学生现状和发展需要，以及学科特点来设计教学。

1. 策略

探究性教学不是把问题结论告诉学生，但教师应该对问题有前瞻和预见，采取灵活策略，促进学生主动探究。

（1）营造开放的学习环境：信息时代的知识是有保鲜期的，教师要营造开放的学习环境，变学生从教师、书本单向接受知识，到多维互动探究知识，让学生积极主动地在有限的时间里，汲取历史信息，传承人类文明，开阔眼界，拓展知识。

（2）引导教学任务的产生：网络环境下，教师要围绕学习内容，创设具有启发性的教学情境，呈现需要探究的问题，引导学生产生有趣且可行的学习任务，并指导学生在信息加工、知识探究的过程中始终不偏离教学方向，达成知识的意义建构。

（3）创设自主探究的氛围：历史的理解是多元的，新课标要求以开放的态势来理解历史。网络教学，教师淡化教、突出学，变学生被动接受为主动自我导向，使学生在宽容轻松的教学氛围中、民主平等的师生关系中，开放思想、乐于思考、勇于质疑、敢于创新。

（4）采取协作学习的机制：历史是思辨的学科，思辨意味着对话和碰撞。"由于经验背景的差异，探究者对问题的理解常常各异，在探究者的共同体中，这种差异本身便构成了一种宝贵的学习资源。"[2]网络环境下，教师采用协作机制，学生以融洽的关系、合作的态度，交流启发，共解难题。协作机制调动每个学生参与的积极性，使学生学会与他人合作，养成团队意识。

（5）实现意义构建的目标：历史探究教学的最终目的不是完成教学目标，而是实现意义建构。教学目标的完成不等于学生意义建构的实现。在整个教学过程中，教师要帮助学生调动主动性、发挥创造性，促进其实现对当前所学知识的意义建构。

---

[1] 朱汉国.历史教学研究与案例［M］.北京：高等教育出版社，2007：188.
[2] 任长松.探究式学习18条原则［M］.福州：福建教育出版社，2005：80.

2. 方式

课程改革的一个基本理念是，教师转变教学方式，以灵活多样化的教学手段和方法，为学生探究学习创造必要的前提。

（1）个别化探究：个别化探究强调学习者主动发现、自主探究。借助网络资源和交互支持，学生将最优秀的教师"请"过来，"把重点学校搬回家"，及时获得充分的个别辅导，并按自己的需求和兴趣，自主选择信息和资源、调整难度和节奏。个别化探究为个体特性发展和创造思维的发展提供了条件。

（2）协作式探究：协作式探究是学生为完成共同的学习任务而组成小组共同探究，这是传统教学中学习伙伴作用的延续。他们可以通过网络为完成某一任务而展开竞赛，可以就某一探究问题分工协作，互教互学、取长补短。协作探究有利于培养学生的研究能力，形成健康情感和合作品质。

（3）抛锚式探究：抛锚式探究试图创设包含某种问题任务的有趣、真实的背景，激励学生产生学习需要，对知识进行积极的建构。教师通过网络，创设背景任务，提供解决线索，学生亲身体验目标识别、提出、达成的全过程，自主探究能力得到充分发展。

（4）讨论式探究：网络环境中，在教师组织和引导下，学生组建学习群体，内部协商、小组交流，提出自己对当前问题的看法、分析评论他人的观点。这种讨论式探究集思广益，学生在相互启发借鉴中，共享集体智慧。

网络环境下的探究性教学是时代的产物，有利于培养学生科学的学习方法和自主学习的能力，有利于发展学生的创新思维和实践动手能力，为新时代的教学注入新的活力。

第五章

遵循规律，重构课程体系

历史新课程以专题模块为主要体例。学生基础薄弱、时序缺失，基于教材整合的"探究—建构"型教学，建构"内化时序意识的历史学习知识体系"和"凸显发展线索的专题复习体系"，使"教本"转化为"学本"。

> 视角 1

整合，内化时序

历史学科最基本的特点是历史发展的时序性。时间是历史天然的条理，历史学习，时序性是第一位的。高中历史新课程模块体例改变了原来历史课内容组织的线性序列，课程内容以多开端、多系列、多层面的方式构建[1]，纵向跳跃、横向截面，给教学带来一定的难度。例如，有关明清时期的知识点，"君主专制的加强"在必修一政治模块，"商帮""重农抑商""闭关锁国"在必修二经济模块，"反君主专制的民主思想""小说""戏曲"在必修三思想文化模块，"康熙皇帝""李时珍"在选修四《人物》。在这样的体例之下，同一时代背景下的历史分散在多本教材中，历史学习缺乏时序感，不利于整体观的建立。历史课程在结构上发生的重大变革，是否意味着高中新课程根本不需要考虑历史学科时序性特点？

历史发展时序性是绝对的，而课程内容的呈现方式是相对的。观照新课程理念，教师不是教科书的执行者，而是课程的开发者，高中历史新课程内容广、跨度大，以及其典型性、跳跃性和开放性等特点，要求教师在不加重学生负担的前提下，遵循认知规律，依据学科规律和教材特点，从学生已有水平出发[2]，通过调整、增减、重组，灵活整合教材，构思整体设计，"从一种或多种角度把零散的历史材料按一定的逻辑关系组合成一个连续的或完整的历史过程"[3]，帮助学生建构起自己的历史知识体系，使教本成为"学本"。

---

[1] 姬秉新、李稚勇、赵亚夫.理解与实践高中历史新课程——与高中历史教师的对话[M].北京：高等教育出版社，2005：113.

[2] 张春兴.教育心理学[M].杭州：浙江教育出版社，1998：116.

[3] 朱汉国、王斯德.普通高中历史课程标准（实验）解读[M].南京：江苏教育出版社，2004：33-34.

问史·践履
——让历史进驻"人"

一、归拢合并，整合同类，还原历史全貌

历史新课程由于不同模块、不同主题的需要，同一知识点以不同侧面出现在不同主题中，形似散沙，难得要领，使学生在掌握历史全貌获得整体认识上产生了困难，如关于"秦的统一"，相关的背景、过程、影响被分散在五本教材里：必修一的"分封制崩溃""中央集权制度的建立"、必修二的"井田制瓦解""封建土地制度的形成"、必修三的"百家争鸣"、选修一的"商鞅变法"、选修四的"秦始皇"……且文字表述重叠、交叉，混淆了学生的认识，加重了教学负担，影响了教学效益。

"从一般意义上说，历史包括一切客观事物的发展过程，即指全部客观世界发展过程同一时段中的各个方面。[①]"为了弥补教材知识点简单、重复这一缺陷，教学中，教师应高屋建瓴，宏观把握，引导学生对同一知识点进行整合，让历史的原貌、全貌通过整合加工后得到真实的、完整的再现。就"秦的统一"，可以将以上相关内容整合后归并如下：经济上——井田制瓦解、封建土地制度形成；政治上——分封制崩溃、社会转型、商鞅变法秦实力增强，思想上——百家争鸣、法家对统一的作用。经济、政治、思想这些要素共同构成秦统一的客观条件；然后，引导学生先深刻领会建立中央集权制度、统一度量衡、统一车轨、统一文字、焚书坑儒等措施是如何构筑成秦朝巩固统一的政治、经济、思想保障的，再领略商鞅图谋变法的果敢刚毅，兴叹秦始皇一统天下的雄风霸业，感受到中央集权制度在社会形态变迁、国家走向统一的大背景下呈现的合理性和必要性[②]。通过这样的解构重组，原先分散于各册教材中的知识点，在历史中找回自己的位置，历史的原貌、全貌得以真实完整地再现。

二、瞻前顾后，缕顺时序，把握来龙去脉

新课程纵深感强、跳跃性大，知识联系若即若离，发展脉络若隐若现，如必修二中，"新航路开辟""殖民扩张和世界市场的形成""第一次工业革命""第二次工业革命"等，作为世界经济发展的主体内容，却没有体现出与

---

① 马卫东.历史学理论与方法[M].北京：北京师范大学出版社，2009：2.
② 黄仁宇.中国大历史[M].北京：三联书店，1997：21.

其他模块中"文艺复兴""克伦威尔""华盛顿""拿破仑""资产阶级代议制""科学社会主义理论的创立""社会主义运动的发展"等之间的时序关系和因果关系，这在很大程度上割裂了历史的来龙去脉。

为了有效呈现历史脉络，教师要在尽量不改变主题性教学的前提下，既尊重历史发展原貌，又兼顾来龙去脉，把知识串联起来，并做适当延伸，疏通历史发展的长河。如教学必修二"工业革命"，可先引入选修四《人物》的"克伦威尔"和必修一政治模块的"君主立宪制的确立"等内容作为背景依托，帮助学生理解工业革命首发于英国的必然性；再引入必修二"英国荷法殖民争夺"，帮助学生从争夺的结果上去理解工业革命发生在英国的必要性；最后进一步延伸工业革命的影响，一方面让学生理解工业革命是如何使工业资产阶级增强力量，促成"1832年议会改革"，使英国代议制民主更加完善，另一方面，进一步理解工人阶级掀起的宪章运动尽管失败，但"它的精神却不死"[1]，推动了英国议会改革和民主化进程。在探索新知与旧学的联系中，在把握历史大局、历史线索或历史框架的基础上了解历史事件的来龙去脉和相互关系[2]，瞻前顾后，前后贯通。

另外，由于新课程模块教学内容跳跃性大，致使历史发展的脉络因为一些重大历史事件的缺位而断链。教师要根据教学需要做适当补充，如对两次世界大战的补充教学，为学生正确理解认识第二次工业革命的影响和冷战格局形成的背景提供必要素材。补充教学表面上看似乎耽误了课时和进度，但学生对历史的理解更深刻了，学习也不再停滞在死记硬背、牵强附会中。

三、左顾右盼，互为映衬，展现阶段特征

"事不孤起，必有其邻"，历史总是和周遭情势相关联着的。把握阶段特征，是开展历史时空想象的第一要素。而模块专题体例侧重纵向联系，淡化横向时代特征，同一时期的社会因素，如政治、经济、文化现象是割裂在各册教材中的，不加整合，往往只见树木，不见森林。

为此，教师在教学中要灵活整合、适时指导，帮助学生对一个历史时期的

---

[1] 钱乘旦，陈意新.走向现代国家之路［M］.成都：四川人民出版社，1987：174.
[2] 聂幼犁.历史课程与教学论［M］.杭州：浙江教育出版社，2003：214-215.

政治、经济、文化概况进行横向归纳总结，总结历史事件的共性特征和规律性倾向，勾勒历史演变的基本框架和了解往事的方法，为学生认识历史做好背景铺垫。以"儒家思想"学习为例，通过对古代中国各个历史时期阶段特征的分析，帮助学生去理解认识儒家思想地位随着时代变迁而发展演变的必然性：春秋战国社会大变革时代，儒家思想遭到冷遇；秦一统天下，法家思想成为其政治制度的理论依据；西汉汉武盛世下加强中央集权，儒家成为正统适应统治需要；两宋纲常伦理受到威胁，于是崇尚理学；明清之际反封建专制思潮渐起，新儒学成为警世危言……通过观察时代，社会各要素之间相互映衬，印证了"社会存在决定社会意识"的道理。

有关阶段特征的现成资料很多，教师如果硬邦邦地印发给学生强记，学生必然不能自如运用，这无异于画蛇添足，徒增负担。"学习是学习者在原有经验基础上主动积极意义建构，其认识受到原有经验、文化、背景的支持和限制"[1]，所以，教学中教师可以尝试从学生的现有知识中提炼历史阶段特征。如宋元时代特征，从"安史之乱""藩镇割据"引出"加强中央集权"的政治特征，从"黄袍加身"引出"注重封建伦理道德"的思想特征，从"苏湖熟，天下足"的名句和"清明上河图"的名画引出"经济重心转移到南方""商品经济活跃"的经济特征……通过感性积累，学生对某一历史时期社会经济、政治与文化的特性及其内在关系得以理解、认同，从而更好地把握历史发展演变的进程和规律。

教学中还应该突出"春秋战国时期""文艺复兴时代的欧洲""早期资产阶级革命时代""社会主义过渡时期"等社会转型时期。社会转型时期，生产力发展、生产关系变革，社会各因素错综作用、交互影响，而相关知识点在理解上难度较高，教师要舍得花时间去剖析这些时期的历史，舍得花精力去找题目巩固这段历史。

四、新旧对接，优化重组，实现教材过渡

2007年秋，江苏省人教版必修教材使用新版本。新教材清秀灵气，小到段落文字，大到体系变动，改头换面，让人耳目一新：章节子目调整，更突

---

[1] 高文、徐斌艳、吴刚.建构主义教育研究[M].北京：教育科学出版社，2008：28.

出了历史发展的时序性；内容大量删减，降低了理论性、专业性和成人化倾向[1]；教学环节增设，"本课要旨"三言两语、提纲挈领，"模块链接"穿针引线、触类旁通。以"古代商业"为例，旧版子目有"商人的出现和商业的兴起""宋元商业的繁荣""明清的徽商和晋商"，着力突出古代商业的阶段性特征，而新版的三个子目"重农抑商下的古代商业""市的变迁和城市的发展""官府控制下的对外贸易"，则体现了古代商业三方面的主要表现。这些变动着实对旧版教材做了很大的修补和完善，尤其是模块下的通史体例，符合学科特点，且与《考试说明》同步一致，更有利于学生在学习中理解历史，在理解中提高记忆的品质，从而更好地把握历史、预知历史。现今高二学生，新旧教材交杂使用，必修一、二是旧版，必修三是新版，必修三中的"模块链接"又是和新版的必修一、二相配套；现高三复习更是以纯粹的旧版教材为主要依据。教师作为教材的整合者，面对教材的不配套和落后，要提前通览、对照变化，关注历史阶段因素的相互作用，关注新旧教材各环节的提示启发，比对观点差异，及时增、挪、改、删，实现新旧教材之间的过渡。

五、多维并轨，识路循真，智慧情感交融

随着新课程的推进，历史高考随之发生变化与改进，历史教学正在摆脱背、默、抄、罚的自我折磨的老面孔，还其应有的本来面目——使情感升华，让智慧生成。

在新课程、新高考的大背景下，教师决不能简单地"照本宣科"，教材只不过是教学的材料而已，绝非是教学的全部，还有一些方向性、指导性，甚至是法规性的教学资源，如《课程标准》《考试说明》《课程标准教学要求》等。其中，《课程标准》是依据，其地位远远高于教材，绝不能撇开课标去处理教材[2]；《考试说明》则更体现了通史倾向；《课程标准教学要求》则在学习要求和教学方法上提出了具体的、操作性较强的建议，丰富了学生的学习方式，让单调的高三复习变得趣味、生动，很有价值。例如，中国古代史复习中，"引导学生用图示法去建构秦代中央到地方行政系统简表，将所学知识结

---

[1] 中华人民共和国教育部.普通高中历史课程标准（实验）[M].北京：人民教育出版社，2003：32，4.

[2] 黄牧航.历史教学与学业评价[M].广州：广东教育出版社，2005：89.

构化、系统化""以百家争鸣为例编辑一期小报""组织一次调查和统计活动,大体了解儒家思想在当前的影响力""援引明清时期儒学发展的材料,从政治、经济、思想学说、价值观方面,让学生知道明清儒学是如何冲击传统的",等等。这些学法建议并非要在复习中事无巨细、面面俱到地落实,而是要通过教师的点拨,启发学生去感悟历史研究学习方法的多样性,并具有很强的实践性和可操作性。教师在教学复习中,要按照时序和专题的标准,对这些教学指导性意见做技术性整合,对应检索、梳理排查。以"从汉至元政治制度的演变"一课为例(见下表),通过把《课程标准》《考试说明》和《教学要求》的整合,突出学习重点,援用多样学法,明晰情感价值,使学生在不断地反思自省中,领会并掌握历史研究的基本方法,走进历史、演绎历史、感悟历史。详见下表。

课标和考纲要求	学法建议	认识
列举汉代"中朝"制、唐朝三省六部制、元代中书省制设置等史实,说明中国古代中央政治制度演变的特点。列举汉代郡国并行制和元朝行省制度等史实,说明中国古代地方政治制度演变的特点	史料分析说明,秦朝和汉初君权与相权的矛盾,认识汉武帝设置"中朝"机构的目的。用表格或箭头图示方式,从中央政治制度和地方政治制度两个方面做纵向概括,把握历史演变特点。制作唐朝、元朝中央机构示意图,将所学知识结构化、网络化。调查所在家乡在元朝时属于哪一个行省区划,"亲近"历史。加强前后知识联系,如宰相制度始于秦,废于明	中华民族具有管理国家的政治智慧

"我国基础教育的一个传统就是注重学生的基础知识和基本技能的培养……而忽视了学生态度、情感、价值观等方面的发展"[①],新课程则强调时代性,注重情感态度价值观的培养,教师要善于捕捉契机,整合时事热点、开阔眼界视野、拓展学科联系、滋养人文素养。以中国古代史为例,从"宗法制"体会中华民族的亲情之爱、理解专制主义中央集权对国家稳定和统一的重要意义,从"君主专制的强化",感受人治的弊端,认识到专制走向民主是有一个历史过程的;从"宋明理学"产生注重社会责任和历史使命、强调民族气节、对传统文化的扬弃态度;从"古代科技"获得深化科技体制改革、走自主

---

① 勒玉乐.新课程改革的理念与创新[M].北京:人民教育出版社,2003:18.

创新之路、开创创新型国家的启示。

历史应当是人类的教师，假如历史没有做到这一点，那么历史教师应当负起大部分责任[1]，使学生在传承民族记忆的过程中，体会历史的经验，激发历史的情感，生成历史的意识，延伸历史的探索，历史教师责无旁贷。

视角2

重构，凸显专题

专题是新课程内容的组织形式，体现了历史学科课程改革的核心理念，蕴含着特定的教育目标和教学价值。以专题为单位的教学与复习，既可以在巩固课时教学成果的基础上进一步提升专题整体的教育价值，又可以打通专题知识内部和外部的联系，促使学生巩固所学知识、增进历史认识[2]。专题复习是在专题教学基础上的学习活动，所以明确组成专题的各部分内容的基本状况及其相互关系是非常重要的。下面就以江苏省2008年《考试说明》关于"新航路的开辟、殖民扩张与资本主义世界市场的形成和发展"以及"第二次世界大战后世界经济的全球化趋势"的学习要求为例，从专题知识结构的建立和围绕知识结构进行复习两个方面，谈专题复习教学的方法与意义。

一、专题知识结构的建立

1. 主题

在专题知识结构中，主题是核心和灵魂，是知识内容的性质、范围和价值的决定性因素。如果将知识结构称之为渔网的话，主题就是网上的纲，纲举才能目张。一般而言，专题的主题蕴含在模块学习专题和考试说明的标题之中。

---

[1] 赫尔巴特.普通教育学·教育学讲授纲要[M].北京：人民教育出版社，1989：323.
[2] 中华人民共和国教育部.普通高中历史课程标准（实验）[M].北京：人民教育出版社，2003.

它是一历史概念。相对于专题的学习要点内容而言，主题是种概念，要点内容是属概念，它们之间形成了种属包容的关系。

专题主题的确定，可以从分析考试大纲、考试说明的相关内容入手。如考试大纲必考内容中列有"新航路的开辟、殖民扩张与资本主义世界市场的形成和发展"以及"第二次世界大战后世界经济的全球化趋势"两个主题，江苏省2008年考试说明对其做出如下表述：

新航路的开辟、殖民扩张与资本主义世界市场的形成和发展：

（1）新航路的开辟。

新航路的开辟及其对世界市场形成的意义。

（2）西欧列强的殖民扩张。

荷兰、英国野蛮抢夺殖民地和建立海外商品市场；资本主义世界市场形成的主要途径。

（3）两次工业革命。

第一次工业革命、第二次工业革命、两次工业革命对资本主义世界市场发展的影响。

第二次世界大战后世界经济的全球化趋势：

（1）资本主义世界经济体系的形成。

布雷顿森林体系、《关税与贸易总协议》。

（2）世界经济区域集团化的发展趋势。

欧洲联盟、北美自由贸易区、亚太经济合作组织。

（3）世界贸易组织和中国的加入。

世界贸易组织（WTO）的由来和发展、世界贸易组织在世界经济全球化进程中的作用、中国加入世界贸易组织。

（4）经济全球化的发展趋势与问题。

经济全球化的发展趋势、经济全球化进程中的问题。

师生可以在解读上述考试内容的基础上，通过对相关问题的研讨理出本专题的知识结构：专题的主题是什么？包括哪几个下一级主题？两级主题之间有着怎样的关系？用框图的形式怎样表达这种关系？例如，"新航路的开辟、殖民扩张与资本主义世界市场的形成和发展"是必考内容的一级考点主题，下辖"新航路的开辟""西欧列强的殖民扩张""两次工业革命"三个二级考点主题。从学习要点的表述看，学习新航路开辟的史实，是要"认识地理大发现对世界市场形成的意义";学习荷兰、英国的相关史实,是要认识"殖民扩张和掠夺是资本主义列强建立世界市场的主要途径";了解两次工业革命的史实,是要"探讨其对资本主义世界市场发展的影响"。即三个二级主题的学习目标,都与"世界市场"问题有关。据此,该专题的主题可以确定为"世界市场",也可以称为"资本主义列强主导下的世界市场"或"资本主义统治下的世界市场"。

同样,我们可以对"第二次世界大战后世界经济的全球化趋势"的标题及其所辖的二级知识的关系进行分析,进而得出"经济全球化"的主题概念。经济全球化所反映的实质问题就是世界市场问题[①],即第二次世界大战后世界市场进一步发展的进程和表现问题。也就是说,就世界市场而言,新航路开辟以后的两百多年是其萌芽时期,两次工业革命是其形成时期,第二次世界大战后的半个多世纪是其迅速发展时期。

2. 概念系列图标(框图结构)

关于专题知识结构的表达,概念系列图标(框图结构)是教学中常用的一种图示方式。即通过浓缩化的词语和框图符号,将历史概念按从属、并立和相邻等种类归纳在一个系统,以揭示历史事物之间的内在联系。例如,"资本主义统治下的世界市场"的专题知识结构可用如下图标表示:

资本主义统治下的世界市场
- 萌芽
  - **时间**:16世纪至18世纪中期
  - **必要前提**:新航路的开辟
  - **主要途径**:荷兰和英国抢夺殖民地和建立海外商品市场
- 形成
  - **时间**:18世纪60年代至20世纪初期
  - **初步形成**:工业革命
  - **最终形成**:第二次工业革命
- 迅速发展
  - **时间**:第二次世界大战后
  - **世界经济走向联合**:布雷顿森林体系、关贸总协定
  - **世界经济区域集团化的趋势**:欧盟、北美自由贸易区、亚太经济合作组织
  - **世界贸易组织的扩大**:世界贸易组织的由来、发展和在经济全球化中的作用,中国加入世界贸易组织,经济全球化的问题

专题框图的设计,分析主题与各部分关系的联结点是关键。一般情况下,

---

① 樊树志.国史十六讲[M].北京:中华书局,2006:238.

先将专题历史现象按一定的标准归类,然后以主题为中心,将主题与各类历史现象进行比照,挖掘其总分关系和逻辑联系。依上例,从发展时期和特点看,可分为"新航路开辟及其殖民扩张活动""两次工业革命""经济全球化"三种类型。将主题与其比照,可以发现它们实际上是"世界市场"发展过程中的三个历史时期——"萌芽""形成""迅速发展"。找到了联结点就找到了专题的逻辑结构,即资本主义主导下的世界市场,萌芽于新航路的开辟及其殖民扩张,形成于两次工业革命时期,在第二次世界大战后的经济全球化中得到了迅速的发展。

在设计框图式结构时,内容上要尽量涉及全部考点知识,以体现考试内容的针对性。上例所列的新航路的开辟,荷、英抢夺殖民地和建立海外商品市场、两次工业革命以及布雷顿森林体系等历史现象,基本上涵盖了《考试说明》关于这一考点的内容。形式和表述上既要完整又要概括,力求简明和直观,以突出知识结构的条理性和系统化特点。

二、围绕知识结构进行复习

1. 专题复习中,历史知识的学习和巩固是基础

专题知识结构着眼于揭示专题历史现象之间的内在联系,涉及内容大多是比较抽象的历史概念。如上述结构中,"新航路的开辟""荷兰和英国抢夺殖民地和建立海外商品市场""第一次工业革命""第二次工业革命""布雷顿森林体系""关贸总协定"等比较抽象,但却包含着丰富的历史信息。对这些内容进行细化和整理,是巩固所学知识的基本要求。

总体上说,影响考试内容选择的因素包括《考试说明》和《课程标准》的表述以及教科书内容,也决定了专题内容细化的角度和方法,影响到专题知识复习的范围及其广度和深度。高考试题只能在《考试说明》的范围中选择考点知识,因而《考试说明》也是细化专题知识的基本依据。例如,关于两次工业革命这一内容,2008年江苏省《考试说明》是这样表述的:"第一次工业革命、第二次工业革命、两次工业革命对资本主义世界市场发展的影响。"从表述方式看,范围相对较大。前两个要点,一般包括这样一些知识要素:背景、原因和条件;发展进程和主要成果;各个方面的影响。第三个要点的知识要素属于"影响"的范畴,但含有整理和突出的要求,并涉及世界市场的概念和形成等新的知识要素。

有关两次工业革命的内容在《课程标准》是这样表述的："了解两次工业革命的基本史实，探讨其对资本主义世界市场发展的影响。"不仅列出了两次工业革命的学习内容，还说明了一定的知识倾向性："了解两次工业革命的基本史实"的目的，是要"探讨其对资本主义世界市场发展的影响"。即对两次工业革命内容要点的掌握，仅仅局限于影响世界市场的知识要素方面，与之无关的内容，如工业革命引起的社会结构的变革、近代城市的兴起、资产阶级力量的壮大及资本主义各国统治基础的巩固以及与之有关的背景、进程和成果等方面的知识要素，不作为学习的要求。换言之，《考试说明》涵盖了《课程标准》的知识范围，《课程标准》的内容要点是两者的共同点。

教科书对考试内容的选择也有重要的影响。江苏省使用的是人教版和人民版教材，有关两次工业革命的内容，人教版和人民版侧重点并不一致。子目标题对比如下：

人教版的子目标题：珍妮机的问世、"蒸汽时代"的来临、世界市场的形成、人类迈入"电气时代"、垄断组织的出现和世界连成一体。

人民版的子目标题："大工业"的狂飙时代、打造"世界工厂"、世界市场的孕育和成熟、电气时代的来临、瓜分世界的狂潮、世界连接为一体。

显然，相关内容的选择和表述有很大的差异。进一步比较两种版本教材的内容，可以发现两者仅仅在以下知识要素的选择上比较相似：

工业革命首先在英国发生的原因、棉纺织业的开端、瓦特蒸汽机在工业上的广泛应用、轮船（汽船）的出现、史蒂芬孙发明火车机车、工业革命对世界工业化进程的影响；工业革命影响世界市场的表现；第二次工业革命的条件、电器的发明和电力广泛应用的表现、钢铁等新兴工业的出现、垄断组织的出现及影响、世界市场扩大和资本主义世界体系形成的表现。

由相关比较可知，上述共同点均在考试范围之内，也理应是高考命题中内容选择的基础和重点。据此，我们可以对两次工业革命的内容做如下细化：

工业革命：工业革命首先在英国发生的原因；以棉纺织业的机器生产为开端、蒸汽机的广泛应用、轮船和火车机车的出现与交通运输的变革；工业革命对工业化进程和世界市场的影响。

第二次工业革命：发生的条件；电器的发明和电力的广泛应用、钢铁等新兴工业的出现、垄断组织的出现及影响；世界市场和资本主义世界体系的形成。

细化的内容就是专题知识巩固的主要对象。复习中可以教科书为工具，将相关的知识内容在理解的基础上形成准确的记忆。其中，在结构中巩固历史知识是行之有效的做法。它不仅可以更好地理解历史知识的内容、属性及其地位和作用，而且对提高知识记忆的准确度、同类知识的不同点分辨率也有重要的作用。与新授课相比，专题知识的巩固有更高的要求。

第一，复习的基本单位是专题。在专题结构中复习专题知识，在结构中记忆知识是整体性的必然要求。如二级主题"工业革命"和"第二次工业革命"知识的巩固，对"资本主义统治下的世界市场"这一级主题而言，它是一个要素。世界市场的"初步形成"和"最终形成"是其所在位置。同时，它本身也包含有若干的要素。如"工业革命首先在英国发生的原因以及以棉纺织业的机器生产为开端、蒸汽机的广泛应用"等内容就是"工业革命"的要素。这种二级主题的知识结构也可以用框图的形式表达（见下图）：

工业革命 { 时间：18世纪60年代至19世纪70年代
发展进程：首先在英国发生，扩展到欧美地区
表现：以棉纺织业的机器生产为开端，以蒸汽机的广泛应用为标志，交通运输的变革 }

第二，同一专题的内容在性质上基本相同，在表现形式上基本相似，在知识学习中容易混淆。明确同一专题历史知识的共同点，分辨其不同点是专题知识巩固的必要环节。如工业革命或第二次工业革命，都是科学技术和生产领域方面的变革，都是在资本主义国家，都对社会的各个方面产生了深刻的影响。但具体情况又有区别：前者以蒸汽机的发明应用为标志，后者以电力、电动机和内燃机的应用为标志；前者局限于轻工业领域，后者以重工业部门为主体；前者的主要技术发明来源于工匠的实践，后者则是在科学技术新发展的条件下，科学与技术紧密结合；前者代表性的产业是纺织业，脱胎于传统的手工业行业，后者代表性的产业是以科学技术为本的新兴产业部门，如电气、电机制造、汽车、化工等；前者局限于少数国家，持续时间长，进展缓慢，后者几乎同时在欧美诸国展开，见效快；前者主要以轻工业为主，开辟的是"纺织时代"和"蒸汽时代"，后者以重工业为主，迎来的是"电气时代"和"钢铁时代"；前者使世界市场初步形成，后者使世界市场最终形成。

2. 专题复习中，全面梳理专题现象产生和发展的线索，并对其中的规律性问题形成正确的认识也是非常重要的

对专题历史现象的理解和认识，可以从以下三方面入手：

第一，专题现象的关系性认识。如前所述，专题知识结构是由系列性的历史概念组成的，概念之间存在着种属关系、并列关系和相邻关系。借助于知识结构理清这些关系，有利于认识专题历史现象之间的内在联系。如资本主义统治下的世界市场是种概念，萌芽时期、两次工业革命和迅速发展时期是它的属概念。将这一系列的属概念依次联结起来，就可以梳理出世界市场从萌芽到发展的基本线索：随着新航路的开辟，西欧国家展开了激烈的殖民扩张和掠夺，攫取了大量的财富，推动了社会经济的迅速发展。商品交换超出了一国的范围发展成为国际性的商品交换，出现了世界市场的萌芽。其中，新航路的开辟是必要前提，殖民扩张和掠夺是手段和途径。18世纪60年代至19世纪70年代，欧美国家先后发生两次工业革命，资本主义及其大生产所带来的大量产品，需要日益扩大的销售市场；所消费的大量原料与粮食，需要日益扩大的供给来源，从而促进了国际分工的发展，加强了国与国之间的经济联系，使世界市场得以最终形成，"工业上的霸权带来商业上的霸权"。其中，第一次工业革命后初步形成，第二次工业革命后最终形成。第二次世界大战后，在第三次科技革命的推动下，社会生产力进一步提高，国际分工进一步扩大，使当代世界市场迅速发展，出现了经济全球化的趋势。首先是布雷顿森林体系的建立和关贸总协定的签订，世界经济开始走向联合的时代；其次是欧盟、北美自由贸易区和亚太经济合作组织成立，世界经济呈现出区域集团化的趋势；再次是随着两极格局的瓦解，世界贸易组织进一步扩大，出现了经济全球化加强的趋势。

分析其并立概念之间的关系，则可以理解不同历史阶段的历史现象之间的内在联系。如工业革命是世界市场形成时期的历史现象，殖民扩张是萌芽时期的历史现象。就世界市场而言，它们是其下属的并立概念。将两者联结起来思考，可以发现其内在的联系，即殖民扩张为工业革命的发生提供了历史条件。工业革命为什么首先在英国发生，其主要原因之一就是18世纪中期英国已成为世界上最大的殖民帝国，"商业上的霸权造成了工业上的优势"[①]。

[①] 马克思.资本论（第一卷）[M].北京：人民出版社，2004：864．

第二，专题现象的总结性认识。从专题现象的发展过程中总结其规律性的认识，是专题教学和复习所特有的教育价值。总结一般是在揭示其特点、原因和影响以及对不同时期的不同状况进行比较的基础上进行。对不同历史时期阶段特征的归纳和比较，可以更为清晰地认识和总结专题历史现象的发展线索和规律性。阶段性特征的分析可以从主题概念的要素出发。如归纳世界市场发展的阶段性特征，就可以从其贸易范围、种类、活动方式和性质等要素入手。

萌芽阶段：贸易范围虽涉及欧、亚、非、美几大洲，但除美洲以外其余均为零星地区，有明显的地域性；商品结构主要是土特产品、奢侈品和黑奴贸易；贸易活动往往带有欺骗性和依靠暴力进行强制和掠夺的性质。

形成阶段：贸易范围扩及全球，亚非拉地区成为欧美国家工业品的倾销地和原材料供应国；商品种类繁多数量巨大，贸易额增长迅速，资本输出在19世纪末20世纪初达到空前规模；工业国除通过经济手段进行商业活动外，经常动用武力逼迫落后国家满足其通商投资的要求，甚至直接进行殖民统治。交通运输的改进和通信技术的发明刺激了国际贸易的增长。

迅速发展阶段：贸易范围扩及世界各地；世界货币体系的形成和贸易组织的建立和发展，使世界经济朝着体系化和制度化的方向发展；欧盟、北美自由贸易区和亚太经合组织的建立，出现了世界经济区域化和全球化的发展趋势。现代通信手段的发展，使国际分工日益深化和更加多样化，各国之间、各产业部门之间、各部门内部的分工越来越细，相互联系也将越来越密切。跨国公司和各种国际组织成为经济全球化的强有力的推动者，市场机制的广泛建立为经济全球化疏通了流通的渠道。

通过阶段特征的分析，可以看到世界市场的发展呈现出一定的发展趋势：新航路开辟以后，随着殖民扩张和工业革命的进行，贸易范围从区域性变为全球性，国际分工越来越细，世界各地区的交流越来越密切，"人们的视野与活动所及，不再是半个地球，而是整个地球"。

通过对世界市场产生和发展原因的分析，可以知道世界市场是在一定的条件下产生的：可能性——市场的产品非常丰富，满足国内需求后仍有剩余，可供出口；必要性——一国对别国有一定的依赖性，必需互通有无才能促进经济发展；一定条件——交通、通信，使国与国之间的贸易变得安全和便利。世界市场的形成是资本主义发展的必然要求，是资本主义开放性和扩张性的特点决定的。内在动力是科技革命的推动和资本主义制度在世界范围内的确立,外在动力是新航路的开辟和殖民扩张的推动。

通过对世界市场产生发展结果的分析,可以理解世界市场形成的多重作用。从生产力发展的角度看,它使先进的资本主义生产方式和交换方式国际化,结束了许多国家和地区长期存在的孤立、闭塞的陈旧经济体系,促进了世界贸易和生产力的发展。从文明演进的角度看,它在客观上向世界传播了先进科学技术和文化[1],结束了政治生活和精神生活上的狭隘性,人类开始向现代文明转化。从道德角度看,它是西方列强对世界其他国家和地区的宰割、奴役的产物,不仅使亚非拉国家遭受不等价交换的剥削,而且把他们变成发达国家的经济附庸。世界市场形成的历史,也就是工业国剥削农业国、西方统治东方的历史。作为原料供应地、商品销售地和投资场所的殖民地、半殖民地国家,政治上受列强的控制和统治,丧权辱国,经济上饱受列强的剥削和掠夺,是这类国家经济畸形、长期贫困落后、灾难深重的总根源。

第三,专题现象的现实性认识。专题内容贯通古今,体现了历史和现实的联系。充分注意专题的现实性和时代性特点,有利于提高专题复习的教育价值。资本主义统治下的世界市场专题,体现了资本主义世界的经济发展的历史,其中,涉及的工业化和全球化与我国的经济建设有着密切的关系,我们可以从中获取历史经验和教训。

通过学习,可以从世界市场的发展获得几点重要启示:一是科学技术是推动历史发展的巨大力量,科学技术的进步对世界发展进程发生着重大影响,一个国家只有掌握先进的科技才能真正强大起来,"科学技术是第一生产力"[2]。二是经济全球化趋势不可阻挡,只有顺应这一趋势才能获得发展。三是由封闭走向开放、由隔绝走向交流是世界市场发展的基本走向,改革开放是我国实现社会主义现代化的必由之路。

---

[1] 马克思,恩格斯.马克思恩格斯选集(第一卷)[M].北京:人民出版社,1995:276.
[2] 邓小平.邓小平文选(第三卷)[M].北京:人民出版社,1993:274.

问史·践履
——让历史进驻"人"

例 谈

世界市场的形成及其对中国的冲击

一、主题知识结构和学习价值

1. 知识范围

新航路开辟、殖民扩张和资本主义世界市场的形成；近代中国经济结构的变动与资本主义的曲折发展；中国近代社会生活的变迁。

2. 知识结构

世界市场形成：
- 新航路开辟：开辟的新航路；荷兰、英国殖民扩张；全球性联系的开始
- 工业革命：蒸汽机的发明与运用；工厂制度的建立；世界市场初步形成
- 第二次工业革命：电气技术的发明与运用；垄断组织的形成；世界市场的最终形成

近代中国经济生活变革：
- 经济结构的变化：自然经济的逐步解体；洋务工业的创办
- 民族工业的产生与发展：晚清民族工业的产生；民国时期民族工业的曲折发展；在中国近代史发展进程中的地位与作用
- 新潮冲击下的社会生活："断发易服"；报刊和电影的出现；社会习俗和社交礼仪的变化；交通和通信工具的进步

以上构成：世界市场的形成及其对近代中国社会的冲击

3. 学习价值与要求

在了解世界市场的影响因素和近代中国经济结构变化的基础上，认识到世界市场的形成促进了工业化社会的来临，也影响了近代中国社会的生产和生活方式。

二、主题内容核心概念的教学设想

（一）世界市场核心概念的教学设想

1. 新航路的开辟

1500年前后开始的地理大发现，揭开了人类历史由地区向整体、由民族向世界转变的序幕，分散的地区和民族逐渐融合为一个整体，世界市场初具雏形。

(1) 概念要素分析。

十四、十五世纪，生产力水平的提高使西欧封建社会内部出现了资本主义生产关系的萌芽。出于商业利益的考虑，很多人希望摆脱对土耳其控制的地中海传统商路的依赖，找到通往东方黄金之地的新路。欧洲人所拥有的信仰、思想、经济活力和技术进步，让迪亚士、哥伦布和麦哲伦等航海家相信大海这一地理障碍是可以征服的。"陆止于此，海始于斯"，在信奉天主教的西、葡两国君主的支持下，他们迈出了由分散走向整体世界的第一步。

紧随着新航路而来的，是欧洲国家对世界的暴力掠夺。传统的地区自治在大炮和火枪、欺骗和不平等交换、屠杀和种族灭绝中被打破。殖民者将世界各地的黄金、白银源源不断运往欧洲。剧增的财富并没有给做着欧洲霸主迷梦的葡萄牙、西班牙统治者带来经济上的强大，反而造就了靠近新世界贸易中心的荷兰和英国，加速了这两个国家资本主义因素的增长。17世纪，荷兰成为世界范围的殖民帝国。18世纪英国凭借圈地运动、海外贸易、《航海条例》、资产阶级革命等积累起来的经济、制度优势，在三次英荷战争和七年英法战争中分别击败荷兰和法国，最终确立了世界殖民霸权，成为"日不落帝国"。

殖民时代，大量财富流入西欧，引发了欧洲的"价格革命"，加速了社会分化。同时，商业革命也在新航路的不断延伸中深入发展：贸易范围扩大，地区性贸易开始向世界性贸易扩展；贸易数量和品种急剧增加，许多新的商品如美洲的烟草、可可和中国的茶叶等出现在欧洲市场上；商贸方式发生变化，股份公司、证券交易所等纷纷出现，英、法、荷等国建立了一批享有特权的贸易公司在经济上控制全球，推动了西欧资本积累的进程；世界贸易中心转移，由原来的地中海地区转移到大西洋沿岸。在这一过程中，各文明区域间孤立、分散、隔绝的状态被打破，各地的文明开始汇合交融，以国别和种族为主的地域性历史开始逐渐演变为相互交流、影响和融合的世界历史，世界市场的雏形初具规模。

(2) 教学提示。

导入时可以引用欧洲谚语"中国人的头、阿拉伯人的口、法兰克人的手"，并结合地图史料，引导学生从经济根源、社会根源、动力因素、客观条件等角度分析背景要素，并着重强调根本原因。为了加强情感态度价值观教育，引导学生横向联系中国宋元的三大发明，认识到中国传统的官僚集团吞噬了新技术和经济的发展，但在西方却产生了爆炸性的影响。

关于新航路开辟的过程，可结合航线示意图，抓住东西两个方向，分析葡、西两国航线不同的深层原因；可以让学生自己动手，尝试手绘地图，并分析各自航线的特点；以哥伦布的航海日记作为史料，通过编写航海日志的方式，引导学生认识航海家勇于探索、不畏艰险、科学执着的信念。

新航路开辟对人类历史进程具有重要影响。它既是人类文明交流之旅，也是世界市场联系之路、殖民掠夺之路和思想震撼之路。新航路开辟对整体世界形成的重要意义是学习的重点和难点。设计探究性问题，通过比较不同时期欧洲人绘制的世界地图，让学生明确新航路开辟后整体世界的构成的推动因素是新航路开辟、商业革命，表现是贸易范围扩大、商品种类增多、商业经营方式的改变、贸易中心的转移，结果是地区自治的历史让位于全球统一的世界。

教学中要明确世界市场形成的途径不仅是殖民扩张，还包括国际贸易的发展和人口、资本流动。引导学生理清殖民扩张和欧洲资本主义发展之间的内在关系，并由此归纳早期殖民扩张的主要特点。殖民强国的崛起以英国为例，以《航海条例》为突破口，对比同一时期中国的海禁政策，理解造成政策不同的根源，分析英国的政策优势。从1992年欧洲纪念哥伦布发现美洲500周年活动中印第安人后裔打出"你们在庆祝我们的苦难"之标语一事，引发学生从生产力角度、道德角度和文明演进的角度全面认识世界市场。

小结时，在归纳资本主义处于工场手工业时期的阶段特征的基础上，强调资本的原始积累是推动世界被发现的内在原因，全球性联系的开始不仅仅是宣告了单个民族或国家历史的结束，更重要的是向人们昭示了西欧导演下的全球历史的这出大戏仅仅才揭开序幕。

2. 工业革命

农业革命和殖民帝国的发展，酝酿着英国生产领域的深刻变革。以蒸汽动力为主要标志的第一次工业革命在加速社会生产的同时，也拉近了不同市场之间的联系，逐步形成了以欧美为主导的资本主义世界市场。

（1）概念要素分析。

从1500年左右开始的世界整体化运动，将英国推向了世界经济和贸易的风口浪尖。海外市场的扩大，直接呼唤了生产技术领域的变革；15世纪后期开始的农业革命，到18世纪发展到一个新阶段，圈地运动的合法化为资本主义的发展提供了充足的劳动力，扩大了国内市场；17世纪中叶以后，英国成为科学革命的中心，牛顿经典力学的创立，为技术革命提供了必要的科学知识储备。以蒸汽动力为主要标志的第一次工业革命是英国优势确立的标志性事件。这次工业革命迅速发展为一场以机器生产取代手工劳动，以大规模工厂化生产取代个体工场手工生产的一场生产与技术革命。

18世纪中叶以后，人力主宰生产的时代在蒸汽机轰鸣声中一去不复返。手工劳动被机械化生产取代，生产突破了自然条件的限制，"道路通向城市"，人们开始向城市集中。紧随而来的工厂制度，将机器生产用严格的纪律和高效的管理固定下来，生产效率的提高为人口并不富裕的英国"世界工厂"的开动提供了可能。凭借着对蒸汽技术的长期垄断和先进的生产制度，英国商品在世界市场上所向披靡，崭新的蒸汽文明让世界焕然一新。

工业革命密切了国际交流，增强了生产的互补性，促进了国际人口和资金的流动，同时也带来了爆炸式增长的工业产品和原料消费量，工业化的欧洲国家毫不迟疑地加快了扩张步伐。至19世纪中后期，它们从政治上控制了亚洲的大部分地区和几乎整个非洲，并使北美、南美和澳大利亚真正地欧化，促进了资本主义世界殖民体系的形成。武力基础上的商品输出把世界大部分地区都卷入了世界市场，世界市场基本形成了。世界市场的形成，一方面是工业革命逐渐完善国际分工的结果，同时也是蒸汽时代下交通运输等物质条件骤变的结果，更是世界整体化运动中商业制度、贸易条约、货币制度建立的结果。

（2）教学提示。

由《全球通史》"为什么工业革命会在它实际开始的那个时间开始"设题，导入新课。可以补充英国农业革命特别是18世纪圈地运动合法化的相关史料，让学生全面分析农业革命在工业革命准备阶段的突出作用。教材弱化了科学在第一次工业革命中的作用，教师组织学生梳理17世纪以来自然科学领域的成就，讨论科学在第一次工业革命中究竟扮演着怎样的角色。在分析工业革命首先发生在英国的必然性时，应打通教材，结合英国制度、经济、技术、市场等要素做多维度的全面剖析，从不同的视角加深对问题的理解。

在工业革命进程的教学中，引用美国史学家所言，"19世纪欧洲对世界的支配与其说以其他任何一种手段或力量为基础，不如说是以蒸汽机为基础"，引导学生了解工业革命中机械化的历程，特别是改良蒸汽机的发明对社会生产生活的影响，从生产方式、生产组织形式和产业结构上得出工业革命是一次技术革命；从改变政治结构、阶级结构、国际格局和城市化进程角度得出工业革命是一场社会革命；从时事新闻入手，结合近年来国际社会所面临的环境问题、生存危机与恐怖威胁的报道，辩证地认识科技是一把双刃剑。

教学总结时要注意引导学生分清工业革命前后世界市场的不同特点，帮助学生理解资本主义国家掠夺方式的阶段性，把握商品在世界市场形成过程中的媒介作用。教学中不能忽略蒸汽机车和蒸汽轮船在世界市场形成过程中"缩短世界的距离"这一作用。

（3）教学片段。

师：斯塔夫里阿诺斯在《全球通史》中提出了两个非常有趣的问题："为什么工业革命会在它实际开始的那个时间开始？""为什么工业革命会在它实际开始的那个地方开始？"工业革命开始于何时？首发于哪个国家？

生：18世纪60年代；英国。

师：为什么是这个时间的英国？

生：由于殖民扩张之后资本主义的迅速发展以及1500年以来英国的制度优势。

师：我们看看斯塔夫里阿诺斯的解释，他说："答案在很大程度上可以从海外大扩张之后欧洲惊人的经济发展中找到。""欧洲惊人的经济发展"有哪些表现呢？

生：商业革命进一步发展。

生：英国确立了世界殖民霸权，成为海上贸易的主宰。

师：这一时期"欧洲惊人的经济发展"主要源自伴随殖民扩张而产生的深刻的商业革命。商业革命的主要表现有哪些？

生：贸易范围扩大；贸易数量和品种增加；世界贸易中心转移。

师：商业革命的重要意义在于它在扩大了世界市场的同时，也确立了大西洋沿岸的贸易中心地位，引发了贸易形式、贸易种类的变革，催生出被称为资本主义的生气勃勃的、扩张型的社会。"资本家在其不断的、要求利润的运动中，将其活动范围扩展到整个世界。这样做时，资本家多方面地促进了工业革命的到来，也促进了欧洲的世界经济霸权的建立。"

师：英国的制度优势有哪些？

生：确立君主立宪制，颁布《航海条例》。

师：英国的制度优势还体现在圈地运动的合法化，它为资本主义的发展提供了充足的自由劳动力，扩大了国内市场。

师：市场的需要转化为进步的动力，技术的变革呼之欲出。同时，科学革命为技术工人改进生产技术提供了必要的科学知识储备。制度的合力、市场的需要、技术的累积终于在18世纪60年代的英国蜕变出一场席卷全球的工业化浪潮。

3. 第二次工业革命

以电气化为主要特征的第二次工业革命在深刻改变人们生活的同时，也推动了资本主义世界市场向纵深化发展，最终形成了一个由世界市场、资本输出和国际性垄断组织等因素构成的资本主义世界经济体系。

（1）概念要素分析。

工业文明把欧美主要资本主义国家推到世界潮流的最前沿，并确立了对于世界的绝对优势。随着资本主义制度在世界范围的确立和扩展，世界市场也迅速扩大。十九世纪中后期，蒸汽革命所积累的生产能力已无法容纳资本主义生产方式在全球扩张的需要，新的技术变革应运而生。而16世纪以来的科学革命终于在经过蒸汽革命的洗礼后，从"经验技术的隐蔽角落"走到了社会发展的"台前"，进入一个前所未有的发展阶段。自然科学研究的新突破成为新科技革命的始作俑者。从1870年前后开始，新技术革命的成果被广泛运用，工业革命进入一个真正意义上的科学和技术革命的时代。

1866年，德国人西门子研制成功发电机，电力作为一种新能源推动人类社会进入电气化时代；内燃机的发明解决了长期困扰人类的动力不足的问题，推动了交通工具的变革。新技术、新发明不断产生并运用于各个行业。第二次工业革命在广度、深度和影响上是第一次工业革命无法企及的。

第二次工业革命不仅把人类社会带到了电气化的声光化电里，也改变了人们的生活方式和生活面貌。新兴工业化国家的崛起，让英国的"世界工厂"地位岌岌可危。生产和资本的高度集中，最终在19世纪晚期形成了垄断组织，资本主义生产力跨越了自由资本主义时代的"商品迷梦"，"资本帝国"的构想浮出水面。

垄断资本家干预国家政治、经济生活和内外政策，使资本主义国家日益成为垄断资产阶级利益的代表；社会化大生产要求他们把过剩的资本输往殖民地、半殖民地。到19世纪末20世纪初，除了日本，几乎所有的亚洲国家都成为欧美列强的殖民地或半殖民地，非洲成为欧洲的非洲，而刚刚独立的拉美国家在经济上又不可避免地重新受制于列强。以欧美资本主义国家为主导的资本主义世界市场向纵深发展。

世界市场不仅仅是商品的市场，也是资本、技术和劳动力的市场。在欧美贸易规则主导下，国际分工更加明确，整个世界在为欧美工业国这部机器的运转提供原料、市场以及资本消化的途径。物资和物种交流、人种迁徙与融合、各种文化的交流与撞击、各种社会形态的冲突与选择最终汇成了一股全球一体化的洪流，以欧美为主导的资本主义世界市场最终建立起来。广大亚非拉地区以殖民地或半殖民地的形式被纳入世界市场之中，资本主义世界体系最终形成。

（2）教学提示。

从政治前提、资本、劳动力、技术、市场等角度，回顾英国工业革命发生的前提条件，迁移分析第二次工业革命的条件。第二次工业革命中，科学成为技术进步的最主要动力，通过设疑，分析"为什么第一次工业革命只能叫技术革命，而第二次工业革命堪称真正的科学和技术革命"，展示19世纪自然科学研究领域的突破性成就，让学生全面了解自然科学领域的变化。对于学生比较感兴趣的发明家，可以让学生在课前搜集资料交流共享，从而达成情感态度价值观的教育。对于工业革命进程，引导学生从生活经验入手，让学生交流生活中的"电气化"和"内燃机"，认识电力应用及内燃机创制和使用的重要意义。

工业革命对世界市场的影响是本课的重点和难点。关于世界市场进一步发展的条件，抓住三个角度：物质基础、融通渠道、规则保障。通过引用经济发展的相关数据，使学生理解社会化大生产带来的先进生产力是世界市场发展的物质基础；通过出示第二次工业革命后的非洲和亚洲被瓜分的漫画资料，引导学生认识世界殖民体系的建立事实上形成了一种有利于欧美资本主义国家的世界贸易规则，在资本的单向流动和贸易的不对称发展下形成的国际社会分工则进一步加剧了这种不对称性。最后，从整体性、开放扩张性、不平等性和进步性的角度总结资本主义市场的基本特点。

（二）近代中国经济和生活变革核心概念的教学设想

在西方工业文明这一外力的冲击下，中国被迫卷入世界资本主义市场，传统的单一经济结构逐渐向多元化经济结构转变，中国经济开始了艰难的工业化历程，并且近代社会生活在进化潮流中骤然剧变。

1. 传统经济结构的变化

鸦片战争后，中国自给自足的自然经济在欧风美雨的冲击下被迫解体。清政府在内忧外患的危局下，创办洋务工业。

（1）概念要素分析。

自然经济是封建社会的主体经济形态。自给自足、耕织结合的内在稳定性，使其对商品经济具有天生的抵抗力。鸦片战争后相当一段时间内，西方列强的商品倾销并没有取得非常丰厚的利润。但以英国为代表的工业国家，武力与经济的进攻力量相当强大，在持续不断的蚕食下，中国农业与手工业分离，农民和手工业者破产，农产品日益商品化，在自然经济解体过程中，中国逐渐被卷入资本主义世界市场。中国各地区自然经济解体的程度不平衡，沿海、沿江较快，内地相对缓慢，这取决于西方工业商品的倾销程度。

在东西方两次交锋失利后，中国少数有远见的官僚士大夫重新考量传统的准则和政策，对策是"自强"运动，即洋务运动。19世纪60年代，以李鸿章和曾国藩等人为代表的封建官僚在"师夷长技以自强"的口号下移植西方机械制造来保护中国传统文明，不但在军事范畴引进工业化成果，还将铁路、轮船航线、机械工厂和应用科学包括在内。由于军事工业的盛衰主要决定于政府拨款的多寡而非市场需求，所以很大程度上仍未脱离传统封建经济的框架，但其采用机器生产，并雇佣工人，尤其民用工业产品主要投入市场，这成为中国经济近代化由此发轫的表征。荒谬的基本设想决定了洋务运动的失败，它用"中学为体，西学为用"的解释说明来自西方的无非一种技术性之事物，始终不脱离中国文化的传统，主张竭力维护君主官僚专制体制，已成为阻碍中国近代化的最大障碍。最终，洋务派标榜的"求强""求富"目标在甲午战争的炮声中灰飞烟灭。

（2）教学提示。

教学中始终要把中国传统经济结构的变动置于世界背景之下去认识。自然经济的解体是一个抽象的概念，可通过创设情境引导学生直观感知，出示彩色人造棉（代表"洋布"）和蜡染土布各一块，并提供关于近代"洋布"与土布的价格，使学生认识到"坚船利炮折断了大刀长矛，呢绒棉纱撕碎了粗纱土布"，从而进一步理解自然经济解体的标志是"纺"与"织"的分离、"织"与"耕"的分离，而大量农副产品日趋商品化成为自然经济解体的催化剂。

洋务运动的处理应侧重其为中国近代化所做的贡献。提供一系列洋务工业创办原因、过程和影响的材料，探究其主张和举措是如何"历史地包含着逸出旧轨的趋向"，深刻理解洋务工业"与洋人争利"、引进技术经验、培养人才的历史进步性。在此基础上，引导学生思考洋务运动在学习西方方面对今天的借鉴，即不仅要学技术，还要借鉴经营管理体制、重视市场的优化配置作用、改变官僚主义作风、提高企业管理效益。

教学总结可以中英为例，比较中西近代化在发展进程、领导力量、资金来源和工业化次序等方面的差异，认识到不同国情及不同国际环境下，各国近代化的道路各不相同。

2. 民族工业的产生

西方工业化国家在对中国经济侵略的同时，物美价廉的工业品也客观上传播了先进的生产方式和思想观念。在外商企业丰厚利润的刺激和洋务运动的诱导下，中国民族工业产生了。

（1）概念要素分析。

资本主义工业的发展经历了手工业作坊、工场手工业和大机器工业三个阶段，其中，前两个阶段通常被称为资本主义萌芽，而大机器工业阶段则被称为近代资本主义。中国在鸦片战争前是否存在资本主义萌芽，学界尚有争论，但毋庸置疑的是，中国近代民族工业是鸦片战争后在外国资本主义扩张的影响下产生的。外国资本主义的入侵瓦解了自然经济，客观上为中国近代民族工业的产生提供了条件，如商品市场的扩大、劳动力市场的形成及一定数量货币财富的积累。中国近代前期民族工业的典型，是19世纪六七十年代及以后出现的商办企业，如1866年方举赞创办的上海发昌机器厂等。在中国近代经济结构多元化的格局中，民族资本主义经济代表着中国经济近代化的进步方向，随之形成并壮大起来的民族资产阶级也成为推动中国政治近代化的首要推动力。

（2）教学提示。

以茅盾小说《春蚕》中"老通宝想不明白，洋鬼子怎么就骗了钱去"设疑：中国自然经济解体的主要原因是什么？自然经济解体为近代工业准备了哪些条件？中国民族资本主义工业的两面性有哪些表现？洋务工业与民族工业有什么不同？引导学生思考近代中国各种经济形态之间的关系，并理解不同经济形态所代表的各个阶级在中国近代化进程中的角色和作用。同时，运用生产力决定生产关系、经济基础决定上层建筑的辩证原理，将民族资本主义的发展与中国民主革命的形势、进步思想的传播和社会生活的变迁联系起来思考认识。

教学中始终把中国民族工业的产生置于世界近代化潮流的大背景下，从全球史观和文明史观的视角解读。19世纪六七十年代，西方国家正在进行或已经完成工业革命，并普遍建立代议制，曾经与中国同样命运的日本也在倒幕运动后成功进行明治维新，开始了近代化的探索。世界近代化潮流浩浩荡荡，中国在被卷入资本主义世界市场的同时，也不自觉地融入并顺应了这股潮流。阶段总结可引导学生结合中国社会性质，联系工业革命后列强对中国经济掠夺、旧式政府对民族工业设置重重障碍，理解民族工业艰难的生存环境。

3. 民族工业的曲折发展

中国的民族工业产生于半殖民地半封建社会的中国，缺乏充分的原始积累，决定其先天不足，后天畸形。在封建自然经济、外国资本主义经济和官僚资本主义经济的挤压下艰难发展，始终没有成为近代中国社会经济的主导形式。

（1）概念要素分析。

第二次工业革命使非西方世界的现代化进程在欧风美雨的剧烈震荡中走出被动卷入的命运，开始了艰难的探索。中国的民族资本主义艰难起步后，迎来了发展的"黄金时期"。

纵观民族资本主义的曲折发展，西方先进工业势力的走向，成为影响其发展的主要因素。19世纪末20世纪初，在清统治末期，列强在武力征服的同时，通过不合理的经济秩序持续地向中国输出资本，加速了自然经济的解体。巨额赔款迫使固守传统的旧式政府终于放下了矜持，民族资本家有了兴办实业的政策容许。辛亥革命爆发后的十年，资产阶级的政治人格以较纯净的形式表现出来，中国资本主义经济获得了迅速发展，出现了"第二次工业化浪潮"（第一次指洋务运动）。1937到1949年，在战争阴影笼罩下，国民政府的战时体制和统制政策，让民族资本主义的发展失去了政策支持，日本帝国主义的直接掠夺则给民族资本主义以毁灭性的打击，抗战胜利后美国商品趁机涌入更是让原本就捉襟见肘的民族工业彻底失去发展的土壤。

尽管中国近代社会半殖民地半封建社会的社会性质决定了民族资本主义的最终命运，但自强不息的爱国精神始终是民族资本主义不断追赶世界步伐、振兴民族经济的力量源泉。

（2）教学提示。

以"1915年美国巴拿马太平洋博览会中国产品获1211项奖、在31个参展国中独占鳌头"这一历史作为背景，追问民族工业的发展历程。关注地方的著名民族企业，如荣氏家族或张裕酿酒公司，提供相关史料或播放有关视频，引导学生了解其兴衰历程，在直观感觉中获取相关历史信息。

在分析"初步发展"时，必须弄清两个问题：一是资本输出对于民族资本主义发展的双重影响，二是经济发展对政治、思想产生的影响（维新变法与辛亥革命）。在"短暂春天"的原因分析上，引导学生认识到西方对华输出的资本和商品有所减少，但并未放弃对中国的经济控制，相反，一战后变本加厉，导致民族工业迅速萧条，由此得出结论：帝国主义是阻挠民族工业发展的最主要障碍，只有实现民族独立，中国才能实现经济近代化。

以"千呼万唤始出来""小荷才露尖尖角""忽如一夜春风来""无可奈何花落去"来归纳民族资本主义的发展历程。在学生全面了解民族工业的兴衰历程后，提供"1894年中国产业资本估计表"，从中获取民族资本主义发展特征的信息；通过设计探究性问题，归纳影响民族资本主义发展的有利和不利因素，总结民族资本主义在近代中国历史进程中的地位和作用。

4. 近代社会生活的变迁

相对于"三亩地、一头牛、老婆孩子热炕头"的传统农业生活，近代以来的社会生活变迁具有急骤、深刻的表征，层次不断深入。

（1）概念要素分析。

鸦片战争以来，坚船利炮、声光化电、西艺西政依次成为中国人概括外来之物的用语。欧风美雨的骤然而至，让"洋玩意"主导下的西化剧烈而激荡。西方民主思想的传播和资产阶级政治运动的发展，冲击了旧的生活方式，促进了社会生活的演变。变迁逐步突破了社会上层和通商口岸的局限，向着市民阶层和通商口岸周边发展，新旧社会经济基础和政治制度的交替扮演着传播和促进者的角色。

"中西合璧""不土不洋"，中西文化的交汇、农业文明和工业文明的碰撞增添了这种变迁的多样性。一方面两次工业革命的成果同时迅速在中国传播，诞生于第一次工业革命期间的蒸汽轮船和蒸汽机车在中国先后出现，而汽车、电报、电话、电影、飞机等新生事物在中国的出现则受益于第二次工业革命；另一方面，新旧交替色彩浓厚，旗袍和中山装，蕴含着中华民族兼收并蓄、豁达从容的心态。"莽莽欧风卷亚雨"，在欧风美雨的洗礼下，社会前进的风向变迁实则反映了中国社会由被动接受到主动仿效的心路历程，从中折射出近代中国文明的演进。

中国社会生活的变化反映了社会的进步，但这只是列强侵略所带来的客观积极作用，改变不了半殖民地半封建社会的本质特征。

（2）教学提示。

教学中，从社会史角度关注人类社会生活的变迁。利用好教材，准确掌握社会转型时期的物质生活和社会习俗的变化；在重视专题知识的基础上强调政治、经济、文化之间的横向联系，利用"一定时期的政治、经济、思想决定一定时期的社会生活"的原理，分析各种现象出现的原因，如"断发易服"是反清表现，"废止缠足"和婚姻自由是反封建专制的要求，改用公历是辛亥革命后中国力图与资本主义国家接轨的表现，等等，加深对"新旧社会经济基础和政治制度的交替扮演着传播和促进者的角色"这一结论的认识。

本概念要素贴近现实生活，可以较多出示相关老照片，图说历史。为发挥学生主体作用，可开展研究性学习，采用问卷调查、网络搜索、访谈长辈等方式对近代社会生活变迁的某个方面开展研究。教学总结建议教师列示表格，由学生尝试整体梳理近代中国社会生活变迁的表现，归纳原因和特征，并用文明史观、现代化史观、整体史观提升理论认识。

（3）教学片段示例（近现代服饰变迁）。

师：（投影下列具有代表性的服饰图片）我们一起来回顾一下近代以来各时期出现并为大众所接受喜爱的主要服饰类别，它们分别是什么服饰？流行于什么时候？

A　　B　　C　　D　　E

生：A是流行于鸦片战争后的西装，B是流行于民国的中山装，C与D分别是流行于20世纪50年代的列宁装和布拉基，E是流行于改革开放后的各式服饰。

师：西装为什么在近代出现并流行呢？

生：西装是随着鸦片战争后西方文化的入侵而出现的，它的流行是近代崇洋思想的体现。

师：各位同学知道中山装的寓意吗？它流行的原因是什么？

生：中山装袖口上的三粒纽扣象征着三民主义，四个口袋代表的是中华民族的传统思想"礼义廉耻"或东西南北全国的统一，胸前五粒纽扣体现的是孙中山先生所追求的五权分立或中国汉满蒙回藏五大族的团结。无论何种解释，它都体现了资产阶级反封建的政治愿望和孙中山的民主革命思想，以及领袖对民生问题的关心。

师：新中国成立后，为什么会流行列宁装和具有俄罗斯风情的布拉基呢？

生：因为新中国建国初期中苏关系友好，当时物质生活水平较低，服饰比较单一。

师：当今人们的服饰色彩鲜艳，彰显个性，这又是为什么？

生：因为改革开放后，生产力迅速发展，人民生活水平大大提高，审美水准也逐渐与世界接轨。

师：社会生活的变化是社会变化和发展的表现。我们方才探究了中国一个多世纪以来服饰变迁的过程，试从政治、经济、思想文化、国际关系等方面总结近现代社会生活变迁的原因。

生：……

三、主题内容的多角度认识

（一）中外联系与比较的认识角度

1. 早期殖民时代的中国

法国年鉴派第二代掌门人布罗代尔在他的巨著《15至18世纪的物质文明、经济和资本主义》（第三卷）中写道："由于15世纪末的地理大发现，欧洲一鼓作气地（或几乎如此）挪动了自己的疆界，从而创造了奇迹。"

无可否认，15世纪末的地理大发现，成为欧洲历史的一个转折点，欧洲海权大国开始崛起，海洋扩张时代开始来临。葡萄牙、西班牙的对外扩张，掠夺了大量黄金白银，加速了西欧封建制度的解体，促进了资本主义的发展。按照一般的认识，东方开始落后于西方。然而，欧洲的崛起，是否一定意味着东方的落后？超越对立的视野，从全球史观来看，两者似乎没有呈现出截然相反的图像。中华帝国，开始落后了吗？根据现有的研究成果，中国的个案为我们展示出新的视界，以下两点耐人寻味：

（1）中欧之间长期存在的结构性贸易差距，证明当时中国并不落后。

早期殖民扩张，葡萄牙、西班牙和荷兰，纷至沓来，值得注意的是，这些新兴的欧洲国家，在与中国的贸易中，无一例外地都处于贸易逆差之中。如美国学者弗兰克在《白银资本》中说："'中国贸易'造成的经济和金融后果是，中国凭借着在丝绸、瓷器等方面无与匹敌的制造业和出口，与任何国家进行贸易都是顺差。"

重要的是，这种结构性贸易逆差，所反映的决不仅仅是技术层面的贸易问题，而是贸易各方生产能力和经济实力的体现。早期的欧洲殖民者无法用初级产品与中国工艺精良的高级商品在贸易上达成平衡，为此，必须支付巨额白银货币，即使后来居上的英国，在18世纪整整一百年中，也为支付贸易逆差流向中国2亿多银圆。

外国人，包括欧洲人，为了与中国人做生意，不得不向中国人支付大量白银，在弗兰克看来，"这也确实表现为商业上的'纳贡'"。这种局面一直要等到英国人利用印度生产鸦片进行非法走私，才扭转西方三个世纪对中国的贸易逆差。总体而言，16世纪的葡萄牙、17世纪的荷兰或18世纪的英国，中欧之间长期存在的结构性的贸易逆差，证明中国在经济实力上并不落后，相对的比较优势不但存在，而且明显；换言之，早期殖民扩张时代的欧洲，肯定不是世界经济的中心。

（2）当时中国并没有完全与"世"隔绝。

布罗代尔在《15至18世纪的物质文明、经济和资本主义》中说："美洲白银1572年开始一次新的引流，马尼拉大帆船横跨太平洋，把墨西哥的阿卡普尔科港同菲律宾首都连接起来，运来的白银被用于收集中国的丝绸和瓷器、印度的高级棉布，以及宝石、珍珠等物。"由于这种贸易以中国的丝绸为主，因此被西方学者概括为"丝-银"对流。据中国学者全汉升的研究，1571年至1821年间，从美洲运往马尼拉的白银共计4亿西元（比索），其中，二分之一或更多一些流入了中国。亘古未有、前所未见的"丝-银"对流，预示着当时中国并没有完全与"世界"隔绝，不是如我们既往所认识的，1840年以前中西文明是两条互不相干的平行线，西学东渐、西方东来才导致中国被迫与世界衔接并轨。遗憾的是，绝对君主专制统治下的中华帝国，昧于世界大势，始终以中心自居，无视于正在崛起的西方各国，对发展海外贸易缺乏世界眼光。传统内陆小农思想指导下的外贸政策，进取不足，保守有余，尤满清为甚。清朝的"闭关"，从根本上阻止了其继长增高的可能。以农为本的"天朝上国"，注定不能争胜海洋。

综合来看，早期殖民时代不只是"欧洲奇迹"的创造，同时还预示了"全球化"时代初现端倪：新旧大陆合二为一，洲际联系相形见密，人类的视野与活动所及开始遍及全球，物资交换，物种传播，资本流动，人口迁徙，种族冲突，文化交流，不同类型的文明开始了会遇和碰撞。

2. 资本主义工业文明冲击下的中国

鲁迅先生说，近代"中国社会上的状态，简直是将几十世纪缩在一时：自油松片以至电灯，自独轮车以至飞机，自镖枪以至机关炮……摩肩挨背地存在"。

这是一个极其敏锐的观察，从一个侧面反映了近代中国从传统到现代的变迁，究其实，这是资本主义工业文明冲击下的阵痛。关联中外，贯穿古今，便于我们更进一步认识时代嬗变的特征。

（1）欧洲中心时代的孕育和生成。

19世纪中期，伴随工业革命的完成，人类历史上一种崭新的文明——资本主义工业文明闪亮登场，从"蒸汽"到"电气"，随着机器动力的不断更新，工业生产的链条链接了世界和时代的脉动，汇成历史洪流，不可抗拒，正如马克思所说的，"资产阶级，由于一切生产工具的迅速改进，由于交通的极其便利，把一切民族甚至最野蛮的民族都卷到文明中来了。它的商品的低廉价格，是它用来摧毁一切万里长城、征服野蛮人最顽强的仇外心理的重炮。它迫使一切民族——如果它们不想灭亡的话——采用资产阶级的生产方式；它迫使它们在自己那里推行所谓文明，即变成资产者。一句话，它按照自己的面貌为自己创造出一个世界"。

科学革命、政治革命、工业革命，近代欧美资本主义经过长时期的孕育，茁壮成长。西方的崛起，东方的没落，从此泾渭分明；广大东方，亚非拉美，迅速走向沉沦，在潮涌而来的资本主义工业文明面前不堪一击，终被席卷而去，沦为资本主义世界市场的附庸。

（2）资本主义工业文明冲击下的嬗变。

史学家戴逸指出："18世纪的康乾盛世，貌似太平辉煌，实则正在滑向衰世凄凉，可当时中国没有人认识这一历史真相。只有岁月推移，迷雾消散，矛盾激化，百孔千疮才逐渐暴露。历史的悲剧只有在悲剧造成以后很久时间，人们才会感到切肤之痛。"

鸦片战争一声炮响，沉睡的中国，开始了百年之久的屈辱历史。西方人眼里的中国形象也在急剧转变之中：从东方巨人到东亚病夫。

在鸦片战争中醒来的中国，开始意识到面临"三千年未有之变局"。世界市场的形成促进了工业化社会的来临，也影响了近代中国社会的生产和生活方式。伴随西方列强的侵略，资本主义工业文明充当了历史的不自觉的工具。

欧风美雨，开始瓦解中国的自然经济，催化了传统经济结构，催生了新的经济因素，从1860年的洋务运动开始，中国开始了艰难的工业化进程。

多歧互渗的现代因素，同时造就了近代中国色彩斑驳的社会景观。既有侵略的征兆（铁路、工厂的资本输出方式），又有文明的播放（报刊和电影的出现）；既是新潮的冲击（"断发易服"交通通信的进步），也是新生的追求（现代礼俗的洗礼、社会陋习的扬弃）……中国，在被动的承受中亦步亦趋，追赶世界潮流。

（二）联系现实的认识角度

历史向我们叙述过去，昭示未来。世界市场的形成及其对中国的冲击的学习专题，与"全球化"的现象不可分离。从现实角度观察全球化的现象及其历程，有助于正确看待、传承人类的优秀文明成果，促进经济文化交流，主要有两点启示：

1. 世界市场的形成、经济的全球化是历史发展的过程和不可抗拒的潮流

人类历史发展的过程，是一个从孤立隔绝走向相互联系的过程。世界市场的形成与发展，加强了世界各地社会之间的联系，撮合了世界文明的交融，促进了世界经济的发展，丰富了各地人民的物质生活和精神生活，推动了人类社会的总体发展。这正是今天经济全球化趋势的早期表现。

从闭关锁国到落后挨打，是近代中国的基本教训；从保守封闭到重新追赶，是现代中国痛定思痛的历史智慧。经济的全球化，作为世界市场发展的产物、历史发展的过程和不可抗拒的潮流，中国以开放的姿态顺应、融入，无疑是历史的必然。

2. 顺应潮流，把握历史机遇，主动融入世界

中国融入世界是一个双向流动的过程。中国走向世界，同时也意味着世界走向中国。

了解中国曾经错失的际遇，才会懂得珍惜现在的发展机遇。长期以来，对外开放一直处在坎坷、曲折与磨难之中，直到2001年，中国加入WTO。上海大学朱学勤教授感慨："马嘎尔尼访华，卑之无甚高论，也就是我们今天讨论WTO时所耳熟能详的8个字：'自由贸易，协定关税。'从马嘎尔尼访华失败，到今天加入WTO，竟然还是这8个字。"

问史·践履
——让历史进驻"人"

中国入世，WTO来到了中国。入世，影响的不仅仅是中国的经济，还有中国的改革开放和现代化事业。中山大学袁伟时教授认为："这是200年来中国历史的正确总结。"顺应潮流，把握机遇，主动融入世界，中国赢得的将是一个巨大的发展机遇。

了解史学界的动态有利于我们对"全球化"的正确认识，把握世界市场形成的脉络。"全球化"看似20世纪末、21世纪初才出现的新事物，其实不然。多数学者认为："全球化"的历史可以追溯到15世纪末开始的地理大发现时代，世界各大洲之间的经济联系大大加强，"全球化"初露端倪。布罗代尔在《15至18世纪的物质文明、经济和资本主义》写道："由于15世纪末的地理大发现，欧洲一鼓作气地（或几乎如此）挪动了自己的疆界，从而创造了奇迹。""世界体系说"的创立者伊曼纽尔·沃勒斯坦在《现代世界体系》阐述了"世界体系"的起源，即16世纪随着资本主义生产方式的发展，开始以西北欧为中心，形成"世界性经济体系"；以《白银资本》闻名的美国学者弗兰克明确地认定，从地理大发现到工业革命之前的时代，已经是一个"经济全球化"的时代；稍稍不同的是，认为从1500年至1800年，以中国为中心的亚洲地区作为"经济全球化中的东方"才是世界经济的中心。

（三）多角度认识试题示例

（1）日本学者滨下武志在其专著《近代中国的国际契机——朝贡贸易体系与近代亚洲经济圈》指出："如果回溯历史，可以看到，自14、15世纪以来，亚洲区域内的贸易在逐步扩大，存在着一个以中国为中心的东亚贸易圈……在这里，近代亚洲的贸易圈，并非因西欧资本主义的加入才开始形成，因而，必须以亚洲区域贸易圈的既存历史为前提，因欧美各国加入出现的新的关系而展开，从这种种因素的总体关系之中去进行探讨和把握。"

① 当时"以中国为中心的东亚贸易圈"主要的贸易形式是什么？有何特征？

② 西欧资本主义各国加入"近代亚洲的贸易圈"中来，主要契机是什么？先后而来的有哪些西方国家？这使以中国为中心的东亚贸易圈，发生了什么变化？

③ 大致到什么时候，"以中国为中心的东亚贸易圈"被彻底打破？标志是什么？反映了什么本质问题？

（2）马克思曾说过："世界史不是过去一直存在的，作为世界史的历史是结果。"也就是说，世界历史并不是自始就是世界性的，经历了一个发展的进程。

① 1500—1900年，资本主义世界市场是如何一步步形成的？结合资本主义世界市场形成的途径，说明对近代中国造成了怎样的冲击？

② 中国"被卷入"资本主义世界市场，有学者认为，同时意味着中国"被轰出"中世纪，这是基于何种视角对历史进行的考察？

③ 求生存，谋发展，是人类从事经济活动的主要内容。近代中国是如何回应、维护自身的"生存"之道的？

（3）认识一个民族及其社会文化是一件复杂而长期的事情。无论是认识者还是被认识的对象，都会受到历史和现实因素的种种制约，且自身也并非一成不变。英国著名汉学家雷蒙·道森在《中国变色龙》一书中就曾感慨，在西方人眼里，中国及其文化就像一条"变色龙"一样，总在不断地变化着。

① 简要归纳20世纪之前，西方人眼中的中国龙形象经历了哪几次重要的变化？

② 龙通常被视为中国文化的象征，然而中国龙的形象在西方人眼中不断"变色"，受到了哪些"历史和现实因素的种种制约"？中国龙的形象转变对中国有何影响？

③ 决定中国龙的形象转变的根源在哪里？中国龙的形象转变对近代中国有何影响？

答案要点：

（1）①朝贡贸易。"厚往薄来，倍偿其价"，政治目的大于经济效益的追求。

② 新航路的开辟。葡萄牙、西班牙、荷兰和英国。西方国家的商人为了购买亚洲的商品，携带大量白银，也加入这些贸易圈中来。

③ 19世纪中期，工业革命。鸦片战争反映了资本主义世界市场的形成及其对中国的冲击。

（2）①15世纪末16世纪初，初现端倪；16—18世纪，拓展；19世纪中后期，基本形成；19世纪末20世纪初，最终建立。

途径：新航路开辟，殖民扩张，两次工业革命，便利的交通通信手段，商品输出和资本输出等。

对近代中国的冲击：一方面，中国的劳动力、资源被大肆掠夺，逐步成为世界资本主义的经济附庸；另一方面，小农经济结构被打破，促进新的经济因素成长，影响并改变了近代中国社会的生产和生活方式，逼促近代中国的社会转型。

② 近代化史观。

③ 中国开展洋务运动，引进西方先进技术，创办近代企业，迈出了中国近代化第一步；官僚、地主、商人投资近代企业，促进中国民族工业的产生；抓住国内外各种有利时机，积极发展民族工业，实业救国。

（3）① 从13世纪中后期《马可·波罗游记》出版和流行至17、18世纪，中国被欧洲人视为经济富庶、政治开明、文明开化的榜样；从18世纪后期起，中国形象负面化，被视作一个封闭邪恶的专制帝国。

② 13—18世纪中国形象"美好"的因素：一是欧洲中世纪的相对落后和黑暗的现实；二是通过塑造中国的完美形象观照自身的缺憾和不足，批判现实。

从18世纪后期起，中国形象负面化的因素：一是启蒙运动促进思想的解放和观念的进步；二是早期殖民扩张活动，使西方加深对东方的了解和认识；三是西方近代资产阶级革命和工业革命的成功，封建专制的中国不再成为西方的文明楷模。

③ 中西方国情和实力的变化。随着资产阶级工业文明的不断对外扩张（商品输出和资本输出），西方列强一次次通过战争打开中国的门户，加深近代中国的民族危机。

第六章

遵行学道，共生成长智慧

"探究—建构"型课堂教学实践，充分照顾学情差异、尊重教师个性，克服模式化教学的僵化倾向，形成以"教学模式实践的去模式化、课程内容建构的新取向、学生学习方法的转变、教师教学方式的转型"为主要特色的实践智慧。"去模式化"的教研路径，不仅对历史教学具有应用价值，对其他教学模式的实践也有借鉴意义。

问史·践履
——让历史进驻"人"

路径1

基于"探究—建构"的师生成长[①]

"探究—建构"型课堂教学的实践研究，在促进学生成长、推动教师发展、推进课程改革等方面取得了成效。

一、探索，建构模式

历史学科作为一门人文学科，其核心功能在于情感态度价值观的养成，而这一核心是建立在历史思维和历史意识基础上自然生成的。长期以来学生往往把"学历史"当作"学考历史"。"一切真历史都是当代史"，对历史的探究，就是要让"死"去的历史在探究、建构中"活"过来，多角度、全方位地续写"活着的过去"，进而理解过去、反思历史、重建历史。我们从人本主义和建构主义教学理论出发，本着"优化课堂教学结构、突出学生主体地位、体现人文学科社会功能"的宗旨，开展"探究—建构"型课堂教学的实践研究。

以"育人为本"为理念，凝炼核心内涵。"探究—建构"型教学遵循学生身心发展规律、学科教学规律、人才成长规律，指向"人的发展"促进"精神成长"。"探究"是指学生以研究者的身份自主探索，经历并理解知识的形成过程，获得认识、发现规律；"建构"是指学生在"探究"基础上，将新知与旧闻相联系，自觉主动地完成对知识的意义建构。"探究—建构"过程既是外部知识信息纳入学生已有知识结构的内化过程，也是学生积极情感的体验过程，更是学生自我价值的实现过程。

以探究、建构为主线，设计基本流程。"设置目标"，教师分层设置学习目标，学生主动提取知识，并与自己的认知结构相联系；"质疑探究"，学生"质疑""辨疑"、教师"释疑""激疑"，在合作探究中互补共享；"归纳建构"，建构系统完整性的知识体系，使知识结构内化为学生的认知结构；

[①] "'探究—建构'型实践研究"2013年获江苏省教育厅组织的江苏省基础教育优秀教学成果奖，此为研究的成果报告。

"发散创新"，学生综合运用多学科知识分析现实问题，孕育人文素养。

以教学融合为重点，优化教法、学法。"探究—建构"下的课堂，教师在"情境中引导"，通过创设情境、问题驱动，使"情景"与"情境"再现融合；师生在"合作中探究"，通过小组合作，集体"互补"，使"师生"与"生生"思维碰撞；学生在"亲历中建构"，通过体验经历、理解内化，使"知识"与"意义"建构对接。探究式设计、引导式教学、体验式建构，教师的教学方式得以转型，学识素养得到丰厚；探究式学习、理性化思考、多角度审视，学生的学习方法实现转变，人文素养得到蕴养。

在探索中建构模式，在模式中重构课堂，由于模式具有较强的实践性和可操作性，以"探究—建构"为主线的8节评优课获江苏省、苏州市一、二等奖，10多项教学设计、网络软件设计、命题设计、课件制作获全国、省、市一等奖，多篇教学实录、课例研究和说课设计发表在《中学历史教学参考》等杂志上，省内外开设研讨课、展示课40余次，课堂教学被省市电教馆拍成视频作为新课程培训教材；16篇以"探究—建构"为主题的学法指导发表在《江苏教育报》《历史学习》等杂志上，25篇教材分析发表在《中学政史地》等刊物上；我们开展课堂观察研究、主题论坛、沙龙研讨，如"历史教育，人不能缺席""问史，指向学生的发展""积养学识、丰厚课堂"等活动，实现教学融合，推进课堂转型。基于实践研究形成的相关成果，《创设情境 激励探究》《"探究—建构"型历史课堂教学的实践研究》《浅议网络环境下的历史探究性教学的建构》等论文发表于《中学教育》等核心期刊，《在"探究""建构"中把握历史教学的精髓》收录于《著名特级教师教学思想录》（江苏教育出版社），相关课题被苏州市教育科学院评为优秀课题一等奖。

二、实践，形成变式

高中各年级学生知识储备有深浅、分析能力有高低、个性素养有差异，在"探究—建构"基本模式的基础上，我们秉持统一性与多元化并存的原则，得其"意"、忘其"形"，逐步形成覆盖各个学段、不同课型的系列变式，高一必修课"纲要导读—问题探究—意义建构"、高二选修课"品尝探究—消化建构—吸收内化"、高三单元复习课"归纳—质疑—活化—延伸"、高三专题复习课"领题探究—交流共享—建构升华"、习题讲评课"把答案交给学生—让探究走进课堂—在合作中建构知识—让意义引领发展"等，各种变式灵活变通、贯穿运用。我们以《高中历史"探究—建构"型教学变式的实践研究》为题，通过丰富翔实的材料、分门别类的论述，对"探究—建构"型教学变式的理论和方法做了归纳总结。本研究兼顾多种课型，具有实践开创性和推广普适性，该文发表后被人大书报资料中心全文转载。各种变式课型也以课例研究的形式进行分析总结，《"探究—建构"习题教学例说》等发表在《教学月刊》等中文核心刊物上。

历史新课程改革以专题模块为主要体例。针对学生基础薄弱、时序缺失的现状，我们着手开发基于教材整合的"探究—建构"型教学，建构了"内化时序意识的历史学习知识体系"和"凸显发展线索的专题复习体系"，使"教本"转化为"学本"。研究成果《历史新课程教学中的教材整合》和《例说新课程背景下的专题复习教学》从系统论出发，针对教学实际困难，提出了多角度整合知识的观点和方法，文章在《中学历史教学参考》《教学月刊》发表后，被人大书报资料中心全文转载。基于新课程下的"探究—建构"型教学的研究实践，具有创新性和前瞻性，随后发行的《考试说明》和新版教材的体例改动，证实了我们的探索准确把握了学科教学的发展方向。2009年和2011年，唐琴老师作为中学历史教师的唯一代表，参加了江苏省考试院组织的《考试说明》修订工作。

变式对高中各年级具有普适性和可操作性，本校历史教学轻负高效，高考和各年级统测统批稳居吴江第一，并多次位于苏州市所有三星、四星高中的前三名。"探究—建构"型教学也带动了本地区历史教学质量的提升，近年来本地录取北大、清华的8名考生中，7人选修的是历史。历史学科成为本地的品牌学科。教学质量提高的同时，学生的历史素养也在提升，我们在各个年级开展丰富的学生活动，如"编辑战地记者报""撰写前线家书""模拟名人日记""给'戏说'导演的建议""柏拉图学院的争鸣"等，让学生走进历史、亲近历史，使历史学习从"考历史"向"研究历史"转变……多名学生在全国历史知识竞赛中荣获一等奖；本校历史组被评为苏州市优秀教研组、学习型组织，历史学科中心和学科基地自2007年以来，在历年考核中均位于全区高中14门学科之首。

三、推广，成果纷呈

研究如果游离课堂、忘却学生，任何成果都将失去意义。我们依托课堂、指向学生，以"探究"为基础，以"建构"为目标，"多课型""多形式""多层次"推广"探究—建构"型教学:"多课型",即把基本的程序方法灵活贯穿于各种课型中,将"探究""建构"的权力下放给学生;"多形式",即采用多种教学手段,通过同课异构、主题教学、课例研讨,开展教学研究;"多层次",即借助省、市、区名师共同体、学科中心、名师工作室等多层平台,推广研究成果。唐琴老师运用研究成果在省、市级教科会议、学科教研、名师例会上示范执教30多次,并作为专家团成员为苏北、苏中地区送培送教,为全省万余名历史教师做网络培训的在线指导,并在陕西、甘肃、上海等地学术会议上做讲座发言6次。2009年和2011年受《江苏教育报·成才导报》邀请,主持"建国60周年"和"建党90周年"专栏,介绍团队教学成果,指导全省高中学生学习历史、关注现实。

"探究—建构"型教学的实践研究推进小学科成就大作为。我们的探索也引起了省内外历史教学界的广泛关注,国内学科主流期刊如《历史教学》的任世江主编、《中学历史教学参考》的任鹏杰社长,来校与我们开展历史教学研讨;江、浙、沪、皖特级教师、教育名家、教学团队来校,开展学科交流活动。我们自己编撰的学科刊物《问史》,成为展示"探究—建构"型教学研究成果的平台,也成为我们对外交流的窗口。

唐琴老师是吴江历史学科中心的负责人,是本地区首批名师工作室的领衔人,在她的带领下,基于"探究—建构"型教学的实践研究,带培的成员在自身的专业发展上取得了令人瞩目的成绩,在苏州市"名师高徒"教学展示中,不输风采;在与特级教师"同题异构"教学对比中,敢比高低,被苏州市历史教学界称为"吴江现象",季芳、季建成、徐学珍、张秋华等8次获得了苏州市评优课、基本功比赛一等奖,10名成员受培成为苏州、吴江学科带头人;围绕"探究—建构"型教学,团队成员有近20篇教学论文发表在《历史教学》《教学与管理》等中文核心期刊。他们的快速成长,也带动了整个地区历史教学的课堂革命,学术型教师、探究式课堂成为吴江历史课堂的特色项目,被《江苏教育报》等媒体报道;本地新闻媒体也先后以《历史教坛上的唐琴》《感受历史的愉悦》等文章对唐琴及其"探究—建构"型教学做报道介绍。

四、反思,创出特色

在"探究—建构"型课堂教学实践中,我们认真总结反思,逐渐形成了以"学生自能发展、教师课堂转型、课程时代取向、模式出模去模"为主要特色的实践智慧。

教学模式实践的去模式化：本研究以"探究"为基础，以"建构"为目标，得"意"忘"形"、灵活贯穿，"进模""出模"、实践变式，充分照顾学情差异，尊重教师个性，克服了模式化教学的僵化倾向，丰富了教学模式的理论和操作体系，具有实践开创性和推广普适性，不仅对历史教学具有应用价值，对其他教学模式的实践也有借鉴意义。

课程内容建构的新取向：在新课程推进过程中，基于"时代性"和"学术性"通融的视域，坚守历史教育"求真求实"的教育底线，以"探究—建构"为理念，以时代性价值为取向，以史料呈现为形式，引用新的史学成果，丰富历史课程资源，汲取学生成长为时代性人才所需要的精神养料。

学生学习方法的转变："探究—建构"型教学中，学生告别"死记硬背"，不盲从，敢质疑，"探究""建构"内化成为学生思维的当然方式，求真意识和史证意识得到强化；学生尊重自己的体验与认识，带着理性的思考，多角度审视历史，在历史与现实的重构中，忠实历史传统，理解并尊重多元化的文明范式，成为具有传统情怀和国际视野的公民。

教师教学方式的转型："探究—建构"型教学中，教师不跪教材，不唯考分，积养学识，丰厚课堂，体现"情境中引导，合作中探究，亲历中建构"的课堂特色，展现"真、厚、活"的教学风格：依据学情实际、学科特点、认知规律，以扎实的功底、丰富的学识、前瞻的理念，由浅入深，旁征博引，引领学生从"死"去的历史中探究、演绎"活"着的现实。

路径2

基于教改、学研的科组建设

吴江高级中学历史组，是"苏州市优秀教研组""苏州市学习型组织""吴江市示范教研组"。在这个团队中，有一种精神在激励着：张秋华老师，坚持每天听课，三年内实现了初中教师向高中教师的成功转型；季芳老师放弃半个月产假提前投入工作，为的是让班级有一个良好的开端；杨春华老师，在解题能力大赛上获得第一名，是因为他常年坚持与高三同步训练；石晓健，学校的首届毕业生，以对新课程的高度热情，工作第一年即获得省师陶杯论文一等奖……这样一个团队，以教改推质量，以学研促蜕变，感受历史教育的魅力，体会课程改革的张力。

一、模式探索：亲入课程

本着"人本化"教学理念，历史组全体教师进行了"探究—建构"型课堂教学的实践研究。

1. 以现代教育理论为先导

我们采用多种形式学习现代教学理论，特别是建构主义教学理论、人本主义教学理论，引导教师及时吸纳最新成果，切实转变教师的观念，确立正确的教学观、人才观、师生观，真正树立起"以学生发展为本"的理念，自觉改进教学行为，提高教师的综合素质。

2. 重实践性研究

考虑到"探究—建构"型课堂教学涉及诸多因素，我们突出重点，从便于操作的层面入手，通过协作性行动研究，引导教师边实验、边反思、边归纳、边提高，着眼于研究的规范化、实效化，不断推动研究向纵深发展，使研究能取得预期的效果。

3. 突出青年教师专业成长

课题研究是每个教师成长的台阶。对组内青年教师，我坚持以课题来规范，延请教科室专家，上下形成认同，从行动上认真上好每节课，体现"探究""建构"的教学特点，并在实践的基础上论证模式、反思模式。

在实践中，历史组每位教师揉和自身经验反思和自身特长，针对授课年级特点，规划了个人研究计划，明确了研究重点，逐步形成"探究—建构"的系列变式。变式一：高一必修课"纲要导读—问题探究"，帮助学生在教师指导下完成对现有知识结构的理解补充，实现对知识结构的全面构建，发展自学能力。变式二：高二选修课"品尝探究—消化建构—吸收内化"，学生积极参与教学过程，完成对零散知识点的整理，理解知识的形成过程，实现对整体知识的理解、运用、创新。变式三：高三单元复习课"归纳—质疑—活化—延伸"，以章节为单位划分历史阶段，并按照历史时序排列，组建知识内容，注重知识体系结构，宏观上把握阶段特征，深入浅出地勾勒历史发展的脉络和特征。变式四：高三专题复习课"领题研究—交流共享—总结升华"，在诸多的知识点上繁衍出新的知识，使之与现实结合得更为紧密，体现了历史"知古鉴今"的功能。

规范的进入模式、娴熟的操作模式、灵活的走出模式、适时的创新模式，课题建设为历史组每位老师开辟了教育教学的另一片晴天。这种扎根于课堂的课题研究被学校教科室作为有效科研的典型在全校推开。

二、有效教学：引领课堂

作为学科基地，我校历史教研组立足于课堂教学的有效和优效，着眼于学生的成长和发展，以优质的教学质量引领全市历史教学。

1. 学习：引领教育理念的蜕变

学科基地成立于新旧课程的交替之际，新课程改革的浪潮扑面而来，每位教师意识到，加强新课程理论学习是全面提升教育水平的理论保证。我们把新课程理论学习和"探究—建构"型课堂教学的实践研究相结合，推动自身教育理念的蜕变。我们有组织、有系统、有阶段地开展各类学习活动，如"我看历史高考""历史教师解题竞赛""师徒教学对比""新课程下的教学心得"等系列活动，教师的教育教学理论水平大大提高，多位老师的论文获得省、市级一等奖，发表在国家级刊物上。每周两次定时定点的教研组和备课组活动成为我们定期的集体学习活动，而平时随时随地的思辨探讨把集体学习与个别学习相结合。

2. 精致：实现优效课堂的途径

为了推进教学质量稳步提高，我们结合教育局提出的有效教学、精致管理的要求，把平凡的事做到精致，把简单的事做到极致，走出了一条适合学科基地持续发展的道路。重点抓好以下几个方面：

（1）教学常规：教学工作是学校各项常规中最为重要的一环。教学质量的提高离不开教学各项常规工作的落实。为此，我们狠抓常规，在备课计划性、上课全面性、作业针对性、辅导合理性、考试有效性上求突破、求实效。以公开课为助推器，要求公开课系统化、主题化，严格按照学校要求进行评课，使公开课成为青年教师成长的舞台……这一些都促进了我们教学秩序的有序、和谐。

（2）主题研讨：每个月的主题研讨活动，涉及历史教育教学的各个层面，例如，"历史教育中学生的主体作用""新课程和传统教学的平衡""展望新高考"等。特别值得一提的是，我们时刻关注历史教育界的最新动态，把握当下历史教育的动向。《中学历史教学参考》和中学历史课程网发起的"什么样的历史课程才是有效的？"的网上研讨活动中，我们也发表自己的看法。通过研讨，大家对历史教育教学有了更加深刻的认识，理论水平不断提高。

（3）案例分析：教学案例是体现教学水平的重要媒介，也是提升教师实际教学能力的重要工具。教师不仅要善于撰写教学案例，还要锻炼对不同的案例进行分析、鉴赏、反思的能力。学科基地的教师年龄层次明显，有富有经验、善于教学的名特教师，有区级骨干，也有"初生牛犊"，这为开展各类案例分析提供了可能。老教师上示范课，新教师上汇报课，在传帮带中，年轻教师学会了分析案例、反思案例。

精致的管理，规范的引领，造就了我校过硬的历史教学质量。高三统测统批在苏州市80多所三、四星级高中学校中排名前三名。组内任教过高三的教师全部获得高三教学成果优良证书。教研组被评为"苏州市优秀教研组"，这是当时苏州市唯一一个获奖的历史教研组。

三、草根研究：校本叙事

学科的发展离不开校本，离不开"反思"。我们把教育叙事、教学研究定位为草根化研究，以新一轮课程改革为契机，集中进行校本研究，确立优化国家课程、推进地方课程、开发学校课程的新的学校课程观，努力实现课程的优化和整合、实现教育与教学水平的全面提高。我们的校本研究主要包括：校本课程、教学研究、教育叙事等。

1. 校本课程

校本课程的开发有利于学校充分发展办学优势和特色、进一步推进课程改革、促使学生和谐发展继而推动社会的发展。我们开设的校本课程主要是从学科与综合的角度开设，力求课程目标由"关注知识"向"关注学生"转化，并努力把教师"逼"上校本课程研究的最前沿。在充分考虑学生的需求、尊重和满足学生的个性差异的基础上，我们列出"校本课程菜单"，供学生圈点、选择。在课题的选择上，我们尽量避免专业化、成人化倾向，做到通俗易懂；努力体现时代精神，贴近生活，发挥史学的借鉴与陶冶功能；紧密结合本校特色，以学生发展为本，建构动态的、开放的、个性化的校本课程。

问史·践履
——让历史进驻"人"

"历史上的吴江""历史影展""花道"和"纤纤手女红"等第二课堂的开展,弘扬了传统文化,促进了学生的成长;知识竞赛、班际辩论赛、小报评比、"追踪家谱"等社会实践活动,培养了学生的人文素养,提高了学生的实践能力……通过校本课程建设,学生们对历史课的兴趣大大提高,提升了历史课在学生心目中的地位,同时也培养了学生的探究能力。

2. 教学研究

结合课堂教学和高考备考实际,将对课堂的理解、对课程的认识、对备考的反思形成理性思考,这是我基地中心的又一大特色。针对不同类型的高考,我们灵活应对,注重实效。应对文科综合考试,我们分析当年文综试卷,撰文提出"夯实基础、联系现实、注重渗透、加强协作"的教学对策;应对文理大综合高考,我们利用历史学科知识涵括面大、内蕴深厚的优势,提出"大文科概念";应对2003年以后的历史单科高考,我们采取"扣考纲、短周期、重理解、提能力"的对策,努力攀升"轻负担、高效益"的教学境界,教会学生分析历史现象、概括历史原理、提炼思想素材,全面提高教学质量……我们用实际行动,向家长兑现着我们在家长会上的承诺——"让历史为孩子们的高考做贡献"。

3. 教育叙事

我们十多位教师全部担任过班主任工作,因此,我们要求中心成员要结合自己的教育、教学、科研经历,将累积的过程记录下来,倾诉真情,反思总结。《同学,请抬起你的头》《出风头背后的期待》《沿着教育慢行》等文章,通过叙事,我们真切体会到生命成长的艰涩,加深了对教育幸福感的理解,欣赏到了智慧生成的亮丽和美感。

在教学中,我们非常注重和学生的情感交流,对学困生多谈心、多提问、多面批,增强他们的学习自信心。2005届张同学历史成绩从60分提高到高考时的120多分;综合考试都没有通过的吴同学,在家长的摇头叹气中不气馁,成功考取了本科院校。我们也注重发挥学生优势,培养他们主动求学的精神和能力。如2005届孙同学成绩优秀但并不拔尖,受重理轻文思想的干扰,在文理选择上徘徊不定。针对这种情况,我们引导她从"田忌赛马"的典故中获得启示,该同学高考获得苏州文科第四名,被北大法语系录取。另一位吴同学高考609分,我们帮助她联系南大招生组得到不退档承诺,又正确估计了南大社会信誉度,鼓励她报考南大,被成功录取。我们还注重学生的个性培养,发展特长,先后有几十名同学在全国历史大奖赛中获奖,更为欣慰的是有十多名学生也走上了历史教学岗位。

四、成长愿景：守望教育

对个人来说,愿景就是个人在脑海中所持有的意象或景象。对于一个组织来说,愿景必须是共同的。对教育的真情守望,对质量教学的不懈努力,对学科基地发展的执着追求,构成了我们的共同愿景。我们每个人都需要这样一种共同的愿景,在备课遇到问题难以解决时,在教学方法手段停滞不前时,在面对质量压力和挑战灰心丧气时,我们能在其中找到行走的阅历、前行的路径、游弋的从容。

作为学科基地,我们以课程改革的核心理念为指导,加强校际合作,通过学习、研究、反思,发挥了在全市中学的示范辐射的作用。教研组的老师运用"探究—建构"型教学模式,在省市范围内先后十多次执教示范观摩课,获得听课教师、与会者的首肯,得到上海师大、华东师大、省教科院教授的高度评价。以此为课题的研究成功通过了苏州市"十五"课题的鉴定,并获得优秀成果奖。课题研究也推动了教研组建设,教研活动呈现"模式课研讨"特色,并被学校教科室作为典型推开,其研究特色在苏州市历史研讨会做主题交流。

"以教改推质量,以学研促蜕变",我们始终以教学质量为生命线,在探索中走进模式,在反思中走出定式,在实践中形成变式,在推广中创出特色。带着理念教学,带着思想育人,行走在理想和现实之间,坚持着,追求着。

路径3

基于学识、课堂的研修转型

2009年,唐秦工作室成立。"唐""秦"二字,一应教育局以领衔人姓名冠名之要求("唐秦"为"唐琴"之谐音),二因团队成员均为历史教师之缘故(秦、唐乃中国历史上强大、繁荣的朝代)。随着历史教育的一些问题日

问史·践履
——让历史进驻"人"

益凸显,面对历史教育的困境和历史教师的价值诉求,工作室,这样一个志同道合的教学团队,通过阅读积养学识,并融汇于课程和教学,使课堂丰富而厚重,工作室成员也在探微索迹中,回归历史教育培育"人"的本真,践履自身专业成长的价值追求。

一、尴尬:当历史教育遭遇新课程、新高考

历史教育是培育人的教育,没有一门学科像历史那样承载着人文教育的功能[1]。在我眼里,一个胜任历史教育的教师,应该具备以下若干特质:对历史教育专业充满自信和自豪;在乎学生对历史学科的态度和感受;不会以机械单一的方式传道授业;看重自己在学生心目中的学术地位;不愿因自己一时失误而耽误学生一生的发展;期望并努力使历史学科成为学生终身受用的财富。

具备这些特质的教师,会在自身工作中不断发现问题、完善教学,在充实自我中乐此不疲、追求不止;缺少这些特质的教师,尽管把持三尺讲台,却缺乏专业成长的动力、迷失职业生涯的方向,十年、二十年,教学内容陈旧、教学方法简单、课堂应试性强,教育人生在单调重复中逐渐失去了活力和色彩。"我的课堂我做主",这样的一个历史教师,在他做主的课堂上,三年的"言传身教",会以怎样的情感态度价值观影响学生呢?而当历史教育遭遇新课程、新高考,这种状况却出人意料地被放大了。

曾经,在那历史和其他学科以同样的分值计入高考总分的年代,很多教师因为历史学科为学生总分所做的贡献而倍感学科自尊和职业成就。而2008年江苏省实行新高考以来,历史学科"大有作为"的好景不再,高考录取讲究语数英三科总分与选修等级的匹配。历史作为选修科目,以考生人数比例来划分等级,重点中学的文科生即使考分不高但是等级不差(有大量非重点中学学生作垫背)。而文科录取投放计划较少,对于文科生来说,比拼的主要是三科总分。不同录取批次对于选修等级要求不一,这就意味着选修学科要恰到好处,过差了自然会影响录取,而过高了又是多余的,并有拖拉三科的浪费嫌疑。在这样的现实面前,历史教师不能再为学生"扒分",也就不能占用学生的课外时间,授课、理解、练习、讲评,学科教学上所要做的一切,全在少之又少的

---

[1] 赵亚夫.追寻历史教育的本义——兼论历史课程标准的功能[J].课程·教材·教法,2004,(3).

课内完成。于是，对课堂教学的钻研、对考向信息的分析，很多教师失去了热情，教学没有了深度，方法也不再讲究，甚至有的老师总结"经验"说，历史教学最好的方法是背书。

在此背景下，历史教师的价值究竟体现在哪里？尤其是一批有潜力、有冲劲的教师，如本人工作室的成员，告别了初上讲台的焦虑，不再有考试分数的压力，对教材如数家珍，对解题驾轻就熟，应对高考、获取高分早已不成问题，而现行高考又让他们感到"无用武之地"、价值体现"大不如昔"，对他们而言，促进专业成长、实现教育人生的价值之路又在哪里？

二、《问史》：在交流中打开教研的视界

2010年，《问史》出刊，编委由工作室成员组成。办刊目的主要是反映本市历史教学研究状态，推介教育思想和学术成果。历史教师搁置案头，随便翻翻，激发对学科教学的更大关注和更高热情。由于《问史》上不仅刊有老师们的论文、随笔和教学设计，还阶段性报道了各校历史教研活动和成果，所以，我们还把刊物分发到本市各校的校长、分管教学的校长手中，让他们通过这本小刊物，了解到本校历史学科在全市的地位，了解到本校历史教师在本地区学科活动中的表现。

初生牛犊不怕虎，我们不知天高地厚，把初刊寄给了中学历史教学届比较有影响的刊物。小刊物受到了大主编的关注，他们鼓励我们办下去，并为我们写卷首语，这给了大家无比的欣喜和自信。《问史》不仅成为我们与外界交流的名片，也成为专家们、同行们了解吴江历史教学的窗口。在一次全国性年会沙龙活动中，一位《问史》的读者，向与会人员大力推荐《问史》和我的工作室。这些未曾谋面、素不相识同行的推介，是激励，也是鞭策，使我们不敢懈怠、不敢草率。

由于编撰的需要，工作室几个编委必须坚持不懈地品读历史教学界主流期刊，捕捉历史教育研究的动态方向，了解历史教研的倡导和学术研究的成果。在这过程中，我们也抓住机会邀约主流期刊的主编、社长亲临指导，如《中学历史教学参考》的任鹏杰老师、《历史教学》的任世江老师、《历史教学问题》的李月琴老师等。我们认识到历史科研要由内容主义转向意义理解，追问历史的教育价值、追求学生历史认识的生成；我们意识到，如果中学教师只熟悉教材中的知识和结论，仅限于对落实教材知识点，不关心学术发展，思维模

式化、简单化，几个学年下来知识和思想就被固定化了；随着历史学术成果的不断更新和新课程的深入推进，历史教师应该接触并积累新的历史学术成果，以多元的视角，开阔学生的视野，培养学生的智慧，实现历史教育的目标。在交流学习中，我们也了解到广东、安徽、上海等全国几个历史教学团队开展历史研修的方式，我们开始思考，是否应该贴近教学实际，把"读书"和"课堂"有效结合起来，让每个人的思想获得独立成长，从而走出一条自己的研修之路。

基于这样的意识，也就有了我们以共读、研课、研讨为进程的"共读丰厚学养、学术引领课堂"主题教研活动（随着活动的进展，我们的认识发生了变化，后把主题改为"积养学识、丰厚课堂"，下有叙述）。

三、共读：视野有了别样的色彩

历史课程不同于其他课程的特点之一，就是课程内容随着时代而变化，培养适应时代需要的现代公民，这种特点要求教师不断学习。2012年初的寒假，我为每位成员购置了蒋廷黻的《中国近代史》、樊树志的《国史十六讲》和郭廷以的《中国近代史纲》。考虑到寒假时日较短，为了切合实际，让活动有一个良好的开端，进而顺利推进全程，我要求全体成员寒假里读完蒋廷黻的《中国近代史》（该书篇幅较短且通俗耐读）。

聂幼犁老师说过，"如果说史学家研究的是历史本身，那我们教师是用史学家的成果来研究教学"[1]。据此，我要求大家在研读过程中，反观教材，思考如何把读书的成果转化为教学资源，并在该书基础上做适当延伸、涉猎其他史学著作，各自设计一节课，开学后开课研讨。整个活动的设计基于每位成员对蒋廷黻《中国近代史》的独特理解，通过教学设计，展现出独立的课程内容和教学方法。

一个寒假，每位成员带着任务在研读，认识视野开始有了别样的色彩，头脑中固有的历史被悄悄地"颠覆"。为了推进后续工作的顺利进行，作为工作室的领衔人，我以身作则，不仅读完了"必修"本，还"选修"了多样读本，如《历史，何以至此》《亲历晚清四十五年》《沧桑九十年》。在这个过程

---

[1] 聂幼犁.历史课程与教学论[M].杭州：浙江教育出版社，2003.

中，我欣喜地发现，自己还可以在繁杂的行政管理中守得一席宁静来读书，且手不释卷。看着自己做的记号、写的心得，颇有些成就感。

"教师在做教学设计时，首先要认真分析本学科对于学生而言独特的发展价值，而不是首先把握这节课的知识重点与难点[①]。"为实现并提升历史学科的育人价值，教师要正视历史教材的滞后性，避免在现有教材框架内兜圈子，关注新成果，甄别新观点，主动地充实、丰富课程内容，并勤于设计与实践，优化教学方法，合理实施课程。所以，读书后的研课，成为体现整个活动价值的关键环节。

四、研课：展现独自的学术理解和教学方式

根据安排，开学初，工作室成员分别申报了开课课题，且所有课的设计要在体现"学术引领"特色的前提下，构思课程内容，研究实施方法。如果集中开评，至少要安排两天，阵势太大，有悖初衷，也给承办学校的教学秩序带来负担。大家商量之后，决定采取"整合活动""分散教研""集中观摩"的方式。

1. 整合活动

每学期，工作室成员在苏州和吴江层面均有开课任务。如果把本次活动整合进去，不仅可以以较高质量地完成开课任务，更主要的是可以借助这样的平台，把我们的思考和实践推出去，接受专家、同行的点评和建议。所以，我把季芳老师的课整合到苏州市"名师高徒"教学展示活动中，把季建成老师的课整合到吴江市学科中心活动中。教学需要设计，而怎么选取、组织材料，就取决于教师的学养与教养。2月底，季芳作为本人的徒弟，在苏州市"名师高徒"活动中，开了《第二次工业革命》一课。该课以"创新是历史前进的不竭动力"为教学立意，突出"由机器变革走向近代化"的主线，援引近十种学术专著的材料，合理对接，拓展教材，使知识变得生动、直观、形象、可理解，为学生认识历史提供了多元视角，透露出教师一定的学养。学生是可以被教化的，长期这样教书，教师的学养一定会化作学生的涵养，使学生在潜移默化中不断增强史学意识，提升理性认识（至少对《全球通史》等经典读物不会陌生）。这节课在学术引用上的突破，引起了共鸣，多个地区和学校表示希望参

---

① 叶澜.重建课堂教学价值观［J］.教育研究，2002，（5）.

与后续研讨活动。季建成的课则是借助学科中心的平台，把工作室的课程意识和教研思路在本市初高中历史教师中推广，推动老师们对新课程理念下的历史教学萌生新的认识：历史学科的科学性在于真实；历史教学如果仅仅停留在"教教材"的要求上，教师的创意和教学的新意将很快消失；备课不仅是知识的重新建构，也是跳出教材看教材的超越；历史教学应该让学生在亲历中获得感悟……

2. 分散教研

3月到4月，有5位老师在各自学校里，利用教研活动时间开展校内课堂观察。为便于掌控，使活动不流于形式、不走过场，我们对分散教研补充了相关要求：开课者于开课前两天将教学设计发到工作室QQ群中；各校教研组以"学术引领"教学特色为课堂观察的视点，并就该特色做主题性评课；开课者对设计理念、课堂实践和观察评议做课例研究，在4月下旬集中观摩时交流。

3. 集中观摩

本市各校同一学科教研活动是统一的，历史是周一第3、4节。为了让本市更多的老师有机会参与观摩，"集中观摩"安排在4月23日周一上午。考虑到本环节是研课的尾声，有待反思改善、调整完善，所以，我们没有邀请市外老师参加，只是关起门来自己做。陈长春和吴伟钢这两位学科带头人以《中国近代化的探索》为题，依托蒋廷黻先生的《中国近代史》，同课异构（两课的设计思路附后）。陈长春从"近代化"概念破题，在史料研习、合作探究中，构思了"政治篇""经济篇""思想篇"，发微政治，阐释经济，解读思想，将"三次工业化高潮""三大救国方案""五次思想解放运动"探研深入；吴伟钢则从蒋廷黻先生的"世纪之问"入手，借用史学新观点，"颠覆"认知，设关置疑，诱发冲突，在旁征博引、深入浅出中将近代化的认识建构入微。作为高三复习课，两位老师突破传统，运用材料去解决问题，既关心了"升学"的短期效应，又照应了"成人"的长远目标，学史和学习两不耽误。

不脱离历史教育核心目标，又把读书心得与课堂教学相结合，这在历史教师的专业发展上是双赢之路，工作室成员走在了广大历史教师的前面，既是对历史教育需求的积极回应，照应了课程标准的人才需求，也是在积淀中丰厚自身、促进专业成长的必然要求。

五、研讨：困惑成为激活思想的前兆

历时三个月的研课告一段落。为推动大家把源自课堂的实践做理性反思，进而改善下一阶段的自我提升行为，4月23日下午进行了以"读书""课堂""成长"为关键词的专题交流。当天恰逢"世界读书日"，这样的巧合让我们平添几分激动。结合读书研修和课堂实践，大家谈了各自的想法，表述虽然不一，但"震撼""冲击""怀疑""颠覆"是共同的感受。梳理如下：

如果说教材的观点和结论是滞后片面的，那么新的学术观点就客观全面吗？我们所得到的新的学术观点就一定比教材更可靠吗？历史不可避免地带有主观态度，如何取舍？

当教材和学术著作中的观点不一致时，谁是对的？中学教师有没有这个能力去辨别这些冲突？有没有可能去穷尽这么多的"真"和"实"呢？

如果教材中知识被更新了，学生不把教材当回事怎么办？考试考到怎么办？

教师培训部门是不是更应该组织专家为中学教师提供公认性的学术成果，而不是仅仅停留在教学技能上的培训？

以我自己的学识，是不敢对大家的一个个问题给出明确答案的，但我却欣喜地感觉到，人的认识是在曲折中不断提高的，困惑正是思想被激活的前兆。

"学术是否可以引领课堂？"在为期四个月的阅读"修炼"中，我逐渐对"学术引领课堂"的说法产生了疑义：

从内容上看，学术观点是绝对客观的吗？任何一种史料，都不是完全可信的，里面可能有错误，有虚伪，有个人偏见，有地域成见。可见，学术成果和观点，一定程度上具有时代性和主观性，那么拿来主义的"学术引领"，在某种程度上则有悖于批判精神和创新意识的提倡，可能会产生误导。作为课程内容的组织者，历史教师不应该简单地、片面地接受某种观点结论，而要广纳百川，兼收并蓄，不断丰厚学识，积累素养，在史学研究上渐趋成熟，进而形成敏锐的史学眼光和独到的认识方式，这样才能发现教材中的问题，并多角度、多视角援引依据、论证问题，让历史的课堂逼近历史的真实。

从方法上看，学术结论可以告知吗？直接把结论给学生，容易禁锢学生的思想，造成学生历史学习的懒惰心理，不利于实现学习的创造性，也不利于培养他们的历史思维能力。教材上的当事人是不了解周遭情势的，而以往教学中，历史被割裂、被要素化，学生一下子被告知背景、结果、影响，甚至评价，结果只能造成学生有着太多的"先见之明"，养成死记硬背的学习方法。现行教材中有着很多现成的学术结论，教师应始终认识到，学生有思维、有经验，具备年龄特征和认知规律，要采用学生可以理解、能够接受的方法传授课程内容，使学生在呈现历史、发现历史、感知历史的过程中自觉得出历史结论，自然生成情感态度价值观。

学术，可以积累，但不可简单接受、直接告知。根据这些思考，活动在最后总结阶段，我们把主题词改为"积养学识、丰厚课堂"。这不是简单地换换词汇，而是我们这个团队在认识上的自我更新。

六、启程："每一个结束都是新的开始"

"积养学识、丰厚课堂"的主题活动结束了，"读书""课堂""成长"的教研方式在实践中成为共识。由于教师的素质状况决定了课程资源的识别范围、开发与利用的程度以及发挥效益的水平，因此，教师只有坚持阅读，接触新观点、吸纳新成果、积累学养、丰富自己，才能有意识、有底气、有能力对课程内容做自觉审视和主动论证；才能根据课程标准确立教学立意、重构课程内容；才能在课堂中采取合理的方式旁征博引、融会贯通，实现课程目标。这些意识和方式已经在本地区历史教师中被认同、受推广，但教材滞后的现状、新教材观的倡导、学生的成长需求、教师的价值追求等，这些都成为历史教师不断改善教育行为的助力和动力，并进一步推动参与范围的扩大、教育理念的提升、运作方式的优化、实践效果的改善。从这个意义上讲，本次活动仅仅是"一个开始的结束"。

既然"读书"是让历史回归真实的路径，既然"课堂"是实现历史教育目标的阵地，既然"成长"是教师专业发展的追求，那么，就重新启程，因为，"每一次结束都是新的开始"。

下 篇

转型

"时代性价值取向下的高中历史学术性课堂"是"探究—建构"型课堂教学在育人目标上的深化。通过观照、援引史学研究成果,在历史与现实的交汇处,实现学术研究的下移、转化、通融,在探究、建构中,促进学生"国民社会态度的养成",呼应人的成长需求,推进学术型教师的塑造。

第七章

时代价值，"探究—建构"的新取向

面对大众历史"泛娱乐化"和历史教育"人缺席""价值缺场""教育缺位"的现象，我们自觉加强"价值判断"的意识，主动担负"价值引领"的教育职责，基于"学术视野"和"价值立意"，以时代性价值取向为视角，把历史教育目标置于核心素养的语境下，在历史和现实的交汇处，通过援引史学研究新成果，尝试学术性课堂的构建，实现学术研究的下移、转化和通融。

视角 1

"时代性价值、学术性课堂"的认识思考

一、异化：历史课程改革的实践走向

《普通高中历史课程标准（实验）》对课程性质的界定是，"普通高中历史课程，是用历史唯物主义观点阐释人类历史发展进程和规律，进一步培养和提高学生的历史意识、文化素质和人文素养，促进学生全面发展的一门基础课程"。"提高学生的历史素养，促进学生的全面发展"作为历史课程改革的目标之一，对当前历史课堂教学具有指导意义。课程改革促进课程结构、教学过程、课程资源开发与管理、教学评价与管理、教师发展等方面都发生了巨大变化，但是，对如何达成"提高学生的历史素养，促进学生的全面发展"这一目标的方法见仁见智，特别是对体现历史课程内涵的课堂教学的认识更是"偏差不断"。究其原因，一方面是由于高考指挥棒的应试效应依然"热度不减"，另一方面也反映出广大中学历史教师对新课程理念的历史课堂理解"不够到位"。

回顾检视中学历史课堂，"文本化""史料化""学术化"的倾向直接反映了当前历史课程改革的一些走向：一是历史教学"文本化"，将历史学科等同于教材文本，忽视历史课程知识的生本性和时代性，把历史教学变成只有"结论"和"规律"，没有"过程"和"情感"的"生产线"；二是历史教学"史料化"，将历史教学的基本方法"论从史出""史论结合"等同于"教史料""考史料"，忽视了运用史料教学本身的探究性和思维性，历史课堂变成了只有"史料"和"文字"，没有"历史思维"和"价值判断"的"集装箱"；三是历史教学"学术化"，将历史课堂等同于学术研究，把历史课程的"时代性"曲解为史学研究成果的运用，过分强调历史学的研究方法、思维方式以及对历史现象背后历史规律的发现、归纳和总结，忽视了中学历史学科本身的学科特质、中学生的认知规律以及历史学科的教育功能，历史课堂出现了过多的热热闹闹的"思想碰撞"和一些"学术争鸣"，却少了应有的责任担当与精神传承。

"文本化""史料化""学术化"的异化倾向使承担公民教育任务的历史课堂在一定程度上成为"生产线""集装箱""加工厂"。这样的课堂忽略了"人"的现实需要,忽视了"学生"主体作用的发挥,弱化了历史教学的教育价值。历史学科是人文社会学科中的一门基础学科。中学历史教育的根本任务是培育具有历史意识、历史思维的"人",具有健全人格的人。在"异化"的历史课堂下,"人"的价值和尊严得不到体现,思想和个性得不到张扬,学生的历史素养得不到提升,教师的专业发展陷入停滞,历史学科的教育价值走向式微。

二、聚合:融通视域下的价值皈依

基于对上述现象的反省,笔者认为,我们应改变目前高中历史教学的困境,"进一步培养和提高学生的历史意识、文化素质和人文素养,促进学生全面发展",关键要从历史课堂教学本身出发,通过对历史课程的课程性质、课程目标、课程体系、课程内容和课程设计实施等层面的观照,探索一种符合时代要求、切合学科发展并且遵循学生认知规律的课堂教学模式。即从历史学的学术特质出发,结合历史课程的目标任务,进行高中历史学术性课堂的建构尝试。一方面,以历史学的学术特质,反思中学历史教学的教育价值、学科内容和教学实施途径,从培养历史学科思维能力的角度重构历史课堂。另一方面,通过对历史课程的"时代性"内涵的考察,反思中学历史课程的内容,直指历史教育的本义,即"历史教育是有关人性的教育——自由精神;它关乎国民性的改造——理性批判;它是有关人类文明及民族的演进认识——反省意识;它关乎国民社会态度的养成——社会行动"。[1]笔者把这两方面概括为"历史思维能力的培养"和"历史价值判断能力"的孕育。

关于学术性和历史课堂的关系,刘俊利老师从历史哲学的角度,提出了"学术型课堂"的概念,梳理了学术的历史学对中学历史教育的实践意义。刘俊利老师指出:"从学术的历史学的视角,审视中学历史课程,是准确把握历史学科素养丰富内涵的必由之路。"[2]这一观点对我们启发很大。但是,高中

---

[1] 赵亚夫.找准历史有效教学的原动力[J].中国教育报,2007.

[2] 刘俊利.学术的历史学与中学历史学科素养[J].教育研究与评论,2010,(1):22-27.

历史学术性课堂不同于学术型课堂，学术型课堂是一种把"历史学科自身的认知规律引入中学历史教学实践，以史实、史料和史感为核心内容，以体验与探究、反思与感悟为手段，最终促进学生史学素养的发展"的课堂[①]，而学术性课堂的建构本身就依托于历史学的学术性特质，把教学模型的归纳提炼作为课堂特性，它以实践、探究、反思、体验、感悟等为基本手段，意在通过教师的组织、引导和调控，激发学生的学习兴趣、激活学生的历史思维、激励学生的主动探究，引导学生全身心投入，在促进学生历史知识、学科素养和历史意识的成长和发展的同时，树立正确的人生观、民族观、历史观和时代观，培养21世纪现代公民所必要的科学态度、人文素养。

学术性课堂除具备学术型课堂应有的特质外，还把历史课程知识的时代性上升为一种价值判断，即"时代性价值取向"。著名历史学家于沛先生就认为："历史不是叙述，而是在叙述基础上进行价值判断的学科……历史认识的价值判断，是体现了认识主体所生活的时代的社会精神的判断，不仅有历史感，而且还有时代感，体现了鲜明的时代精神。"[②]价值取向指的是一定的认知主体基于自身的价值观在面对或处理各种问题、矛盾、冲突、关系时所持的基本价值立场、价值态度以及价值倾向。价值取向的"合理化"是时代进步的重要标杆，历史学科的特性恰恰在于"时代性价值取向"突出。一个时代有一个时代的价值取向，历史课程的"时代性价值取向"，指的是基于对时代和社会的观照，倡导一种适应时代需要，符合社会进步和世界潮流的价值立场，人性教育、公民教育、和平教育等构成了21世纪历史新课程基本的"时代性价值取向"。而且"时代性价值取向"是高中历史学术性课堂的当然内涵，也是构建此模式课堂的基本途径。

三、嬗变：超越"感""性"的多维解读

克罗齐认为："每一个历史判断的基础都是实践的需要，它赋予一切历史以当代史的性质，因为无论与实践需要有关的那些事实如何年深月久，历史实际上总面向着当时代的需要和实际。"基于时代性和学术性通融的视域，坚

---

① 朱孔庭.中学历史学术型课堂的意蕴及其实践导向.江苏省中小学教师科研，2012.
② 于沛.价值判断——研究历史的重要任务[J].红旗文稿，2014，（5）：26-27.

守历史教育"求真求实求善"的底线，以时代性价值为取向，在学术性课堂的实践中不断回归历史教学的本身价值，这是每一个历史教师的责任和担当。那么，高中历史学术性课堂建构的实践价值究竟在哪里呢？笔者认为，其现实意义至少有如下四点：

（1）丰富历史课程资源，增强课程知识的时代性，促进学术研究新成果向"历史教材"下移。

时代性是历史课程内容的重要特征，更是历史教育的生命根柢。《基础教育课程改革纲要（试行）》和《普通高中历史课程标准（实验）》都明确地把课程内容体现时代性作为改革的核心目标之一："新课程的培养目标应体现时代要求""加强课程内容与学生生活以及现代社会和科技发展的联系""精选终生学习必备的基础内容，增强与社会进步、科技发展、学生经验的联系，拓展视野，引导创新与实践""课程内容的选择体现当代社会进步和科技发展，反映各学科的发展趋势，关注学生的经验，增强课程内容与社会生活的联系。同时，根据时代发展需要及时调整、更新""在内容的选择上，应坚持基础性、时代性，应密切与现实生活和社会发展相联系，关注学生生活，关注学生全面发展"。但长期以来，由于历史课程知识的"学科知识取向"，加之教材本身具有的稳定性，现行教科书和时代的发展仍有不少差距。例如，教科书中关于"新航路开辟的原因""宋代积贫积弱的论述""经济大危机爆发的原因""清末改革的影响"等内容，都不同程度上落后于当今史学界的研究进展。历史知识具有帮助人们认识现实社会的功能，这种功能直接指向历史知识的时代性。目前，中学历史课程知识的时代性特征依然不够强烈，特别是在历史和现实的关系处理上，过多地强调政治意义，忽视了学生的学习经验、生活需要和时代环境，致使部分学生认为历史是学而无用的学科。

建构学术性课堂的任务之一就是要改变课程知识滞后的状况，选择贴近学生生活、社会生活，具有一定现实意义、时代价值的内容，淘汰那些和社会发展、时代精神相违背的内容。一方面，要及时补充反映当今世界发展中有突出历史意义和时代价值的内容，搭建历史和现实的桥梁；另一方面，要关注历史学术研究动态，及时引入有利于实现学科教育价值的新成果、新观点，使学术成果向中学历史课堂下移。基于"时代性价值取向"的高中历史学术课堂的核心价值在于通过援引、争鸣、瞻顾和关照时代的最新史学研究成果，在历史与现实的交汇处，实现学术研究的下移、转化和融通，从而丰富历史课程资源，推进学术型教师培养，促进学生"国民社会态度的养成"。

（2）推动课堂教学转型，增强历史教学的学术性，促进课堂教学的重心向"学生的学"转变。

现代教学论认为，学生是学习的主人，教师是学生学习的指导者。高中历史学术性课堂的教学过程，既不是单纯的以教师为中心的教授过程，也不是以学生为中心的学习过程，而是以学生为主体，使教师的"教"和学生的"学"相统一的过程。

"教与学的统一"必然带来课堂教学方式的转型。关于教与学，课程标准有明确的要求：从教师的"教"来看，"普通高中历史课程的设计与实施有利于教师教学理念的更新，有利于教学方式的转变，倡导灵活运用多样化的教学手段和方法，为学生的自主学习创造必要的前提"；从学生的"学"来看，"普通高中历史课程的设计与实施有利于学生学习方式的转变，倡导学生主动学习，在多样化、开放式的学习环境中，充分发挥学生的主体性、积极性与参与性，培养探究历史问题的能力和实事求是的科学态度，提高创新意识和实践能力"。在这两者之间架起统一桥梁的正是历史学术性课程所追寻的目标之一，即历史思维能力的培养。换言之，教师的"教"的最终落脚点还是学生的"学"。

历史思维能力是学生在历史学习和解决问题中所表现的适应性个体心理特征，是学生以历史知识和材料为中介所形成的体现历史学习特点的感知、阅读、阐述、评价、释疑等能力的总和。历史思维能力是历史学科能力的核心。高中历史学术性课堂的重要目标就是要培养学生的历史思维能力。由于历史是人类创造活动的总和，所以，历史课堂上必须要有"人"的参与。在学术性课堂中，教师要善于从学生的"学"入手来选择教学方法、组织课堂活动。在制定教学目标时，需要我们更多地从学生的"学"出发，站在学生的角度设计问题，思考如何将学生历史学科能力的形成同教学内容的达成相结合；在进行教学设计时，需要我们更多地从发挥学生的主体作用出发，思考如何将学生生命质量的提高同历史意识的形成相结合；在选择教学方法时，需要我们从兼顾不同学生的个体差异出发，思考如何将每一个学生的成功体验同教学意义的形成相结合；在优选教学内容时，需要我们从促进学生精神的生长出发，思考如何在历史的演绎中关注时代价值，培育具有现代意义的社会公民。

（3）培养学生公民素养，增强学生的精神厚度感，提升学生的人生丰富度。

问史·践履
——让历史进驻"人"

情感态度和价值观的培育是基础课程改革目标的基本内容之一。历史学科在学生的情感生成、价值判断以及人生观、价值观、世界观形成等方面，都承担着重要角色。教育的本质在于促进学生的发展和社会的发展，这也是历史课程内容选择的根本目标。与其他学科的知识不同，历史知识并不能直接作用于人们的社会实践活动，历史必须与现实联系，才能发挥其教育功能。但是，历史却可以直接作用于人们的思想观念，历史教育对于学生的情感态度的形成、人文精神的塑造和思想境界的建设具有重要意义。

课程标准立足于"提高现代公民的人文素养"目标，对历史课程的教育功能做了具体说明："通过高中历史课程的学习，能使学生了解人类社会发展的基本脉络，总结历史经验教训，继承优秀的文化遗产，弘扬民族精神""学习从历史的角度去了解和思考人与人、人与社会、人与自然的关系，进而关注中华民族以及全人类的历史命运""通过历史学习，使学生增强历史意识，汲取历史智慧，开阔视野，了解中国和世界的发展大势，增强历史洞察力和历史使命感"。循着新课程理念，高中历史学术性课堂的终极目标就是要培养具有现代公民素养的"人"。它站在历史和现实的交汇处，站在"历史思维"和"价值判断"的两个基点，跳出历史学科的原有体系，关注时代性和现实性，强调作为现代公民理应具备的基本素养。它凸显人性、人生的价值，回归历史教育的本义，"通过民主、法治、公平、公正、和平、自由、平等、安全、人道种种的现代意识贯穿人类文明史，使其作用于公民的性格——亦即国民性……培养符合现代化要求的合格公民"[①]，促进学生"国民社会态度的养成"。在学术性课堂里，人的思维和个性得到活跃，人的精神和思想特立独行，人的价值和尊严得到尊重，学生在历史和现实的交汇中，在思想和智慧的碰撞中，实现自己的价值、形成正确的判断、养成公民的意识。

（4）丰厚教师专业学养，增强教师的专业"使命感"，提高教师的职业幸福度。

教师是历史课程实施的主体，是课堂教学活动的主要组织者，是完成教育目标、教学任务最活跃、最积极的因素。教师的专业素养、个人学识、师德修养直接影响着历史课程的实施效果。但是，传统意义下的课堂，面对升学压

---

① 赵亚夫.学校历史课程的公民教育追求[J].全球教育展望，2009，（4）：74.

力和量化考核，教师的主动性和创造性在三点一线、年复一年的重复中消磨殆尽。此种环境下的历史课堂教学充斥着简单化、应试化，历史教学也就成了一种纯粹的谋生手段。这样的课堂显然是没有幸福感的。

美国学者麦金太尔等在《教师角色》一书中，将教师界定为十种角色：组织者、交流者、激发者、管理者、革新者、咨询者、伦理者、职业者、政治者、法律者[1]。教师角色如此之多，折射出教师专业化发展的必要性。教师不仅要成为教学的组织者、传授者，还应承担研究者、学习者、指导者等角色。与传统的教师专业发展要求不同，学术性课堂下的教师必然是立足学科研究、具有丰厚学养的学术型教师。近年来，随着对研究型学校、学术型高中的普遍关注，学术型教师也悄然走红。所谓的学术型教师是指将"研究"作为工作习惯和生活方式，拥有独立的教育教学思想、独特的课程与教学话语权以及影响力，具有独特教育教学风格和较高学术造诣的教师代表[2]。学术性课堂立足于学生"历史思维能力的培养"和"价值判断能力的养成"，对学术型教师的基本素养也提出了相应的要求。它把教师从"教书匠"中解放出来，从教师专业发展的内部原动力和外部驱动力出发，把学术型教师的培养落实在学术性课堂的教学实践中，"教""学"融合，"教""学"相长。从内部原动力来看，历史学术型教师必然具有五种能力，即"立足现实，以史为鉴，深刻的历史洞察力""知行合一，融会贯通，强烈的行动执行力""主动研究，发现问题，发散的合作探究力""开发资源，结构重组，创新的课程整合力""价值担当，素养提升，自觉的专业发展力"。从外部驱动力来看，首先，遵循学术研究追寻的研究性、科学性和求真性，历史教师在建构学术性课堂的过程中，必然要将视角下移到历史课堂，转化出逼近真实、理解历史、重构课堂的内在理路。这一过程的前提是历史教师要对教学内容有一个全面的理解。其次，对学生历史思维能力培养的过程，其实就是自身专业素养提升的过程。历史教师要帮助学生树立正确的民族观、世界观、历史观和时代观，培育具有现代的政治素养、道德素养和世界意识的合格公民，历史教师本身的价值观十分重要。历

---

[1] [美]约翰·麦金太尔.教师角色[M].丁玲,马玲,等,译.北京:中国轻工业出版社,2002.

[2] 关于学术型教师的定义参考吴江高级中学江苏省十二五教育规划课题"学术型教师培养：'研究型学校'文化塑造的深化研究". http://www.wjsgjzx.com.cn/kegl/ketiView.asp?nc1=60&nc2=3&ID=60.

史课堂的价值观教育既包括人类普世的价值观，也包括社会主义核心价值观和中国优秀的传统价值观，怎样把这些蕴含智慧的"价值判断"通过课堂展现出来呢？这就需要历史教师树立正确的历史意识，尝试在史实、史料中理解历史，又需要历史教师增强自己的"史识"，在价值担当中回归历史教育的本义。

哲学家利科在《哲学主要趋势》一书中认为："在最近的20年中没有任何一门人文科学像历史学那样在其本身方法论方面进行了如此彻底的再思考。"利科所说的"再思考"实际上是针对20世纪50至70年代西方史学理论界的一般状况。事实上，人们对历史学的"再思考"从来没有停止过。"历史学能够向我们提供怎样的知识产品？""历史学所提供的知识是否可靠？是否具有客观性？""历史知识有什么用？"华东师范大学历史学教授张耕华先生在《历史哲学引论》一书中提出的问题也一直是困扰着我们的问题，我们不禁要问："历史学的价值在哪里？历史教育的价值又在哪里？"诚然，这是一个"永无止境"的问答，我们无法给出确定答案。但是，作为历史知识承载的课堂教学实践所传递的价值却是永恒的，因为它影响人生，在个体价值观形成的过程中是独一无二的，这也是基于时代性价值取向建构高中历史学术性课堂的现实意义所在。

视角2

时代性价值下学术性课堂建构的实践效应

从2011年起，我们深化"探究—建构"教学在育人目标上的研究，回归历史学的学术特质，把历史教育目标置于当代核心价值观教育的语境下，观照历史课程的"时代性"内涵和价值观教育本义，从"历史思维"和"价值判断"的素养出发，反思历史教育价值、课程内容和实施途径，开展"基于时代价值取向的高中历史学术性课堂建构的实践研究"的研究，在"公民素养的养育""学术性课堂的建构""学术型教师的培养"等方面突破创新，在中学历史教学界产生一定的影响。

一、探赜入微，基于"学术特质"的本真回归

新课程改革开始以来，针对高中历史教学中出现的"文本化""史料化""学术化"异化倾向，尤其是对学生价值观教育缺失的现象，我们回归历史学的学术特质，观照历史课程的"时代性"内涵和价值观教育本义，开展"基于时代价值取向的高中历史学术性课堂建构的实践研究"。

1. 以"育人为本"为理念，回归"学术特质"，创生核心内涵

高中历史学术性课堂的建构，以培养具有时代观念、历史意识的"人"为出发点，以"实践、探究、反思、体验、感悟"等为基本手段，以"历史思维""价值判断"为主要内涵特征，以"人格养成""文化认同""历史反思""核心价值"为核心内容。它依托人本主义、建构主义的理论以及历史学科本身的特点，遵循学生的认知规律，通过教与学的转化对接，激活学生的历史思维，帮助学生树立正确的人生观、国族观、历史观和时代观，培养现代公民所必要的科学态度、人文素养。

2. 以"时代价值"为取向，兼顾"学术视野"，推进课程建设

本研究立足于"时代价值"和"学术视野"，突出历史学科在当下国民教育体系中的独特作用。它关注历史知识本身的时代价值，把学生从以知识为中心的课堂中解放出来，通过援引具有时代内涵的史学研究新成果，统整具有反映当代民族文化精神风貌和物质产品新成就的内容，关注"关于真、善、美等普适性价值追求""不同历史时期的主流价值观引领""符合时代与社会发展需要的核心价值观规范"，努力改变历史教科书内容相对滞后的现状，发掘课程资源，推进课程建设，完善教材体系，建构基于"学术视野"和"时代价值"的新历史教育课程体系。

3. 以"历史思维"为主线，尝试"价值判断"，优化教学策略

"历史思维""价值判断"是高中历史学术性课堂的主要内涵特征。"历史思维"包括"感知历史现象""建构历史知识""处理历史材料""表述历史观点""辨析历史事物"和"解决实际问题"六种能力；"价值判断"特指在历史价值观体系的语境下，人们在"历史意见"和"现实意见"中，对历史教育价值的认识和评价以及在此基础上所确立的行为取向和基准。高中历史学术性课堂强调在"史料"的运证中确认"史实"，通过"史实""史证"，实现对史事的说明或解释、历史的概括、历史意义的评价，从而形成科学的历史

认识，树立正确的历史意识，生成洞察历史的"史识"。具体到教学策略，创生出以"人格养成""文化认同""历史反思""核心价值"四种教学主题呈现多样的历史专题的主题式教学策略，凝练成"与三维目标相结合""与课程整合相结合""与史料运用相结合""与教学转化相结合"的四个教学结合表现多彩的历史现场的案例式教学策略。

4. 以"学科素养"为核心，蕴养"公民意识"，直指价值取向

该研究对于培养学生的学科素养、提高学生的公民意识、帮助学生形成正确的价值观体系，具有丰富的现实意义。它回归历史公民教育的诉求，通过开展"做历史"等体验探究活动，形成了以帮助学生树立正确的人生观、国族观、历史观以及时代观的学术性课堂价值观教育体系；它通过公民民主法治教育、公民道德精神教育、公民世界意识教育，循着社会主义核心价值观教育的主线，帮助学生汲取成长为时代性人才所需要的精神资源。

二、实践引领，基于"校本创新"的特色创生

"时代价值""学术视野"是历史教育的热点，但是目前兼顾两者的研究还存在很大空缺，特别是研究的广度和深度远远不够。我们立足于课堂教学的校本实践，创新方法路径，破解现实难题，以"前瞻性"的学科视野、"时代性"的课程资源、"学术性"的历史教学和"个性化"的成长方式推进课题研究，有效提升历史教育内涵的信度、高度和深度。

1. 创新教育教学理论，以"前瞻性"的学科视野，凝练"时代性""学术性"教学研范式

基于"人的发展"，首次尝试将历史教育的"时代性"和"学术性"融通，形成前瞻性的教育理念，并通过学术性课堂的教学实践，贯通历史课程理念、历史学科特质和历史价值观教育。本研究被立项为江苏省教育科学"十二五"规划课题，并被评为江苏省教科研成果奖三等奖；《构建高中历史学术性课堂的实践性认识——以时代性价值取向为视点》发表于教育部主管的《中学历史教学参考》2015年第2期，并被人大书报资料《中学历史、地理教与学》2015年第6期全文转载；"历史教育，'人'不能缺席"历史论坛活动，被国内历史教育四大期刊《中学历史教学参考》《历史教学》《历史教学问题》《中学历史教学》2016年第1~6期全程报道，并连续刊载了19篇由活动衍生出的主题沙龙和专题论文。

2. 推进历史课程建设，以"时代性"的课程知识，促进学术研究新成果向"历史教材"下移

基于"行动研究"，首次尝试将学术性课堂的建构同历史课程建设、课堂教学模式、历史学科素养、价值观教育相结合，以时代性价值取向为视点，援引学术研究新成果，以时代性历史知识改变历史教材内容相对滞后的现状，推进基于"时代价值""学术视野"的开放性新历史教育课程体系的建设。在2015年首届全国新历史教育论坛上，该研究得到朱永新教授的肯定，团队作为主力被邀加入"新历史教育"实验。《新历史教育，我们启程了》《探索与坚守：高考命题的学术视野、价值立意及其对历史教学的影响》等专稿发表于《中学历史教学参考》，学术引领与高中历史微课例研究等二十多项成果发表获奖，"学术性课堂"精品课件·唐秦工作室专辑即将出版，《学业水平测试直通车》由陕西师范大学出版社公开发行，《足迹》《印记》等根植于学术性课堂的具有时代性特点的校本材料成为课题校本化实践的最好印证。

3. 推动课堂教学融合，以"学术性"的历史教学，促进课堂教学的重心向"学生的学"转变

基于"课例实践"，首次尝试将"历史思维""价值判断"能力的培养置于时代性价值取向下的课堂教学课例中进行优化，以历史学本身的学术性牵引历史思维能力的形成，爬梳并剔抉出历史思维能力的基本内涵；以学教融合、教学转化关注学生价值判断的独立，创生并凝练出以"人格养成""文化认同""历史反思""核心价值"为主题的教学体例。以"时代性价值"为取向的10多节评优课获省、市一等奖，多项教学案例、命题设计、课件制作获全国、省、市一等奖，20多篇教学实录、课例研究、教材分析发表在《历史教学问题》《教学月刊》等杂志上，在省内外开设研讨课、展示课30余次，课堂教学被省、市电教馆拍成视频作为新课程培训教材。

4. 丰厚师生核心素养，以"个性化"的成长方式，促进学科素养的提升由"被动"走向"自觉"

基于"学科素养"，一方面，尝试将"价值判断"作为学科核心素养的重要内容之一，以"三民四观"教育贯通历史与现实，使学生成长为时代性人才；另一方面，尝试将教学研究、校本研修同学术型团队建设相结合，与国内历史教育四大期刊共建"问史"平台，在"教""学""研"三位一体中，推进学术型教师的培养和研究型团队的建设。问史论坛"历史教育，'人'不能缺席"受四大历史权威期刊的全程助阵和跟踪报道；针对活动中引发现场震撼的"学生现场评课"，我策划整理"探索与争鸣：评课学生不能缺席"专题研讨，组织讨论和论文19篇，被四大期刊连载；多篇学生历史小论文获大市一等奖，多名学生被北大、南大录取；唐秦工作室历史团队建设成绩斐然，"积养学识、丰厚课堂"的研修路径被《中学历史教学》《江苏教育研究》等报刊、杂志推介，成为团队研修范式，被评为《中学历史教学参考》最佳合作团队。

三、运用推广，基于"价值担当"的问史追寻

围绕学术性课堂，我们开展了丰富多彩的课题研究推广活动，以研究带动研修，以课题带动课堂，形成了"课堂为中心、研究为平台、价值为引领、学术为支撑、成长为动力、育人为追求"的研究目标，在课题成果的运用和推广上，取得了显著成效。

1. 研教一体，引领实践导向

我们从课程资源的开发和实施、课堂教学的课例和策略、学生学科素养和公民意识的养成、学术型教师培养的案例和高考命题学术性趋向的实证研究等方面开展项目建设。兼具前瞻性与独创性、实践性与现实性的课题架构，赢得了首师大赵亚夫、华师大李月琴、苏州大学王卫平、《中学历史教学参考》任鹏杰等专家教授的首肯，他们为研究提出了宝贵的建议。在反复修改论证的基础上，我们积极推进课堂教学实践与教育科研的融合，努力尝试将"时代价值"和"学术视野"融通为课程力、教学力、学科力。

我们吸纳全区15所高中学校50余名历史教师共同参与研究。通过课题研讨课、课例群开发、问史论坛、主题沙龙、同课异构、微课教学等形式，吸引了十多批来自苏、皖、浙、黔等省的名师团队200名骨干教师共同研讨交流。研究取得了丰硕的成果，以时代性价值取向为主题的20余篇论文陆续发表，研究报告被人大复印资料全文转载，关注"价值判断"的以学术性课堂为主题10余篇专题课例陆续刊载，在全国历史教育界反响强烈。

2. 问史论坛，找准关键问题

"培养什么人，怎样培养人"是教育的根本问题和永恒主题。立足"人的发展"，工作室开展了一系列"历史教育，人不能缺席"的主题活动。我们以"课堂中的人、现实中的人、生活中的人"为核心，指向学生成长和教师发展。"我理解的时代性价值""我眼中的学术性课堂"等15场关注"时代价

值"兼顾"学术视野"的问史论坛，聚焦研究的核心，抓住价值立意和学术支撑，围绕教与学的转化和学生的成长成才，碰撞思维，言说对话，直指历史价值观教育的本义，蕴养有"价值判断"的"人"。

"时代性价值""学术性课堂"的研究，与全国历史教育四大期刊"不与现实割裂""求真求实""服务人生"的价值倡导相吻合，成果受到大力推介，由"问史寻人"活动衍生出30余万字的专题组稿，成批刊发，产生了轰动效应。2015年全国新历史教育实验启动，课题组被邀请加入，《中学历史教学参考》开辟专栏报道，刊登包括朱永新教授在内的12篇文章，我们占有6篇；12月，"历史教育，'人'不能缺席""问史"论坛举行，《历史教学》《历史教学问题》《中学历史教学参考》《中学历史教学》四刊主编全程参加，并各自在2016年首刊拿出两个版面共同发声、统一报道，引发了全国中学历史教育界对历史教育"时代性价值取向"的重新审视，被称为课堂教学"里程碑"式的变革。

3. 教学转化，推介研究成果

教师的研究必须是基于课堂教学，生成实践智慧。我们通过各种示范性开课、研讨性开课，检验并推广研究成果。在区"有效课堂"研究节中、省师陶杯现场会上、全国高中特色课堂展示中，杨春华、季芳、石晓健等老师先后示范开课，抓住历史思维能力的培养和价值判断能力的形成，凸显时代性价值取向和现实意义，归纳并建构了学术性课堂的基本特征、教学流程和教学模型，推广并完善了学术型课堂的理念诉求、建构目标和价值导向。我们还通过各种培训、交流推介研究成果。全国"名师成长"研讨会、全国"历史学科课堂创意研讨会"、江苏省"名师送教"等活动，我10多次示范开课，呈现学术性课堂脉络，展现价值观教育纹理，使我们的研究走出苏州，成果辐射全国；全国历史教育期刊联席会、全国历史名师工作室论坛、"国培计划"培训班等，我先后40多次专题讲座，推介价值理念，呈现研究过程，推呈实践思考，引发同行共鸣。

4. 唐秦效应，打造团队品牌

高中历史学术性课堂的构建造就了唐秦工作室得天独厚的学科优势，形成了影响日广的品牌效应。我们编辑的课题研修专辑《问史》成为外界了解吴江、苏州地区历史教研的窗口。"积养学识、丰厚课堂"课题研修路径成为范例，被《江苏教育报》《江苏教育研究》等报刊、杂志推介；扬州大学教育学教授对我们的研究进行深度跟踪，并从读书、课堂、课题三个维度撰文《名师工作室，引领教学研究的新模式——以唐秦历史名师工作室为例》。《中学历史教学》杂志"工作室巡礼"栏目12个版面专题介绍了工作室教研范式，工作室影响从省内走向全国，江、沪、皖、浙、新、贵等地名师团队与工作室交流研讨。

我们的实践推广也推动了反思性教学实践，提升了教师的课程开发能力，促使教师成长为学术型教师，并在区域内领跑学科建设。至今，已涌现省特级教师1人，正高级教师1人，江苏省"333工程"培养对象1人，苏州市历史学科带头人3人，区带头人8人，省市评优课、基本功竞赛一二等奖7人。近三年来课题组成员在全国中文核心期刊、国家级、省级学科权威期刊发表文章100余篇。工作室团队成长经验多次被《江苏教育报》等报刊报道。

同时，本项实践在优化学生学习方式、提升学生学科核心素养、培养学生时代意识和公民意识等方面发挥了重要作用。学生见解思想被刊录在全国历史主流期刊上，学生小论文集《印记》成功辑集，多篇论文在苏州市获一等奖，多名学生被北大、南大录取，有"历史思维"，会"价值判断"，成为学生的当然品质。

例 谈

"创异·创意·创益"视域下的教学设计

高中三年历史教学的课时总量，复习课所占的比例要远远多于新授课。那么，复习课的效益又怎样呢？一节复习课的容量，往往是新授课的两倍以上，课堂上普遍存在着"急行军""题海战"的现象，教师老生常谈，学生好奇不再，导致课堂索然无味。即便有所谓的教学"绩效"，也是高投入、低产出的低效复习。下面以人教版"近代中国的思想解放潮流"单元复习课为例，试从时代性的价值取向出发，通过援引史学研究的成果，力求在"创异"中激活教学，在"创意"中升华情感，在"创益"中提升效益，构建既关照"升学"效应，又呼应"成人"诉求的课堂教学。

一、"创异":提炼主线,激活复习内容

新课程教材观要求教师增强课程意识,"用教材教"。然而,由于复习课容量增加,有的教师为了达成教学目标(其实更多层面上是知识目标),把教科书当作唯一的课程资源,埋头于梳理知识、落实考点,学生仿佛被绑架在教科书里,一遍遍"炒冷饭",味同嚼蜡。事实上,历史学术成果的不断呈现,高中历史教科书内容表现出一定的滞后性,这就需要我们在教学中放宽视界,不拘泥于教科书。

课程标准中关于时代性原则明确要求,课程内容要体现时代的气息,既包括课程内容所反映的思想,同时也包括课程内容表达的方式和语言;课程内容要反映历史学科的发展趋势,要及时地吸收历史研究的新成果[①]。要上好复习课,教师首先应走出教科书的桎梏,教学中适时引入相关的史学研究成果,通过别出心裁的"创异",激活复习内容。这样不仅可以改变上述复习课围着教科书"团团转"的现象,还可以不落俗套,增加课堂的"新异",让学生在"生动""鲜活"的场景中投入历史复习。当然,引入史学研究成果应遵循一定的原则,不能牵强附会,必须紧扣课程标准与考试说明,凝练主线,合理取舍,通过恰当的问题设计,帮助学生达成复习备考的目标要求。

"中国近代的思想解放潮流"这一单元,课程标准的目标指向很明确,即了解鸦片战争后中国人学习西方、寻求变革的思想历程,理解、认识各个阶段的思想解放对近代中国社会发展的重大意义。如果只是回扣教材、铺陈要素,知识目标很容易达成,但课堂的乏味也是必然的。我以"近代中国留学生之父"容闳的一生为线索,将其生平活动置于近代前期中国思想解放的各个阶段中,串联内容组织复习。

对于容闳这一历史人物,教科书中未曾提及,学生感觉陌生。在正式进入主题前,我引用了雷颐先生对他的评价:"学习近代史,无论'进步',还是'反动',肯定还是否定,赞扬还是批判,我们的目光自然容易'聚焦'于林则徐、曾国藩、康有为、孙中山等这些叱咤风云的人物,远非风云人物的容闳却是唯一全程参与了近代史的幸运者。"[②]这个"名不见教科书"的人物有这

[①] 历史课程标准研制组.历史课程标准(实验)解读[M].南京:江苏教育出版社,2003:20.
[②] 雷颐.历史,何以至此[M].太原:山西人民出版社,2010:32.

么独特吗?由此,学生带着好奇与兴趣,走进近代,走近容闳。

1. 受教勃朗,认知世界(1828—1854年)

容闳出生在广东香山一个贫寒之家,少年时接受教会学校的免费教育,后在美国传教士勃朗的资助下留学美国,就读于耶鲁大学,成为近代中国较早具有世界知识和观念的草根阶层。在初步了解容闳的基础上,我提出问题:"如果容闳是草根阶层'睁眼看世界'的代表,那么,当时谁又是'睁眼看世界'的精英阶层?他们是如何引导国人睁眼看世界的?"由此与教科书中林则徐、魏源的"向西方学习"思潮相呼应。

2. 辗转奔波,献策天京(1854—1863年)

容闳大学毕业前,即"以更好地为中华民族服务为标准,以'为祖国谋福利'为依归"[1],以让中国青年享受和他同样的教育为终身事业。容闳1854年毕业后立即回国。然而,作为一名"海归",在当时的社会无异于"另类",辗转奔波,报国无门。因与洪仁玕有一面之缘,容闳冒险造访,献策七条,深受干王器重。但是,容闳很快认识到太平天国无法使中国复兴,自己无法实现生平抱负,他放弃了爵位,离开天京。在讲解这一内容时,我提问:"为什么容闳把改造中国的希望寄托于太平天国?"由此引导学生联系"资政新篇"的内容。"资政新篇"原属于必修一内容,但从近代向西方学习历程的完整性来看,在当时历史条件下,农民领袖能颁布"中国最早的发展资本主义的方案",实属难能可贵,在近代思想解放潮流中应有一席之地。而容闳所献七策"同洪仁玕的《资政新篇》差不多同时出笼,这不仅是历史的巧合,而且符合当时的形势发展"[2]。

3. 中堂"三请",投身洋务(1863—1881年)

在华蘅芳、李善兰等几位近代科学家的推荐下,1863年曾国藩三次遣人书信邀请容闳投身其幕下办理洋务。纵观容闳一生,有人说他一事无成,也有人说,他至少做成了两件事,即筹办江南制造局和促成官费留洋。陈旭麓先生认为,"洋务运动包罗孔多,但大致而言,其核心主导的东西可以归为二端:(一)在这个过程中所建立的一批近代军事工业和民用工业;(二)创置于科

---

[1] 陈汉才.容闳[M].广州:广东人民出版社,2013:23.

[2] 陈汉才.容闳[M].广州:广东人民出版社,2013:33.

技、文化、教育方面的诸种近代设施"①。我将容闳"至少做成的两件事"放置在陈先生洋务"二端"的背景下，引导学生认识洋务运动在向西方学习过程中的地位和局限。

我提取了容闳在机器工业生产方面的若干观点主张，引导学生进行分析。如容闳认为，中国最缺的不是生产具体武器的工厂，而是生产制造武器的机器工厂。曾国藩对办"机器母厂"大表赞成，委任容闳筹办，遂有江南制造总局，中国社会随后出现了若干大规模机器生产的工厂。容闳还指出，"机械厂不能光生产军工产品，更要创办民营机械"②，在此，我引导学生对接必修二"洋务运动"这一内容的措施，使其认识到洋务运动从军用企业到民用企业的兴办，一定程度上受到了容闳思想的影响。

本环节教学中，我还介绍了容闳抓住时机、不懈努力，终于促成了中国政府首次派遣留学生的简单经过。如何引导学生认识洋务运动的局限呢？我设置了悬念："洋务运动派遣的留学生，成绩非常优秀，他们中的大多数人选择了自然科学和应用科学，决心学成回国为国家建设贡献才学。而1881年正当半数学生已经就读于哥伦比亚大学、麻省理工学院、哈佛大学、耶鲁大学等大学的时候，奕䜣却要中途将120名留学生全部召回。为什么？"同时，我展示了"留学生服饰、礼节的变化""让美国人肃然起敬的学业""在文体活动中展露的才艺"等场景，并引用了多位史家的观点映衬、呼应：

"顽固派担心幼童将成为'美化'之人，'不复卑恭之大清顺民矣'，因而出死力以阻挠。"③

"'适异忘本，目无师长，难期成材，即成亦不能为中国用'，力主撤回……李鸿章、容闳争之无效，1881年竟从所请。"④

"留美幼童竟以监督不满意之报告而撤归。"⑤

几则材料共同指向了一个结论，即留学生的"离经叛道"背离了洋务运动

---

① 陈旭麓.近代中国社会的新陈代谢[M].上海：上海社会科学院出版社，2006：115.
② 雷颐.历史，何以至此[M].太原：山西人民出版社，2010：42.
③ 陈旭麓.近代中国社会的新陈代谢[M].上海：上海社会科学院出版社，2006：125.
④ 郭廷以.近代中国史纲[M].上海：格致出版社，2009：142-143.
⑤ 陈恭禄.中国近代史[M].北京：中国工人出版社，2012：188.

"中体西用"的出发点,这也反映了洋务运动没有使中国走上富强之路的根本原因。而留美幼童的这些变化,从本质而言,是资本主义制度较封建主义制度进步的反映,是留学生学识、品行和价值观念跟上近代世界步伐的一种重要表现[①]。

4. 心系祖国,热心维新(1881—1898年)

甲午战争前后,容闳心系祖国,他把孩子交给美国的朋友照管,只身回国,想尽一切办法,通过各种渠道,上书陈奏"建设国家银行""兴建全国铁路",虽然得到光绪帝的批准,但却被朝廷实力派破坏了。这使容闳认识到光靠西技、西艺还远远不够,必须要建立"西政"[②]。我由此追问:"此时,国内一股要求建立西政的力量正在崛起。这股力量在怎样的背景下崛起?他们主张如何变革政治制度?"并进一步介绍容闳在维新变法中的声望和贡献,引导学生由容闳的思想变化认识到维新思潮由器物层面上升到制度层面的特征。

5. 走向革命,心忧国运(1898—1912年)

变法失败后,1900年容闳在上海参加维新人士倡导的"中国国会",被选为会长,因清廷通缉,逃港赴美,在船上与孙中山不期而遇,两人对对方的人品和主张互为欣赏。这次会面,实现了容闳思想上从维新改良到革命建国的根本转变。此后容闳在海外从军事和财政上援助革命党。当他得知辛亥首义成功,顾不得中风卧病在床,接连写了三封信表示自己的欣喜和对孙中山的祝贺,同时再三提醒革命党要提防袁世凯,防止外国干涉。我又投影了孙中山在南京就职后给容闳的信的部分内容:"民国建设,在在需才。素仰盛名,播震寰宇,加以才智学识,练达过人……恳请先生归国……倘俯允所请,则他日吾人得安享自由平等之幸福,悉自先生所赐矣"[③],以此衬托容闳之威望。"三民主义"虽然是中国近代思想解放的一个重要成果,但是,必修三将其作为"思想理论成果"列于下一单元,故本课复习不予过多展开,而是瞻前顾后、点到为止。我再通过设问:"容闳预言,'袁世凯组织的新政府会和清政府一样糟糕',哪些史实印证了他的预见?"由此把学生的视线转移到"新文化运

---

① 陈汉才.容闳[M].广州:广东人民出版社,2013:66.

② 陈汉才.容闳[M].广州:广东人民出版社,2013:77.

③ 容闳.西学东渐记[M].北京:中国人民大学出版社,2011:8.

动"的背景。

6. 教育丰碑，文化革新（1912—1919年）

容闳于1912年4月逝世于美国住所。如何将1915年兴起的新文化运动与容闳串联起来？我在资料搜集时发现，新文化运动的领军人物几乎都曾是具有新思想的留学生，这不就是容闳所开创的"留学"这一近代教育先声所产生的影响吗？我从容闳生前促成的美国"庚款留学"事件中引出了新文化运动的领军人物——胡适；同时，又以中年留德的蔡元培为切入点，介绍他为推进新文化运动所做的贡献，着力体现他对容闳教育救国思想的继承，最后延伸到蔡元培等人组织的"留法俭学会"，把教学视点推向"宣传马克思主义"思想解放的新阶段。

二、"创意"：激发情感，彰显课程价值

赵亚夫教授认为，历史教学是最能承担人文教育功能的学科，某种意义上也意味着历史学科在"情感、态度和价值观"上是最可有所作为的。占大量课时的复习课，更应该将此作为首要任务。但有些高考复习的"把关"老师只盯着知识点的落实、学生解题能力的提高，认为"情感态度价值观，不是一朝一夕达成的，是需要长期浸润渗透的"。显然，这样做是为忽略老师的担当找借口，会导致"情感、态度和价值观"目标在复习课上严重缺场，历史课堂由此呈现无力又无奈的态势。

从时代性看，课程标准要求我们通过历史学习，进一步了解中国国情，热爱和继承中华民族的优秀文化传统，弘扬和培育民族精神，激发对祖国历史与文化的自豪感，逐步形成对国家、民族的历史使命感和社会责任感，培养爱国主义情感，树立为祖国现代化建设、人类和平与进步事业做贡献的人生理想。课程标准的时代性原则，不仅包括课程内容反映的思想，也包括课程内容表述的方式和语言，还要加强与学生经验、学生生活的联系。历史教育培养的是具有历史情怀和世界眼光的现代公民，作为教师，要正视学生生活在当下这个时代，他们的生活经验和知识背景大不同于我们当年，他们有着这个时代的烙印，对今天这个时代有独到的看法。当教师的价值观不能与他们共振时，如果是我们落伍了，我们就要尊重、欣赏他们；如果是他们的认识偏颇、极端了，我们就要在宽容、理解的基础上通过匠心独运的教学设计点化、引导，为确立学生积极的、主流的价值观提供正能量。本单元内容有对学生进行价值观引导

的好素材，我在以下几个方面做了尝试：

1. 从学生的经验出发

洋务运动留美学生中我们最熟悉的是詹天佑。我有意借詹天佑出国的故事（詹父希望其将来走科举之路，而不愿其出洋，邻家再三劝导，直至答应将女儿嫁于詹家，才成就了詹天佑的出国），让学生了解到当时社会背景下出洋留学是何其不被人理解和看好，进而衬托出容闳促成120名学生赴美留学15年是何其不易。

2. 从学生的心理特征出发

考虑到中学生具有强烈的好奇心以及对同龄人的同情心，我在引导学生认识"洋务运动只推动了近代化一小步"时，以"奕䜣中途召回留学生"为切入点，用PPT展示"留学生的变化"。学生们看到留美幼童带着瓜皮帽、拖着长辫子被美国人笑侃时忍俊不禁；看到幼童们被美国小女孩围观叫嚷"Chinese girls"时爆笑；看到留学生一身洋装的文明仪态和中英文的作品时赞叹；看到留学生的划船队和棒球队获胜时欢呼；看到留学生考进哈佛、耶鲁、麻省理工等大学时惊叹；看到清学监的管制和清廷撤回诏书时惋惜；看到留学生半途而废、回国学非所用时愤怒……由此对清政府洋务运动的目的、结局以及对中国的落后有了更加直观的认知，进而也认识到思想解放的历程何其艰辛。

3. 从课题的现实立意出发

本课设计以容闳为线索，还在于其具有深刻的现实意义。当今的中国，出国留学人数众多，而学成回国者却少。人才流失是一个令人痛心的问题。本课的教学中，我希望能让学生对此有所感：留学，是成全"小我"还是顾念"国家"？我刻画了"一个人的镜像"，展示了"一个时代的群像"。

"一个人的镜像"：容闳毕业前立下誓言，"予既受此文明之教育，则当使后予之人，亦受此同等利益，以西方之学术灌输于中国，使中国日趋于文明富强之境"，这成为他穷极一生的信条。为此，他放弃在美国的似锦前程、归国后丰厚的买办生意、诱人的天国爵位、显赫的清廷官俸，花甲之年舍弃年幼的孩子，80高龄时卧病在床、心忧国运，弥留之际叮嘱儿子归国贡献学识……通过穿插于整堂课的细节描述，呈现了一个爱国赤子屡遭曲折磨难的生命历程和矢志不渝的爱国情怀。

"一个时代的群像"：首先是应严复"适者生存"而改名的胡适，立志留学求道"做国人的导师"；接着是赴德留学的蔡元培，40岁"高龄"时，放下翰林学士的身价，放弃公费留日而选择学术最尊的德国自费留学，半佣半丐、发奋勤学，折射出蔡元培教育救国的热情和意志；然后是两批赴法勤工俭学的留学生，一是日后成为中国早期无产阶级革命家的周恩来、朱德、陈毅、邓小平，二是日后成为中国历史上不可多得的科学、文学领域大家钱三强、巴金、徐悲鸿、冼星海，他们站在中国近代的前台，改写并深深影响着中国社会的走向。我从相关纪录片中截取了一段视频，展现了20世纪初时代精英们令人动容和欣赏的精神气质、人文情怀和社会责任感。学生被深深感染了，有的学生流下了眼泪。在这样的氛围下，我让全体学生齐声朗读纪录片主持人的一段总结[①]：

无论他们是到国外学习自然科学、人文艺术还是军事理论，都肩负着同一个使命，那就是救亡图存、探索发展出路，使中国走上独立自主、民主富强的道路。他们中有人追求激烈的共产主义，有人追求温和的自由主义；有人相信实业救国，有人相信笔杆子救国，有人相信科学救国，有人相信教育救国，但无论他们的救国理念有何不同，无论后来他们是走到国共哪一家阵营，在动乱迭起的近现代社会，这些留学生对中国近代历史革命性的改变，都有着空前绝

[①] 凤凰视频：容闳开启学子留学之路新思想逐渐进入中国. http://v.baidu.com/kan/WCsk?fr=v.hao123.com/search.

后的意义。

为了突出本单元"救国图存"的主题灵魂，在小结阶段，我和学生一起探讨了思想解放的意义，达成了以下共识：西学东渐是近代中国思想解放潮流的主旋律，"西学"固然可贵，"东渐"更显价值。当列强环伺、危如累卵，先辈们漂洋过海求知求学，从遥远的异国他乡给中国带来先进的理念，这也使他们的人生在近代中国折射出绚丽的色彩。大家日后如有机会留学，应能想起我们的先辈们，应能把自己的学识与国家的命运、民族的前程和历史的重任牵绊在一起。

三、"创益"：提升效益，丰厚师生素养

关于历史教育，教师应有仰望星空的自觉，在乎学生的听课感受、情感体验，重视历史课对学生未来人生走向潜移默化的影响，回归历史教育的育人本真。但同时，我们必须脚踏实地，正视学生备考升学的现实需要，回扣教材知识，达成复习目标。基于时代性价值取向的复习课，紧扣复习目标，在"创异""创意"的前提下，激活复习内容，照顾学生情感体验，学生在生动、鲜活的课堂上，不知不觉进入历史现场，感受人文情怀，体验场景浸润，教学也在不知不觉中实现了"创益"，照应了复习备考的当下需要。

本单元复习中，由于将容闳的生平事迹与"开眼看世界""洋务运动""维新变法""新文化运动"相对接，不仅落实了相关知识点目标，而且通过整合单元、打通模块，使近代中国向西方学习、思想解放潮流的发展脉络更加完整、丰满，有活力、有感染力，对学生知识结构的建构和把握历史发展规律有很大的帮助。

近代中国，不同时期有着不同的社会主题。本课中，从容闳参与的历史活动，学生能够感悟到不同时代特有的救国主题和思想潮流。为了使学生零散的感知系统化，我引导学生从内容、时代、主题的角度，归纳近代思想解放潮流的特征。可能是由于之前的情绪渲染，学生表现出平时学习中少有的争先恐后。他们对上述问题的回答可以归纳为"西学东渐""与时俱进""救国图存"三个层面。

首先，西学东渐。从西技、西艺到西政，近代中国向西方学习经历了从器物到制度到思想的历程。在这个历程中，中国近代化呈现了经济工业化、政治民主化、思想理性化的特征。

其次，与时俱进。近代中国历史发展轨迹是一个时代被另一个时代迅速取代，向前发展。而容闳从献策天京到投身洋务，从热心维新到走向革命，其"独特意义"在于不断突破自己、超越时代，敏锐地把握历史的潮流和动向。

第三，救国图存。"救国"这个词一直贯穿于先辈们生命的始终。他们放弃优越的生活条件和社会地位，顶着旧社会旧体制的误解、排挤、打击，甚至是生命的代价，屡战屡败、屡败屡战。历史提醒我们每一个后来人，出国留学要明确自己的责任、民族的责任、历史的责任、国家的责任，带着责任去学习才能成为真正对国家有用的人。

教学中，我不断观察学生的听课情绪和参与度，学生们基本上像听新授课一样投入，当涉及相关问题需要解答时，他们显得尤其自信，有的脱口而出，有的主动讨论，用自己以前学过的知识来解答，并把旧学加以整合提炼、梳理归纳、上升立意，实现知识的意义建构。学生喜欢——我想这应该就是一堂"好课"的标准吧。

要上好一节课，厚积才能薄发。平时很重要，真正到了教学设计的准备阶段，还会感到"书到用时方恨少"。特级教师沈为慧老师在参与我校历史组教研沙龙时曾说，带着备课的任务进行阅读，从中选择和教学相关的素材，并在课堂上与学生分享所选的素材，既能提高阅读的效率，还能在教学中深化阅读的意义。本单元教学关于容闳的素材及设计思路，是我以前阅读了雷颐先生的《历史，何以至此——从小事件看清末以来的大变局》之偶得。教学实践中，感觉自己占有的资料还远远不够，于是，又逼迫自己去阅读更多的书籍、查阅更多的资料。本课备课过程中，我还阅读了容闳的《西学东渐记》、陈汉才的《容闳》、珠海市委宣传部选编的《容闳与中国近代化》、陈旭麓的《近代中国社会的新陈代谢》、郭廷以的《近代中国史纲》等，还察看了相关纪录片，并将视频中的文字和图片运用于教学，来丰富学生的感性认识。

在时代性价值取向的视域下，援引学术研究成果，紧扣复习目标进行教学设计，通过"创异""创意""创益"，不仅能为复习课找到一条新的路径，也为教师提升教养、学生积淀学养提供新的可能。

第八章

问史寻人,指向学生的发展

"问史"是唐秦历史名师工作室的名片!"问史"意即在学术视野和价值立意的基点上,追问历史、探求育人之道。在一次次"问史论坛"的研讨现场,在一本本《问史》室刊的字里行间,看到"问史"求道的坚守和"寻人"启"史"的执着,进而感怀历史的温度、教育的温情和人的温存。看似劳心劳力的行走,却是情致和使命,因为"问史"指向"人"的发展,催生"人"的成长。

路 径

问史，指向学生的发展

主持人唐琴语：

相对于史学研究成果而言，中学历史教科书内容呈现出一定的滞后性。即使是以课标统领下的新教材有了一定的更新，但是，这一状况并没有得到明显改善，一些老师由于对新课程的理念领会不到位，以致教学仍旧停留在知识框架内，新瓶装老酒，一路走下去的情形还是比较常见的。

德国哲学家雅斯·贝尔斯说："教育要培育一代人的精神，必须先使历史进驻个人，使个人从历史中汲取养分。"要使"历史进驻个人"，提升历史学科的育人价值，教师必须积极关注史学新成果、合理斟酌新观点，不拘泥于教材，跳出教科书，主动丰富课程内容，并勤于思考与叩问，善于设计与实践，改进教法，优化历史课程的实施。令人欣喜的是，不少老师在这方面已有了认识并进行尝试，其中，基于"史料——教科书内外教学资源的发掘和解读"，这样一种"问史"方式逐渐成为吴江地区历史教学的风向和思路。

仔细观察课堂教学，我们看到了一些通过拓展"史料"、运用"史"料进行教学的成功课例，但是，更多的课仅仅是把与本课相关的"史料"拼凑在一起，"史料"的呈现或运用也仅仅作为"环节"或者"流程"之点缀，有"为史料而史料"的牵强。那么在课堂教学中，究竟应该如何选摘、组织、运用"史料"？如何更好地衔接基础学情和史学研究成果？如何让基于"史料"的历史教学更好地服务于课程标准的实施，并最终指向学生的发展？2012年11月，我邀请了历史特级教师沈为慧执教"国共十年对峙"一课，旨在通过实践研究来探讨相关问题。在"国共十年对峙"一课教学中，沈老师以"中共在实践中探索中国革命的道路"为明线、"共产国际对中国革命的指导"为暗线，为我们吴江地区历史学科基地献上了一堂运用史料组织教学的示范课。课后，围绕"基于'史料'的历史教学的价值取向"这一主题，我们开展了交流研讨。

理解历史：由"他者"的故事到"我们"的历史

"史学家必须在自己的心灵中重演过去"，这是英国柯林伍德历史哲学中的一个核心理念。柯林伍德认为，历史学家不应该仅仅追随权威，而要用自己的方式，直接从第一手材料中归纳总结出"思想"，"论从史出"，而不是像传统史学那样采用"剪刀加浆糊"式照搬或编辑。因此，与其说我们仅仅是在"教历史"或者"学历史"，更确切地说，我们需要一种"做历史"的态度，如柯林伍德所说："一位教学效果较差的历史教师，在从未致力于研究历史之前，可能会有这样的想法，即历史仅仅是事件、日期和地点的组合。所以，当他一旦发现了事件、时间和地点，他就会自命不凡地认为他自己面对的就是历史。但是，任何一位曾在历史领域深入钻研的人都知道历史绝非仅仅是事件，而是史学家在重演过去的思想。那些时间和地点的价值，对于史学家来说仅仅是在特定历史背景中整合的资源，有助于史学家认识特定环境中历史人物的思想。"

"有助于史学家认识特定环境中历史人物的思想""仅仅是在特定历史背景中"有待"整合的资源"又是什么？史料，无疑是历史建构的基础和历史探究的基点，如梁启超先生所说，"史料为史之组织细胞"，是"过去人类思想行事所留之痕迹，有证据传留至今日者也"。

年华似水，青史成灰。然无论沧海桑田，历史总是建立在人类以往经历的事实基础之上，而经验的知识无论如何离不开客观的"证据"，在探究中"做历史"，正是基于对史料的整理，博采广搜、细甄详辨，来确定证据、确立史实、形成结论。换一句话说，历史必须根据"史料"，提供"史实"，得出"史论"，从这个意义上说，历史教学中运用"史料"不仅要做到"论从史出"，还要做到"史由证来"，"有一分证据，只可说一分话"，锱铢累积，透过坚实的"证据"建构历史，把握历史的真实，理解历史的意义。

同样重要的是，不管对历史如何定义，历史发生在过去，历史是"过往的人与事的经历和掌故"，历史教学的具体"内容"属于"遥远"的过去和"陌生"的世界，显然历史教学的具体"内容"与我们，尤其是年轻的学子已有的、日常的"认知"和"经验"相去甚远，甚至"渺不可及"。那么，如何帮助学生在"贫乏"的历史记忆中沟通、接榫，最终建构历史图景的巍峨大厦？我认为，我们不妨回到一个原点："历史"，History——"他者"的故事。历史教学的任务，即最大限度地帮助学生把破碎的"史料"拼凑起来，将琐碎的

"史料"连缀起来，通过把散乱的材料贯穿起来，还原成一个个鲜活生动的故事，在历史时空中形成一个个立体的历史图像，把我们原来陌生的"他者"的故事建构成为"我们"——学习者可以理解的熟悉的历史。

杨春华（吴江历史学科带头人）

我的故事：用思想为"史料"塑型

历史是"他者"的故事，也可以是"我自己"的故事，即我对历史的认识。沈为慧老师关于"抗日战争"和"解放战争"的教学设计体现了他对历史的认识：从和平的视角，以追求和平、民主为立意选用"史料"、设计教学。

然而，认识历史可以是多角度的，不同时代有不同的认识，不同人也有不同的认识。"我用世界的眼睛、别人的眼睛看自己，而他人的眼睛，则透过我的眼睛来观察。"（巴赫金语）在"新文化运动与马克思主义的传播"一课的教学设计中，我以"关注民族命运，救亡图存"为主题思想，以陈独秀、李大钊的活动为主线，围绕陈独秀的觉悟、《新青年》、假履历、炒作，李大钊宣传马克思主义等体验感悟的环节，选取了与之有关的一系列"史料"，如陈独秀"伦理的觉悟，为吾人最后觉悟之最后觉悟"和"让我办十年杂志，全国思想都全改观"以及他在《新青年罪案之答辩书》的言语，通过"史料"的选取与教学传意，使学生了解了陈独秀、李大钊等新文化运动健将为挽救民族危亡所做的种种努力。一定程度上还原了历史，达成了情感态度价值观教育目标。这样的教学设计，破除了思想的"程式"，努力去用思想塑型，用"形式"破除了形式主义。我们还可以以"现代化"为主题思想选取"史料"组织教学，从"师夷长技以制夷"学习西方技术到新文化运动学习西方思想文化的演变，引导学生认识、理解历史，即在实现民族独立和国家富强的现代化之路上，中国人顺应了历史的选择和社会的进步。在此思想塑型下，我利用王奇生教授《革命与反革命》中的一段话，引导学生认识新文化运动的"新意义"："90年来，五四纪念也确如李大钊所期望的，一直都在与时俱进，每次都要加上一些'新意义'。其结果是，纪念越久，叠加的'新意义'越多，影响也越来越深远，与此同时，五四的本相，反而是越纪念越模糊。"

史料本身是没有思想的，但我们教师一定要有独到的眼光，善于发掘史料的价值，用思想给"史料"以精彩的塑型，以思想影响学生。

吴林珠（吴江历史学科带头人）

问史·践履
——让历史进驻"人"

正能量：用积极的主流价值观引领教学

通过适当的史料，使历史成为学生能接受的历史，有助于激发学生学习和探究历史的兴趣，培养创新的科学态度。课堂中所筛选采用的史料应该尽可能地"接近历史真相"，但这是否就意味着所有的真实史料都能在历史课堂上呈现给学生呢？这里还有个价值观的问题。"中立价值观"认为历史教学的真谛是还原历史真相，因而只要材料经过考证是真实可信的，就可以在课堂上呈现给学生；"积极的主流价值观"认为史料纷繁芜杂，即使是真实史料的选择也需要一定的标准，即利于学生爱国主义精神的培养、社会责任感的确立、积极乐观人生观的树立等。

我认为根据教学对象的特点和教学实际情况，"中立价值观"比较适用于大学历史教学，因为大学生思辨能力较强，且进行的是专业的历史学学习，全面、科学地研习各类史料既是可能的，也是需要的。"积极的主流价值观"更适用于中学历史教学。首先，高中生的史料辨析能力有限，高中历史教学时间有限，不可能在课堂上呈现所有真实的史料以供探究；其次，从现实角度分析，我们不能回避高中学习的重要评价标准——高考，高考依据的是历史课程标准，而历史课程标准中历史教学三维目标还包含积极兴趣、意志、道德的情感、态度与价值观目标，高考是学生的现实需要，理应成为史料选用的重要参照；再次，积极价值观的形成也是学生健康成长发展的需要，以"积极的主流价值"观引领历史教学，有利于学生确立坚定的社会责任感、自主自立的主体意识等积极价值观，为学生的成长注入"正能量"。

史料如同野马，而价值观如同缰绳，没有积极价值观引领的历史教学会失去方向，虽仍在"奔跑"，但很难预测是前进、后退还是误入歧途。

季芳（苏州历史学科带头人）

时代性：历史教学的永恒立意

历史课程不同于其他课程的特点之一，就是"课程内容随着时代而变化，培养适应时代需要的现代公民"。我认为，无论何种形式的历史教育，都应站在时代的高度，基于时代性价值取向，整合丰富的历史课程资源，将教育目标指向人的发展。

"一切真历史都是当代史。"每个时代的历史都具有鲜明的时代气息。

据此，观照今天的历史教学，也应着力反映时代进步和社会发展，体现史学研究成果和历史学科的发展趋势。当代史学研究已经"从以往关注人类社会生产方式以及与之相适应的上层建筑的更迭，到近年来关注人类社会生活方式的演进"，现行高中历史新课程历史教科书一定程度上吸收了史学界研究的新趋势和成果，还原历史，逼近真实。如果教师不能领会新课程的时代立意和历史学科的时代性特点，难免会在整合"史料"进行教学时，出现偏差甚至失误。如教科书已经以较大篇幅删减了有关阶级斗争、意识形态、社会形态等方面的内容，而有的老师由于思维定式，习惯于在五大社会形态下进行知识铺展，面对教科书的"缺漏"，引入了大量这方面的材料与观点，甚至还辅以练习加以巩固，以"补救"教科书之"不足"，这无异于画蛇添足。

历史教育的时代性还体现在其教育目标指向人的发展。我们的学生处于当下，他们的生活经验和知识背景已不同于我们当年，对此，我们必须正视并且重视。历史新课程专题体例突出主题、淡化时序，教师在教学中往往要补充"史料"，做一些时序上的衔接处理，这有必要但更要注意选择，让历史说话的方式有利于学生思考，让学生自己从历史中去感悟历史的结论。所以，我们就应最大限度地关注学生的能力基础，在材料的呈现方式上努力减轻学生的负担。如归纳宋元阶段特征，我让知道"陈桥兵变"的学生自己讲述，并由此引导他们从中探寻"宋政治上加强中央集权、思想上强调理学"的原因所在，从而理解宋"分化事权""强干弱枝"的集权特点。这样组织教学的目的，不仅仅是出于知识能力的教学要求，更重要的是，让学生在学习历史的过程中，不再认为历史是"最无关紧要的"，而是能自觉地尊重历史，保持对历史思考持续的兴趣，进而主动地从历史中汲取精神财富，拥有现代公民所应具备的素养和能力。我想，这应该是历史教育成功的体现吧。

唐琴（江苏省历史特级教师）

甄选"史料"：用慧眼甄别真伪判断正误

对于"史料"，每个人都有不同的历史解释。我们在运用"史料"时，无论是以积极的主流价值观为引领，还是基于时代性价值取向，都应注意选取客观的"史料"，保证史料的真实性。

首先，要仔细甄别史料真伪，不用伪史料。史料受作者的立场或动机的限制，有很强的主观性，尤其阶级社会所谓的"正史"，多为政治目的服务，因此在选用时，应运用历史唯物主义和辩证唯物主义方法仔细甄别，以摘选最客观、最真实的内容。历史证据意识的形成、历史思维能力的培养、情感态度价值观的形成，必须立足于真实可靠的史实，这是历史教学的本质特点。高中历史作为培养和提高学生的历史意识、文化素养和人文素质，促进学生全面发展的一门基础课程，务必在史料选取上"要尊重事实，而不凭个人好恶；要追求真理，而不追求奇闻异说；要实事求是，不能凭主观想象；要谨慎小心，不能草率从事"。

其次，要谨慎摘选原始史料，不能断章取义。虽然历史课堂上所用"史料"有阅读量的限制，但是，不能因为担心字数过多而忽略"史料"信息的完整性。如果学生探究的史料有缺陷，难免以偏概全，也无法确保"论从史出"的科学性。如在学习朝鲜战争这一内容时，很多教师都会用到这样一则史料："坦白地说，从参谋长联席会议观点来看，这个策略会让我们在错误的地点、错误的时间，与错误的敌人进行错误的战争。"（布雷德雷语）并且认为，"这个策略"指的就是朝鲜战争。事实上，这是在1951年5月15日的美国国会听证会上，麦克阿瑟建议把朝鲜战争扩大至中国，布雷德雷就此发言的后半句。这里布雷德雷说的，绝对不是当时中国已经参加，还在进行中的朝鲜战争，而是指麦克阿瑟建议的扩大到中国本土的战争冲突。随意剪裁原始史料的后果，必然导致学生产生错误的历史判断，进而对历史问题的分析存在偏差。

张建秋（吴江教坛新秀）

巧用"史料"：在冲突中激活学生思维

史料的客观性固然有利于保证"论从史出"的科学性，但对高中学生而言，提升思维能力和探究方法更为必要。近几年高考江苏卷历史试题对考生获取和解读历史信息、理解和分析历史现象、阐释和论证历史问题的考查趋向日益凸现，这就要求我们教师在备考复习时应重视对学生历史思维能力与探究方法的培养和提高，而"史料"的运用则是重要的路径之一。

值得一提的是，巧用冲突性"史料"，对培养学生的批判性思维能力和历史研究方法大有益处。如在复习选修4"中外历史人物评说"之"孔子"时，我引入了2009年高考广东卷中的一道题。该题用两则材料呈现了不同的人对同一人物（孔子）的评价：第一种观点认为"孔子想回到西周，维护奴隶制，政治上是保守主义者，有他的落后一面……"，第二种观点认为"他的'爱人''仁民'观念以及他的教育思想,表现出新兴地主阶级的进步性……",两者形成了冲突性的结论。就命题意图而言,重在考查考生对基本历史研究方法的理解和认识。从呈现的材料可以发现,研究者虽然使用了相同方法,所依据的史实也大体相同,却对同一人物做出了不同评价。由此可见,对历史人物的评价与评价者所处的时代、个人认识有紧密关系,因此,引导学生在分析历史人物或事件时,要避免简单贴标签,应历史地看问题。

矛盾、冲突性"史料"的引用与呈现,对学生历史学习可起到双重效果:其一,材料本身突破了教科书知识框架,拓展了信息空间,使学生意识到对历史下结论不能过分依赖原有知识的积累和经验,即使权威的解释也不是最终的判断标准,这对培养学生敢于怀疑、勇于求真的科学态度和批判精神具有重要作用。其二,使学生学会以历史唯物主义和辩证唯物主义的基本观点为指导,历史地、辩证地、较全面客观地分析历史人物或历史事件,有利于培养和提高他们分析和判断事物的能力。

俞秀萍(吴江教坛新秀)

超越"史料":叙写"活着的过去"

英国著名历史学家柯林伍德曾经说过:"历史的过去并不像是自然的过去,它是一种活着的过去,是历史思维活动的本身使之活着的过去。"柯林伍德这段话中包含着一种洞见:历史之所以是"活着的过去",是因为有"历史思维活动",有当下的"思想方式"。"一切历史都是思想史",对史实的认定、理解或解释都离不开历史思维活动,而历史思维的基点就在于存在着的"史料"。故"史料"在历史教学中的作用不言而喻。

"活着的过去"究竟是怎样的?我们无法"穿越",所以不得全貌,但却可以"超越",窥得要领,从纷繁紊乱、浩大庞杂的"史料"中,找到一条尽量接近真实的"林中路"。用"史料"还原历史,离不开"史料"的甄别、解读,少不了不同"史料"的释疑、辨识,然而,"史料"运用的原点还在于历史事实本身。"找回缺失的历史",是历史教学中不可"轻视"的话题,更是"还原历史"中无法"回避"的焦点。

以《辛亥革命》为例,人教版教科书通过"武昌起义""中国民主进程的丰碑"两目,详细介绍革命的发生、发展、影响、反响,但对革命爆发过程的细节缺少"发现",特别是对贯穿整个革命的"不同政治道路的抉择"的问题几无涉猎，"为什么是革命，而不是改良？""为什么是'双十'，而不是'更早'？""为什么是袁世凯，而不是别人？"，等等。这些历史的细节问题创设出一个个思维的"问号"，填补着、连接着、嫁接着历史的"缺失"。立宪派的转向、新政预备立宪的滞后、袁世凯的实力，这些都需要"史料"来说明、佐证。用"史料创设情景""用史料激发问题""用史料诱发思考"，多元"史料"支撑下的历史课堂教学，自然就能"死去活来""总括万殊"。

石晓健（吴江历史学科带头人）

"榨干"用尽："史料"信息的深加工细分解

石晓健老师认为用"史料"填补"遗失的历史环节"，还原历史原貌，有助于学生对历史的深度理解。但是，史料浩瀚如海，无法穷尽，考虑到学生的认知、接受能力，想到课堂教学的时间、空间限制，所以，"史料"运用要讲究"效益"，没什么"油水"的"史料"尽量少用或不用，对于"富含养分"的"史料"，可以通过深度加工，将其中的历史信息用足、用好，正如沈为慧老师说的，要"榨干史料"。

如在设计"王安石变法"一课时，我把重点放在"富国之法"的讲解上，确立的主题是：理解王安石"民不加赋而国用足"的理财思想。因为，这一理财思想是当今学者关注王安石变法的研究焦点。鉴于此，在本课导入时，我引用了著名学者黄仁宇先生的一段话："王安石能在今日引起中外学者的兴趣，主要是他的经济思想和我们的眼光接近。"引用这段"史料"，首先，旨在引出本课的主题，引导学生关注王安石变法的经济思想，以"榨"出了第一层"油水"。其次，这段"史料"是史学界对王安石变法研究的最新成果之一，借助这样的导入将史学前沿信息引进历史课堂，拓宽学生的视野，以"榨"出了第二层"油水"。再次，激发学生求知欲——王安石变法已经过去近千年，王安石的经济思想怎么会和我们的眼光接近呢？王安石的经济思想是什么？为什么北宋中期会产生这样的经济思想？这段"史料"的运用，激发了学生的探讨欲望，他们迫切地想要进入本课的深层次学习。由此"榨"出了第三层"油水"。在引导学生分析"富国之法"内容时，我借用黄仁宇先生的另一段言论："在我们之前900年，中国即企图以金融管制的办法操纵国事，其范围与深度不曾在当日世界里任何其他地方提出。当王安石对神宗说'不加税而国用足'，他无疑已知道可以信用借款的办法（指青苗法）刺激经济之成长。这种扩张性的眼界与传统的看法不同……"以此来呼应开头的设疑，学生这时豁然开朗，认识到王安石"民不加赋而国用足"的思想与千年后的"加强国家对经济干预"的理论异曲同工，感叹北宋的商品经济已经发展到了一个相当高的水平，正是商品经济的高度发达才孕育出如此"先进"的经济思想，虽然这一经济思想在北宋中期因缺乏相应的社会基础无法真正落实，但在千年后的今天它依然彰显其生命力。至此，开头那段"史料"被"榨"出了第四层"油水"。

围绕主题、层层递进地"榨"，这样"榨"的过程，其实就是精用"史料"的过程，也是提高课堂有效性的过程，既减轻了学生的负担，又提高了课堂的效率，对"史料"的深加工细分解值得探索。

王光宇（吴江教坛新秀）

呈现"史料"：从学生的视角选择与解读

守望真实，既是对历史必要的尊重，也是对历史课程基本理念的观照。大家都强调选取"史料"要关注"史料"本身的真实性，我认为，除此之外，更要关注施教班学生的真实学情。下面就谈谈如何从学生接受角度去关注"史料"的呈现。

首先，呈现"史料"的量要适度。新课教学中，教学任务本身比较繁重，如果一味地补充"史料"而忽视了课本知识的分析讲解，结果可能会喧宾夺主，适得其反。以多媒体课幻灯片数量来说，如果超过了二三十张，就有可能忽视了学生的接受度；另外，从时间上看，"史料"的展示、分析、讲解与引导作答，一般也不超过课堂时间的四分之一。

其次，呈现"史料"的意要深度。教师对选取的"史料"，应根据学生的实际学情给予适当的指导，以实现"最大限度地获取有效信息""充分利用有效信息，并结合所学知识对有关问题进行说明、论证""从史料中提炼观点、归纳、概括历史知识"等各项能力的提升。在"以史导论"模式中，"史"是基础，"论"是灵魂，"导"是桥梁，历史课堂教学中，要真正做到"以史导论""论从史出""史论结合"，从而达到运用"史料"的最终目的，教师必须精心设计一些富有启发性、能揭示本质和规律性的问题，让学生重视遵循"遵从史料第一"原则，注重课本内容与"史料"的有机结合，才能真正实现其历史思维能力向纵深推进的教学目标。

陈春娟（吴江历史学科带头人）

探微发问：加深学生对"史料"的理解

教师在运用"史料"时，通过预先设置的问题进行提问，可以促使学生"神入历史"，进而从更高层次上发掘、领会"史料"的真正价值。

问题设置是否恰当、提问方式是否合理、能否激发学生积极思维，直接关系着教学的效果和学生对"史料"的理解。教师提出的问题，不可突兀生硬、模棱两可。提问应准确科学，并具备一定的启发性、诱导性，具有思维空间，促使学生通过积极的思考，推导、分析得出正确结论。教师设置问题应具有由易到难、由表及里的鲜明层次性，层层推进、步步深入，深入浅出地切入问题的实质内涵。如在讲"辛亥革命"的结局时，可以引导学生观察"1912年大事年表"，设置这样四个有层次的问题：

（1）材料中大总统、政府、参议院、约法为什么都是"临时"的？

（2）1月袁世凯捕搜、杀害革命党人，在如此尖锐的矛盾下革命党人为什么还会把政权交给袁世凯？

（3）为什么清帝退位的第二天孙中山就辞职？

（4）为什么孙中山在袁世凯就任临时大总统的第二天颁布《中华民国临时约法》？有意义的设问容易激发学生兴趣、激活课堂氛围，促进学生深层次思考，有效突破教学内容重难点。

近年高考中，"史料"入题越来越多，对学生"史料"解读、知识运用、分析问题以及说明观点等综合能力的考查成为高考的重头戏。根据材料合理设置问题，引导学生在阅读材料的过程中联系所学知识，培养其理解、概括、比较、分析及文字表达等能力，对增强学生应试能力大有裨益。

张建明（吴江教坛新秀）

积淀学养："深入浅出"与"浅入深出"

有幸与吴江高中的学生共同学习了"国共十年对峙"，有幸与吴江的同仁一起研讨"史料"教学问题。下面我想从"史料"的选用方面谈一些体会。

在准备"国共十年对峙"这一课时，我阅读了相关研究者的研究成果，包括特里尔的《毛泽东传》、罗燕明的《从传奇到真相：陈云1935年在莫斯科的报告纠正了共产国际对长征的认识》、周鹏的《共产国际开国际玩笑：误发毛泽东讣告》。从课堂反应看，共产国际的"国际玩笑"特别吸引学生。

在皖北历史教师沙龙的学习活动中，我曾建议同仁就"西周的政治制度"这一主题查找"史料"。结果发现，有多位教师节选的史料出自《左传》《史记》等古代典籍。这些典籍的历史价值虽然很高，但对中学一线教师以及广大学生来说，阅读难度我不说也可想而知。我想，多位教师之所以这样选择，可能有两个重要原因：第一，认为"史料"指的就是原始材料；第二，认为一手材料、原始文献的价值就一定高于二手材料。

我认为，中学历史教学语境下的"史料"，并非仅限于一手材料、原始文献，一般意义上的"历史资料""历史材料"都可以作为"史料"，中学历史教学可以运用这些"史料"。而且，不能笼统地认为，二手材料的价值就低于一手材料。相反，如果所选的材料不易阅读，其价值从何而来？同样，关于西周历史的介绍，钱穆的《国史大纲》、张荫麟的《中国史纲》、许倬云的《西周史》、樊树志《国史十六讲》和《国史概要》，不仅分析透彻，而且通俗易懂，因此，理应成为我们备课的首选。

要选出适合于教学目标的"史料"，广泛阅读是必由之路。受时间与精力的制约，包括我在内的许多中学教师很难进行大量的阅读。有教师看了我的文章，或听了我的课之后，往往认为我的阅读面很广。其实不然，我读的书极其有限，而且很少把一本书从头到尾看完。我的阅读往往是伴随备课而进行的。比如，准备"古代中国的专制集权"时，我会阅读钱穆的《中国历代政治得失》；准备"辛亥革命"时，我会阅读郭世佑的《晚清政治革命新论》；准备"新文化运动"时，我会阅读王奇生的《革命与反革命》；准备"五四运动"时，我会阅读周策纵的《五四运动史》……通过阅读，自己对相关教学内容的认识必定有了较大的提高，甚至于有了自己的理解。

带着备课的任务进行阅读，从中选择和教学相关的素材，并在课堂上与学生分享所选的素材，既能提高阅读的效率，还能在教学中深化阅读意义。课堂上，学生的反应就是对自己阅读活动的肯定，带着学生对所选素材的见解、评价，重新阅读或扩展阅读，进而运用到相关内容的教学中。如此反复，不仅有利于提高自己的阅读兴趣与阅读能力，也有利于培养自己的阅读习惯。

沈为慧（江苏省历史特级教师）

往水桶里装水：让自身学养更丰富

看一本书是因为感兴趣，大凡对历史感兴趣者，就是为了探寻未知的历史真相。而教科书往往由于篇幅等原因，将鲜活的历史表述得有点干涩，这就需要我们平时读一些史学类书籍，积累一些学生未知的"史料"。通过阅读来丰富我们的历史课堂，发挥历史教育的价值。

每当要上一堂公开课，我总会先给自己"充电"——阅读专业书籍，把这一阶段历史的来龙去脉、逻辑关系梳理一下。为了上"甲午战争与八国联军侵华一课"，我特地买了梁启超写的《李鸿章》来看，对中日开战前的力量对比有了更客观的认识，对黄海海战的具体战术也有了更进一步的了解，对清政府战败的原因和《马关条约》对两国的影响有了更深刻的理解。由于有了一定高度和宽度的视野，课也上得游刃有余，教学效率也高了。正如沈为慧老师所说：哪天没看什么去上课，总觉得心虚、没底。

最近在看沈志华、李滨主编的《脆弱的联盟：冷战与中美关系》，缘于2012年7月参加在南京举行的全国历史教师教育专业委员会第四届年会，在杨奎松教授报告的启发下，我对中苏关系很感兴趣。初读《脆弱的联盟》，就觉得对以后教学"新中国外交"和"两极格局"有用处。如1950年2月14日情人节签的《中苏友好同盟互助条约》，其实是新中国成立后的一项重要外交成就；对于中苏军事同盟关系的确立和中国得到的3亿美元贷款，如果我们能从毛泽东和周恩来的外交努力来展开，课堂效果一定会很好，学生对中苏的"蜜月"也会有一个全面的认识。教学"冷战格局下的局部热战、朝鲜战争"这一内容，看看师哲回忆《在历史巨人身边》很不错；"苏联红军1945年为什么没过三八线""1948年苏军为什么撤走了""毛泽东和斯大林、金日成关于朝鲜半岛当时的局势是怎样判断和达成协议的"等问题，原来自己都很茫然，课堂上当然也就难以讲清楚了，而阅读《脆弱的联盟》，不仅加强了我的专业基础，也提升了我的专业思想。

阅读，就是往水桶里装水的过程，在这个过程中，教师自身的学养丰厚了，课堂教学也就活了，学生也能在教师的古今关联、中外对比中开阔视野，增强历史的洞察力和历史使命感。

张秋华（吴江历史学科带头人）

探问历史：感受历史是一种愉悦

书海浩瀚，无疑积累了人类无穷的智慧和想象，是人类知识和文化的结晶。然而，读书并不必然与课堂教学产生交集，直接提供教学的参考；更多的时候，好像临阵磨枪、书到用时方恨少，因此，养成一个阅读的习惯，注意平时的积累很重要，如钱钟书先生说的："锱铢累积。"

记得一次区级评课活动中，有老师问我怎样上"马克思主义诞生"这一课，由于之前我读了戴维·麦克莱伦的《马克思传》，对书中这样一段文字印象深刻，"一个多世纪以来，马克思主义已经成为这样一种语言：数百万人用它来表达他们对一个更公正的社会的希望。"这里的"更公正的社会"到底是怎样的呢？于是，我以此为核心问题和老师交流了自己的理解与思考。其实，马克思在《共产党宣言》中描绘了"更公正的社会"的图景："代替那存在阶级和阶级对立的资产阶级旧社会的，将是这样一个联合体，在那里，每个人的自由发展是一切人自由发展的条件。"围绕问题对话，相互启发，"马克思主义诞生"一课的主线呼之欲出——以"人的自由发展"来诠释马克思主义的发展历程，从人类自身的解放来解释马克思主义的生命力和时代感。这样，不仅立意高远，而且主旨明确。

读书，让我深深体会到历史教师"根底"在于历史本身，"历史是一出没有结局的戏，每一个结局都是这出戏的新情节的开始。"教学更是如此。基于"史料"的教学，不论是探究式的，还是合作式的，都离不开教学对象学生以及学生的发展。回归历史教学的本真——"人"的教育，这是每个历史教师必须担当的专业责任，更是走向人的"自由发展"的必然路径。

孙入学（吴江学科带头人，吴江区教研员）

例谈 1

评课，学生不能缺席[1]

2015年12月，在全国历史教育四大期刊《中学历史教学参考》《历史教

---

[1] 该主题沙龙由任鹏杰和本人策划、由本人整理，刊于《中学历史教学参考》2016年第3期，引发全国各地历史老师热议，被《苏州教育研究》和《吴江教育》全文转载，被《中学历史教学参考》评为"年度值得关注专题"。

学》《历史教学问题》《中学历史教学》的支持下，唐秦历史名师工作室"历史教育，'人'不能缺席"主题活动在吴江高级中学举行。本次活动中，吴江高级中学的顾俊和杭州学军中学的颜先辉老师分别开设研讨课"社会生活和习俗的变迁"和"抗日战争"。本次活动的一大亮点是课后由《中学历史教学参考》主编任鹏杰和《历史教学问题》主编李月琴主持的学生现场评课。一位老特级教师说，这是他从教32年来没有遇到过的。谁最有权评课？学生评课权威几许？学生评课能走多远？如何让学生评课成为教学评价的常态？学生评课会给公开课带来哪些变化？观摩者"反应复杂"，众说纷纭。下面将从"现场回放""论坛选播""一线速递""场外热议"四个场景，真实呈现。

● 执教者说（执教教师课后说课）

让学生在历史中成长

对于很多学生来说，历史似乎是有距离感、年代感的。因此，对于历史中的物、人，学生更多地表现出"远看""旁观"的态势，更不要说为之感动了。充分挖掘身边的历史，接近学生的认知水平，使学生的兴趣最大化，学生才会有"感"，从而有"觉"。

在本课导入部分，我运用了苏州同里"走三桥"的习俗，试图通过与学生贴切的生活场景引入本课课题。在设计"鸦片战争前南稻北粟饮食差异"时，我通过展示"饭糍干"这一地方特色小吃，采用美食访谈节目的形式设计问题："饭糍干"如何制作、如何食用、有何特色？通过这一系列问题，既让学生了解身边的美食原貌，认知饮食特点，为理解时代特征做好基础铺垫，又让他们感受到历史就在身边，从而拉近与历史的距离，调动学生学习的情趣，活跃课堂气氛。同时，学生通过对这一熟悉的历史事物的感受，获得对饮食差异的切身体会。我发现，一直低头沉默的庄晴同学，在学习这一内容时，却抬起了头，脸上显露出一种自信和兴奋，并主动举手，详细介绍了"饭糍干"的制作和食用方法。课后得知，这"饭糍干"正是她喜欢的小吃，因此，她被吸引了。此时的她出现在了课堂上，并融入课堂，且获得了"感动"。当然，对于这一模块的设计，我认为还不够深刻。如让学生当堂品尝南北特色饮食，比较差异，效果也许会更好。

对于"改革开放后的社会风尚"的设计，我以当地"一条街""一个人"

的发展变化为线索,以20世纪80年代、90年代、21世纪初三个时间段为轴,展现吴江在改革开放中不断前行、多元发展的趋势,呈现改革开放后生活的巨大变化。"一条街"——中山北路是吴江松陵镇的主干道,也是当今中学生经常游逛的街市。对于学生而言,他们所熟悉的这条街也就是现在的面貌,而对它的历史,是不清楚的。我试图通过前后变化的对比,从一条街的面貌变迁见证吴江城市的发展,学生在惊叹中感受变化和家乡的发展。"一个人"的选择,我并没有选择名人,而是把自己的生活作为教学资料,通过本人幼年、少年、青年以及今天的几幅生活照片,折射出在改革开放后衣、食、住及生活休闲上的发展变化。通过这样的设计,不仅让"课堂中的人"感受历史,更让"历史中的人"和"生活中的人"融为一体,凸显教学中"人"的价值。

身边的历史,是最亲切的历史,也是最易让学生"感动"的历史。身边的历史的作用不仅仅是调动学生的兴趣,更激发了学生对乡土的情感。课堂教学中,植入乡土材料,既是对课程内容的丰富,也是支撑学生体验式学习的重要素材。

用"现象"的历史启发学生。启发式教学是目前颇受推崇的一种教学方式。其从学生的实际出发,采用多种方式,以启发学生的思维为核心,调动学生的学习主动性和积极性,促使他们生动活泼地学习。其特点是强调学生是学习的主体,这也体现了历史教育"人"不能缺席的理念。在设计本课时,我试图通过种种现象的探讨,实现对本课立意的体现,实现价值引领。

在设计"新中国成立初至改革开放前的生活与习俗变迁"时,我围绕"假领子"这一时代产物进行教学设计,试图通过这一历史事物引导学生实现对当时时代特点的认知,从而感受"假领子"的"简朴"所体现的那个时代的美德。然而在教学过程中,我已经有所察觉,这一立意有些牵强。果然,在任鹏杰主编主持的评课中,学生说出了他们对"假领子"体现美德之说的质疑。这也使我反思:在教学中,如感觉到了学生的不认可,应如何调整?是按部就班,顺畅教学,暂时视而不见、等待课后解疑,还是当机立断,深入话题,打破原有设计,重新规划价值引领?这给每个教学实施者都提供了一个很好的借鉴。同时,学生对教学的质疑,其本身就是教学的资源,因为教学原本就是要在教学过程中发现问题、解决问题。

如果说身边的历史仅仅是"感动"学生的话,那么,"现象"中的历史则启发了学生的思维,给了他们一个理性的思考和判断,真正实现了"人"的价值。这也是学生在历史中收获成长。学生成长，不是让学生成为某一个人，是让学生成为更好的自己。在历史教学中，给予学生的不在于单纯的历史史实，是让学生认识历史、感悟历史、唤醒自身，成就更好的自己，为社会尽一份责任！

顾俊（吴江高级中学）

历史美在细节、美在精神

我有幸在本次教研活动中执教"抗日战争"一课。我认为，历史教学不仅仅是在课堂里对历史知识进行传授，更重要的是通过教科书这一媒介传递人文价值观。我在教学设计和课堂实践中重在彰显"人"的主体地位，一切以培养学生的人格为中心。在本课的教学中，我围绕"抗日救国梦"这一中心，以"为何会有抗日救国梦？""抗日救国梦为何能够实现？""抗日救国梦实现对中国意味着什么？""抗日救国梦真实现了吗？"等四个问题为支点，建构主题鲜明的教学结构，在充分激发学生探究热情的基础上对抗日战争进行再思考，探究其精神内涵，感悟先烈们的爱国精神，收获抗战记忆，促进学生的全面发展。

首先，我以电视荧屏上的诸多抗日"神剧"为素材，设计相关问题进行导入，希望通过学生较为熟悉且感兴趣的文化现象，拉近抗战和学生的距离，抓住他们的兴趣点，设置层层递进的问题，以启发他们的思考，从而引入本课教学。

然后，以"为何会有抗日救国梦？""抗日救国梦为何能够实现？""抗日救国梦实现对中国意味着什么？""抗日救国梦真实现了吗？"贯穿整节课，实现步步深入、启发学生思考的效果。之所以选择抗日救国梦，围绕"梦"来谈，是因为现在谈"梦"的话题比较多。每个时代都有不同的梦，而那个时代，在抗日的同时救国，是当时很多人的梦想。

在分析我们"为何会有抗日救国梦？"时，我先让学生对课本中日本侵略中国的史实知识进行梳理，再结合《拉贝日记》中的相关内容，向学生解读当时中国人怀揣抗日救国梦的原因所在。同时，让他们收获第一个抗战记忆：有一种行为叫残暴。

在分析"抗日救国梦为何能够实现？"时，我以抗日将领——张自忠将军为例，以张将军牺牲前的绝笔书为切入口，让学生清楚地看到：为了危难中的祖国，张将军慷慨赴死。引导学生感受张将军那种对国家、民族的爱，进而让学生明白正是因为有了这一批批像张自忠式的志士仁人，中华民族虽屡受磨难，却仍生生不息。这是那个时代留给我们宝贵的民族记忆，也是本节课学生收获的第二个记忆：有一种精神叫爱国。

抗日救国梦实现的第二个分析视角，我则是从补充材料入手，将抗战时期蒋介石致八路军方面的战斗嘉奖和共产党领导人对国民党抗战及将领的高度评价放在一起，得出团结就是力量，只有全民族团结一致、共赴国难，才是抗日救国梦实现的根本保障，从而让学生获得第三个记忆：有一种力量叫团结。

谈到国共两党团结抗日这一话题时，就不得不提一个长期困扰人们的话题，就是对国民党正面战场如何定位的问题。于是，我整理了陈钦《我的河山：抗日正面战场全纪实》中的部分内容，将其呈现给学生，并强调，在对这个史学争鸣问题进行分析时，站在整个中华民族的角度给予客观、公正的评判，这既是对这段历史的尊重，也是对数百万先烈们的尊重，从而让学生收获第四个记忆：有一种评判叫客观。

在分析"抗日救国梦实现对中国意味着什么？"时，我重点截取了两个点：一是中国的国际地位有所提高；二是我们民族凝聚力在不断加强。因为很多人说，是抗日战争打出了中国人的志气，打出了中国人的民族自豪感。这对中华民族的后续发展来说是至关重要的。通过对该问题的分析、思考，让学生认识到，在抗战期间，中国人的民族认同感空前提高，民族凝聚力大大增强，抗日战争成为中华民族复兴的枢纽，从而使他们收获第五个记忆：有一种凝聚叫民族。而这些记忆都是抗日战争留给我们的最大财富和遗产。

在思考"抗日救国梦真实现了吗？"时，我从两个层面进行分析，从政治层面看，抗战胜利后的中国距离真正的民主相去甚远；从外交层面看，得出国家主权尚未完全独立的结论。由此可以看到，在一个政治上集权统治、缺乏民主的中国，外交上尚未独立、受制于人的中国，在此情形下的抗日救国梦注定是一场残梦。

这节课，我以抗日救国梦为抓手，设计了四个层层递进的问题作为载体来勾勒课本主干知识，在这些问题中，又蕴含了诸多的抗战记忆，如爱国精神、团结力量、客观评判、民族凝聚等。这些记忆才是这节课的灵魂，只有对这些内容有深入的认知，才能真正理解这节课的真谛，真正达到"历史教育，'人'不能缺席"的目的。

颜先辉（杭州市学军中学）

问史·践履
——让历史进驻"人"

● **现场回放（学生现场评课实录）**

课题：近现代中国物质生活和习俗的变迁

任鹏杰：今天顾老师的课，所有问题都听懂了吗？

众学生：听懂了。

任鹏杰：没听懂的请举手。有一位同学举手了，请你说说。

王启亮：对于传统文化，大家都说要取其精华、弃其糟粕。我想知道方法是什么？

任鹏杰：这意味着顾老师没有顾及这个问题。你们觉得遗憾吗？

王启亮：不遗憾。

任鹏杰：为什么？

王启亮：因为我们可以自己在课后去研究。

任鹏杰：谢谢！那就意味着其他同学对顾老师今天讲的内容都懂了，是吗？那么，我想请问大家一个问题。我感觉顾老师的课里面有一个道德陷阱，就是新中国成立初到改革开放前，顾老师用了3个字"承美德"概括这个时代生活与习俗变迁的一个特点。我想问问同学们，你们同意吗？

张园蓉：我觉得有些不算是美德。比如，节俭是美德，但是像"假领子"，这个不是美德，是经济方面的问题，主要还是因为当时的条件艰苦。

任鹏杰：我想再请问你：把当时的简朴称之为美德的话，那么在那个时代下导致的美德，你觉得应该弘扬吗？

张园蓉：不值得。

任鹏杰：那你知道那个时代的背景是什么吗？

张园蓉：计划经济，"文革"时期。

任鹏杰：那你当时有没有一种马上问老师，和同学商量自己想法的冲动？

张园蓉：没有。

任鹏杰：你有没有怀疑这个说法有问题？

张园蓉：没有。

任鹏杰：为什么？你觉得老师说的都是对的吗？

张园蓉：大体上都是对的，但是有些不对。

任鹏杰：有哪些不对？

张园蓉：就是我刚才说的关于节俭这个问题。我认为当时就是要面子。（李惠军：点赞！点赞！）

任鹏杰：这就是死要面子活受罪。你认为当时真正要返回美德，根本在哪里？

张园蓉：返回美德，就是在生活安康富足的情况下注重节俭，而不是在生活很艰苦的时候节俭。

任鹏杰：你好厉害！谢谢！我们这个同学挖到了根子上。那个时代最大的美德就是应该发展经济，然后才有可美的基础，可展个性的前提。我觉得学生的思想是不可小视的。

……

任鹏杰：孩子们的视野还是很开阔的，历史想象很丰富。你有没有在上课期间想问老师的冲动？

史陈康：想问，服饰为什么要改变？

任鹏杰：有同学问，服饰为什么要改变？这是一个很好的问题。你为什么不问老师？

史陈康：我觉得时代潮流还是要发展的。不问老师是因为还没有很肯定。

任鹏杰：不肯定就不敢问了？好，谢谢。我觉得课堂是最容许学生"犯错误"的地方。为什么不犯错误呢？如果都会了的话，为什么还要上课？为什么不明白的地方、不成熟的地方不问老师呢？那要老师来干吗？我请一个小帅哥发表意见。

朱佳健：我觉得困惑应该在课后解决。

任鹏杰：那是不是老师在课堂上基本不给你们问问题的机会？

朱佳健：不是。老师在上课，我们要尊重老师。上课的时候不问，课后的时候可以问。

任鹏杰：那老师是为你们服务还是你们为老师服务？

朱佳健：老师为我们服务。

任鹏杰：孩子们抓到点上了。

……

任鹏杰：好，时间到了。我最后给大家说一下文化与文明。文化与文明是有区别的。苹果手机是文明成果，已经9代了，不断变化，这就是文明。文明是纵向的，随着时间的不同而不同。文化是横向的，随着民族的不同而不同，随着人的不同而不同，这个区别大家要清楚。只追时尚，永远抓不住值得坚守的东西，值得坚守的东西在文化里。道德与文明无关，当然道德也有与文明、文化协调一致的时候，我们文化里面有很多糟粕，当然也有很多优秀的东西。应该弘扬好的、优秀的，淘汰、放弃糟粕的。可以随着时代的文明脚步走，但是不要忘了我们对待善和美一定是要坚守的，不能随便与时俱进。谢谢同学们！

（主持人：《中学历史教学参考》主编任鹏杰 评课者：吴江高级中学高二（7）班学生）

● 论坛选播（参会同仁对学生评课的评论）

启程，对单一模式的"颠覆"

今天我们要试验一种评课的办法，就是上完课后留10分钟让学生来评课。这样一个评课办法我已经呼吁了十几年，但是效果不佳，所以我自己开始试验。我已经在几个全国性的活动上，自己主动冲上前去，像个记者一样穿插在学生中间，让学生来说话，表达他们对课堂的感受，理解或者不理解，明白或者不明白，懂得或者不懂得。这反而让现场观摩老师的收获，比所谓名师同行评课的收获要多得多，因为孩子们的好多说法我们连想都想不到。主体被清场了，学生被撵出评课现场了，我们所谓专家、名师、同行说的话有几句是可靠的？今天我们要做的是颠覆这种评价活动、评价模式，要回到根上去！由"人"出发，到"人"落脚，"人"不能缺席！

任鹏杰（《中学历史教学参考》主编）

谁是课堂教学的受力者？

今天听到学生的发言后，我偶发奇想：师道、书经、纪律，三者绑架了学生。师道，师道尊严，就是学生说的"尊重老师"；书经，四书五经，书是圣经，经是真理；纪律，纪律的顶层设计是不是没有人？是不是在驱赶人？纪律变成课堂驱赶人性的上帝之鞭！

教师在教学前的教学设计阶段，关注知识体系的完整、逻辑推演的严密，有意或无意忽略了未来课堂中的人；在操作阶段，关注点定格于背景、条件、原因、直接原因、根本原因、间接原因、过程、影响、性质等"老三国"，关注流程的顺畅、方案的完成即教学预期计划的完成。对教师来说，教学完成只是教的完成，不是教学。教学有两个层次的意思，教和学。或许对学来说，只是刚刚启动，或正在进行，或尚不完善，甚至对学来说，教的过程中已经指错了方向。

我收获最大的是，在教学评价方面，鹏杰先生的创意很好！今天，在前教学环节设计方面有"人"、操作阶段有"人"，在评价环节又"突发奇想"——让学生评价。传统教学中也讲评价，但扪心自问，我们在做着怎样的评价？我们往往把关注点指向教师的表现、教师内在的素质底蕴，底蕴外化呈现为能力、板书、非语言形态、情态、顺畅、教材开发、时空氛围热不热等。但是，我们是否有意无意中让教学的执行者教师替代了教学的受用者学生？教师上课时说目标是什么，围绕目标组织哪些内容、规划什么流程、流程间的内在逻辑关系如何、通过这样的设计学生达到了什么！这个"了"字了不得，是完成时，教师用自己的预设、操作和判断代替了受力者的接受程度。还有其他老师、专家的评价，专家自命清高、孤芳自赏，说这节课学生达到了什么目标。历史教育，"人"不能缺席，课堂中的人、生活中的人、社会中的人，结果我们恰恰撇开了课堂中的人、生活中的人，他们是受力者，专家代替了受力者。就像用太极拳打你，用武当拳打你，用少林拳打你，太极拳说打断了你的背，武当拳说把你的心打碎了，少林拳说把你的肺打破了……结果呢，你的背打断了没有？你的心被打碎了没有？你的肺到底打破了没有？你是失语者、哑语者、被驱赶者，"人"不见了，就这么不见了。上课的受力度到底如何？学生没有话语权，我们全部取代了！正是这种设计、操作、评价的暴力取代，让学生说出这样的话，"因为我们要尊重老师、课本、纪律"。"人"没有了。

李惠军（上海市晋元高级中学，上海市特级教师）

又何尝不是对常态课的评价？

让我们回到刚才任鹏杰老师的追问上："有没有上课期间问老师的冲动？""为什么不问老师？""是不是我们老师在课堂上基本上不给你们问问题的机会？"学生回应说："老师在上课，我们要尊重老师。""不想打乱老师的节奏。"学生所考虑的不是自己，而是老师！任老师继续发问："是老师为你们服务，还是你们为老师服务？"学生脱口而出："老师为我们服务。"是啊，他们知道老师是为他们服务，老师们又何尝不知！但是实际上，学生在为老师服务、为课堂秩序服务，他们用行动表明了，自己不是课堂的主人！

而学生这样回答，还有一种可能，那就是，他们本身就没有问问题的习惯。所以，任老师的追问，不仅问到了这节课的表象，更挖到了学生常态下的课堂学习行为养成的根子上。于是，这个评课，岂止是评这节公开课，又何尝不是在评开课班级常态下的历史教学？而我，就是第二个开课班级的历史任课老师。我一直在忐忑，如果李月琴老师问及，我的学生将如何作答？李老师也在追问："老师这样的授课方式大家喜欢吗？""老师在讲课过程中，你们会有一些问题吗？"但是，我的学生似乎还没有从"残梦"中走出来，我没有等到我想要的答案，说不清是遗憾还是庆幸。

　　李惠军老师说，师道、书经、纪律捆绑了学生。这"三座大山"下，学生的行为动词是什么？尊重、服从、遵守，并成为习惯！学生习惯于不问，习惯于没有问题，教师习惯于不被问，教学习惯于不被打断。当这一切成为课堂常态后，学生主动提问仿佛就成了件很特别的事情了！虽然我每周会拿出三分之一的课时开展"学生讲评"，学生提问、学生争议，有时为了一个问题，他们会"七嘴八舌"，也会"舌战群雄"。然而，常态下的新授课，我明确要求过学生不懂就问吗？没有！我的常态课，已经很久没有学生提问了！2001届和2005届的周荣荣、钱明峰、吴智文等学生，他们最喜欢在课上，尤其公开课上，向老师、同学"质疑""设套""出风头"，并且在他们的影响下，整个班级都以此为乐趣，养成了钻研探讨的学习氛围，即使在课间，男同学也经常会拖着女同学给她们讲题目。而这些都是十年前的事情了！为什么在这十年中，如此动人的场景已不多见？我的学生没问题了——那一定是我的教学出问题了！正如任鹏杰老师所说，没有学生发问的课、学生答必正确的课、把学生教得提不出问题的课都不是好课。

　　一旦你的学生上公开课，他们一定在拿你和开课老师做比对，他们一定在心里默默地为你打分；当你的学生被要求评课，他们的谈吐一定是基于你人格魅力和学识素养以及你养成他们的学习品质和学科能力，那么，评课难道不是对你这个任课老师的评议吗？当我们看到，几十个学生尊重你、配合你、给你面子，他们的眼睛里有你老师这个"人"，那我们就不可以让孩子们再以"尊重老师"的名义遮蔽了"没有自己"的真实。公开课也好，常态课也罢，让学生在场！

唐琴（吴江高级中学，江苏省特级教师）

"学情"，首要关注点

　　公开课的评课环节一直都是在授课教师和听课教师之间开展。这次在专家主持下，学生参与评课，别开生面、耳目一新，也与主办方"历史教育，'人'不能缺席"的主题高度切合。学生参与评课，能进一步了解"学情"，将教与学的环节更好地融合，对教师的教学也有一定的反馈和提升作用。

首先，学生评课与教师评课目的不同。教师评课关注"教情"为主，兼顾"学情"。我们主要关注教师的教学功底，包括表述的艺术性和感染力，设计的科学和严谨，方法手段的合理和有效，学生参与的积极和充分，等等。而学生参与评课，更主要的是关注自身的"学情"，即在乎知识层面上的获取以及在此基础上有没有产生新问题和探究兴趣。

其次，学生评课要求主持者把握适度。既然学生评课的目的是以自身的学情为主，所以我认为学生评课主要定位为课堂教学的延伸，即在课堂上没有弄明白的知识，或者没有延展开来的问题，或者与老师不同的观点，等等。主持评课的老师既要有深厚的学科理论素养，又要在课堂上敏锐地发现问题，同时对"学情"还要有基本的观察和了解。这样，主持者才能有针对性地提出问题，避免空泛而使学生无法把握，失去评课的有效性。

此次由专家主持的学生评课，针对教师授课环节，通过教学内容的回放，抓住课堂教学未能完全展开的问题，与学生进行了更为深入的交流。在交流过程中，既展示出学生对这节课的收获和思考，又暴露出学生存在的问题以及课堂教学的某些疏漏，从而共同建构了相对完整的课堂教学。在此过程中也引发了听课者对教与学脱节问题的再思考。

此次公开课学生参与评课的尝试，做得很成功，值得我们从教者借鉴。我认为，最大的借鉴之处是，使从教者更多地关注和了解学生现有的知识和认知状况，使我们的课堂教学与学生的现实情况更紧密结合，最大化地唤起和调动学生学习的兴趣以及思考和探究问题的热情。

帅朝晖（安徽省铜陵市一中，铜陵市骨干教师）

● 一线速递（论坛结束后的调查反馈）

（活动结束后，围绕"学生对你的公开课进行评论，你有什么感想""你对自己有评课权，有什么感想""如果你的公开课后有学生的现场评议，你的课有什么变化"对开课教师、听课学生和观摩教师的调查。）

问史·践履
——让历史进驻"人"

开课教师的独白："学生在评我的课"

（一）

专家组织学生进行评课，我第一次经历这样的环节，心中忐忑不安。

其实，刚上完课时，自己心中对这节课已有初步感受。尤其是对课堂的氛围、内容的争议，自我感觉并不是很好。所以，在评课前，还是有所担心：专家会怎样问学生？学生又会怎样回答？他们会提出什么问题？这些疑惑都在心里纠结着。

果然，任老师直接就"揪"着"假领子是美德"提出质疑。一方面，我陷入对这部分内容的思考："假领子"能否象征美德？当时设计的时候，为什么没有对此深入分析？另一方面，我也觉得有点难堪，特别是当学生评课结束后，全场给学生的掌声，更让我觉得难为情。心想：以后面对学生的时候，我该是什么形象呢？学生们还会相信我的课吗？只觉得好不自在。

评课中，当任老师问及有疑问为什么不在上课时提出来时，学生的回答让我感触颇深。一方面，我感动于学生极力维护我的暖心话，这让我对他们充满谢意，然而这种"暖心话"我听了并不舒心，因为它更让我感到自己没有精心做好教学的准备，还需要学生在"外人"面前极力维护。另一方面，我还在想，这是不是在批评我没有做好教学内容的深化，没有给学生质疑的机会，更没有形成课堂思想的交流？

所以，评课结束后，我内心是复杂的。既有完成任务的轻松，更有对我课堂表现的自责，还有担心别人看法的窘态，尤其是面对学生的紧张。同时，我也对自己的教学能力有了怀疑。一直以为自己上课还可以，然而这一节课下来，出现了这么多的问题，可谓"丢脸"丢到家了。但是，静下心来，我更多地开始反思。学生评课是一种直接反馈教学效果、促进教学的重要形式。它突出了学生的主体性，体现了教学平等。面对学生评课，我应放低身段，卸下思想包袱，敞开胸怀，不抵制、不惧怕，坦然倾听，虚心接受，鼓励学生敢说话，说真话。学生也应打破"纪律"束缚，敢质疑、敢挑战，客观地提出自己的疑惑与建议，真正实现与教师的深度对话。所以，再次回看学生评课，我更有了一份冷静，有了一种接受，也意识到教学中的不足，更感受到历史教师的一份担当。

既然学生评议让我这样"心潮起伏"，那说课时为何未提学生评课？主要是在上课前已准备好说课内容,加上对本课内容中的争议,所以,说课时把重点集中在了对争议问题的解释上,力求让听课者理解我的认识;还有一个原因就是,自己不敢再提学生评课,压力太大,担心再次引发批评。于是,把"人"丢了。归根结底,还是"人"的意识不够强,只局限于讲清自己课前设计,忽略学生课后评课,更说明自己没有意识到学生的重要性。回头想想,真的没必要,批评何尝不是成长的另一种方式?

顾俊(吴江高级中学)

(二)

对学生关于课堂教学的肯定内心很高兴,特别是提到对抗战的重新认知,觉得应该是本课最大的收获。对学生评价"正确但有点反动"内心很复杂。反思我们高中历史教学到底怎么了?一对很矛盾的词语用在了一起,也说明了从小到大孩子们的历史学习暴露出的问题。这需要我们好好反思。面对学术研究领域已经不是问题的问题,心情确实很复杂。我们应该尽可能地引导学生回归历史的本真,当然这可能是我们永远达不到的,但我们可以无限地接近它,"虽不能至,心向往之"。

学生评课只能是从感性的角度提供一种解释的视角,对很多知识的认知和评判有一定的局限;同时,对这种新的评判形式还没有完全适应,所以在说课时基本忽略。

颜先辉(杭州学军中学)

评课学生的声音:"我有评课的资格"

声音一:"有一种民主的感觉"

张俞心:学生也许没有听课老师和专家那么知识渊博,但课是上给学生的,学生更有发言权。这是一个民主的时代,学生也有评课权,学生评课更真实。

费子成:这个活动比较民主,将自己的感受说出来是比较开心的,但可能会使上课的老师感到尴尬,因此,讲的东西还会客气一些。

刘高荣:学生是授课的对象,有权评课。

陆伟:让学生有了发言权,这很公平。

张苏雯:有一种行使民主权利的感觉。

问史·践履
——让历史进驻"人"

陈思：觉得好像学生的身份瞬间提高了。

费稼欣：非常人性化，学生可以自由发表意见。

徐俊豪：课堂本就是学生的课堂。

吴子怡：我们不再只是听众，我们能发出自己的声音了。

声音二："我们学生是上课最直观的感受者"

焦海鹏：我们学生是上课最直观的感受者，我们不了解老师，只有对本节课的想法，我认为学生有权评课。

范佳卉：作为学生，对课本的理解一定与教授者不同。

方婷：学生当然有权评课，老师开课评课跟学生并没有关系，老师是一个人，底下的学生千千万万，一个被同行说好的老师，学生不一定觉得好，学生眼中的老师某种程度上与老师眼中的老师不一样，也要看学生的想法。

钱诗静：自己能评课是以前没有也不敢想的，我认为学生才是最有权说话的那个。

陈丹：只有听课的人才知道一节课下来，自己还缺乏什么知识，从而提出建议。

王之扬：学生探求历史感受是最真切，感触也是最多的。

俞成：不可多得的宝贵经历。

声音三："更可以找出一节课的好处和缺点"

王辰昊：评课是我上了这么多年学，听了数十节公开课而从未遇到过的。因为学生才是课堂知识的接收者，才真正有资格去评价一堂课的好坏。如果仅靠专家、老师评价，或许评价很高。学生去评价，更可以找出一节课的好处和缺点，对授课老师同样更有帮助。

殷子扬：可以让老师更加认真地对待课堂。

周雯：感受最深的当属学生，学生对老师讲课优劣的评判最具有说服力，也给学生锻炼的机会。

史慧敏：体现了"师生平等"的关系。学生有权评课，不仅让老师感受自己的教学成果，在学生的评价中不断改进，不断完善自己，还能使学生上课集中注意力，会更认真地去听课。

徐俊豪：我认为这是一种尊重学生的体现；有利于调动学生学习积极性；

学生才是课堂的主人，只有学生参与评课，老师才能知道我们真实的想法，也有利于老师不断改进，教学更加严谨、完善。

声音四："我们并不权威"

王皓天：学生评课只可作为结果之一，因为我们并不权威，我们不一定能发现课程中的错误，也可能会对所学内容产生误解。所以，我觉得老师的评课尤其重要。

吴雨平：只有学生才能体会到老师上课的好坏，但也有不好的一面，因为有的学生还是不知道什么是评课，没有经验。

肖纯辉：学生听课有发言权，但只是片面评课。

戴舒雨：不应该强制让学生评论，既有权评课，也有权拒绝。

陈佳杰：有新的弊端。比如，某个学生对这次课程没什么想法或感想，叫他如何评价？毕竟没有经验，从老师的角度来看这位老师有所不足，但从学生眼中看不出缺点。

顾思涵：同一节课，不同的人有不同的感受。学生是一个听课群体，接受新知识的群体，我们对这节课的感受是深刻的，但我们能否把自己的感受很好地表达出来，即表达能力也需要考虑在内。

肖姝佑：建议可以一对一，让有想法的同学能够把内心深处的想法说出来。

吴瑜玮：在给予权利的同时还连带着责任，诚心地给这堂课评价。

观摩教师的感叹："如果学生来评我的课"

（一）

如果我的公开课由学生而非教师评价，教学设计会不会不同？乍一听，第一反应是：当然会有不同。评价主体的学识、能力、立场不同，自然评价的角度、侧重点也不同。教师的品位重在"高大上"的能力立意和史料运用等方面，学生的趣味偏在课堂组织形式的丰富、情节叙述的生动等角度。我须"投"不同评课者之所"好"。

再一思量，为何要不同？作为研讨的公开课，本就应是为学习主体——课堂中的"人"——学生而定制，而非为旁听观众——听课教师设计。无论评价者是教师还是学生，评价教学的出发点与最终归宿都是课堂中的"人"的发展。一节好课，就是通过课堂中的"人"所乐于接受的路径、策略，活化历史思维，构建价值体系。不管我采用风趣的故事讲述、精巧的角色扮演，还是高端的学术探究，只要能为学生理解接受，并能切实地让学生有所"得"，那么无论谁评课，都会给予肯定。听课教师的品味与学生的趣味并不对立，两者交集于课堂中的"人"的成长。

如果担心学生评课时不能领会我的高深教学立意，否定可能在听课教师眼中"高大上"的好课，那么只能说我的策略选择存在问题，立意确定存在缺陷，"高大上"也只能沦为"假大空"。我们的高中学生已有能力分辨形式多样与哗众取宠、实效显著与华而不实之间的区别，也有能力客观评价一节课所给予自己的是精神上的升华、思辨能力的训练，抑或仅仅是知识点的获取。因此，无论谁评课，我都会将我的教学设计定位于为课堂中的"人"服务，在充分把握学情的基础上，以其原有的知识、能力为基点，以其能充分参与为设计重点，探求其历史学科素养提升的生长点。

季芳（吴江高级中学）

（二）

如果学生评我的课，一定会倒逼我在教学设计时，更多地从学生的"学"出发，关注学生的学习过程、学习状态和学习效果，创设丰富的问题探究体验和深刻的历史感悟反思的教学情境，调动学生主动参与课堂的积极性，生成穿越时空的历史智慧和兼顾时代的价值判断。在教学目标的设定上，我会兼顾学生认知逻辑和历史本身的理路逻辑，关注学生的参与度，而不是一味追求立意上的"高大上"，而忽视了学生的"德智情"；在设计探究问题时，我会兼顾能力立意和意义建构，创设有梯度的问题情境和历史图景，让学生在心灵中重演过去，关注学生历史意识的养成，"够得着""看得见""思得远"；在选择教学方法时，我会兼顾过程开放和学生为本的原则，关注不同学生的个体差异，生成对话和交流的意义溪流；在选择教学内容时，我还会兼顾历史性和时代性，淘汰那些不利于塑造学生正确的人生观、世界观和价值观的知识，关注历史与现实，让学生在历史的过去演绎中关注时代价值，形成正确的价值判断和价值观。

石晓健（吴江高级中学）

（三）

听着学生的评课，我暗暗问自己：要是我的课也由学生来评，我该怎么办？思索中想起任鹏杰老师在《历史教育必须走出上位不清下位糊涂窘境》一文中说的："'教学转化'是历史教育实践一大难题……还有一个用何种途径和方法才能有效评价学习者学得好不好的问题……除书面测验外，目前公认的更重要的良法是对话，即让学习者'说出来'"。

让学生"说出来"，首先考虑让哪些学生来说。我会在课前对学生基本情况进行详细摸底，了解清楚哪些学生是活跃分子，哪些不善表达，哪些不随主流，哪些喜欢争论一辩输赢。课堂上我就要调动他们的热情，让他们在师生互动中畅所欲言。当然对他们的名字、座位等我也要课前做到心中有数，防止课堂对着张三喊李四的现象出现。只有课前对学生做到心中有数，才能在课堂上做到有的放矢。

让学生"说什么"呢？我会在课前就学生对本课教学内容的掌握情况进行摸底调查。我会鼓励他们对有疑问的知识大胆提问，根据学生的问题我进行分类重组，并将这些问题融入我的教学设计，在讲课中有针对性地与提问题的学生呼应；对于自己也难以把握的问题，我就要主动查阅相关资料，构思化解策略，以便深入浅出，准确讲解，既让学生感受到被关注的温暖，也在学生面前"装"几分学术。

陈春娟（吴江高级中学）

● 场外热议（约请更多同仁笔谈）

（学生现场评课，莫衷一是。为此，活动主办方约请参加活动的专家、名师、一线教师和高校师生畅谈思考和建议。）

谁是课堂教学的"当事人"？

（一）学生的感受不可替代

学生是教学的直接参与"人"。教师无法取代学生，学生作为除教师之外直接参与教学的一类"人群"，他们对课堂教学的视角、思考是不可替代的。不可否认，学生没有教师的专业水平，但正因为如此，他们的感受更能从自身的得失出发，更能发出内心的声音，会让老师发现自己的某些不足和可以进一步优化的地方，对后来的学生和教学无疑是一种帮助。

汤红琴（苏州新区实验初中）

（二）换一个视角来评课

吴江之行，见识到了两位老师非常精彩的公开课，也感受到了中学历史教学整体的发展趋势和方向，确实受益匪浅。在两位老师的公开课之后，活动要求由学生对两位老师进行评课，让人耳目一新。以往的公开课之后，常常由在座的其他老师或专家进行评课，这样的评课很专业，但似乎都是站在一个"上帝视角"来看待问题。基于这次活动主题，主办方要求学生评课；观察学生对本课学习之后的理解情况，更能够清晰直观地反映出一堂课的成功与否。学生的知识结构体系与老师们不同，他们是真正的课堂参与者、学习者。他们的理解与体会更能够反映出授课教师传递给他们的思考与领会。事实证明，这样的学生评课活动是成功的。两节课之后，在任鹏杰老师与李月琴老师的引导下，学生纷纷针对各个问题提出了自己的看法，而这些看法与传统的教师评课显然是不一样的。总体而言，"学生评课"在这次活动中是一次很好的实践，值得我们在未来的教学活动中学习和借鉴。

叶希蓓（华东师范大学历史系研究生）

（三）说出课堂的本真味道

可以说学生评课体现了"人"的存在。古希腊智者学派的代表人物普罗泰戈拉说：人是万物的尺度。最有资格测量历史课堂的人，当然是"受力者"学生。学生的认识与评说，最能说明历史课堂的本真味道。正如任鹏杰老师所言，说错了也没有关系，引导他走出误区。学生的思想少有各种束缚，评课也少有理论与形式，他们说的大多是自己的真实感受、真实的理解与认识、真实的懂与不懂。任鹏杰老师说：历史教育的终极取向——帮助学生认识自己、做好自己。让学生参与课堂开口评课，让学生自己独立思考并说出来，这样学生才能真正认识自己，并推动历史课堂回归本真，历史教育"服务人生"将不再遥不可及。

刘文峰（苏州新区第二中学）

（四）下课，不"谢幕"

历史教育，"人"不能缺席，必须以"学生为主体"，这是大家早已达成的共识。但人们往往有意无意地将学生发挥主体作用的空间定格于课堂，以为下课铃声一响，学生就可以"谢幕"了。学生不仅仅是课堂中的"人"，更是生活中的"人"，学生评课是课堂教学的延伸，是课堂教学的有机组成部分，让学生充当评课的"主角"，大大拓展了学生发挥主体作用的空间，真正实现了"以人为本"的教学理念。学生评课对课堂教学的真实感悟，是对课堂教学的真情流露，是学生经历课堂教学以后爆发出来的思想火花。这种在学生评课过程中锤炼出来的浓厚民主意识，对加强社会主义民主和法制建设无疑具有深远意义。

刘计荣（江苏省震泽中学，苏州市名教师）

（五）"人"在课堂中"强大"

传统评课，教师上课的优与劣，往往都是由领导、专家、同行说了算，学生往往被剥夺了话语权，即使有评价权，也是被专家们以一纸试卷来检测，课堂所得到底有几何，还是没有跳出"任务—应试"的窠臼。吴江高级中学举办的这次"问史"论坛，"学生评课"环节的设置，在课堂"教"与"学"的评价方面对传统评课模式进行了颠覆式的尝试。

一方面，学生评课，学生在历史课堂上，经历"学史""问史"到"悟史"的体验过程，从"幕后"走到"台前"。另一方面，学生评课，让教师在历史课堂上，经历"备历史—教历史—回望历史—重新认识历史"的过程，从高高在上的知识传授者，转变为鼓励、赞赏学生学习活动的引导者、支持者、辅助者。

学生评课，通过学生、教师、专家面对面的交流、碰撞，甚至是面对面的质疑、质询，让学生真正站在与教师、专家平等的地位，实现了"我的课堂、我的学习"我做主。同时，学生评课，也锻炼了学生的勇气和胆量，增强了学习的兴趣和自信，更培养了独立思考、发现问题的意识与能力，让"人（学生）"在课堂上成长、强大起来，让历史课堂见史又见"人"。

张苏皖（南京一中，南京市青年优秀教师）

问史·践履
——让历史进驻"人"

学生评课何以助力教学相长？

（一）挑战权威再思考

学生评课实现了教学相长。一方面，学生评课是从学生学习的角度来重新审视教师的课堂教学，这无疑会对老师的课堂教学提出各种各样的责难，从而发展了学生的批判性思维，挑战了教师的传统权威。另一方面，学生评课也促使师生对课堂教学的再思考、再认识。它有利于老师得到真实的反馈信息，虽然不能肯定所有的学生都能说出自己的心里话，但是，这种真真切切的鲜活评语更能激发教师的教学智慧，同时，也有利于学生审视自己的学习效果，让学生明白这堂课我应该"学什么""怎么学""学得怎样"，从而使学生自主学习的意识、能力、习惯明显增强，大大提高课堂教学的有效性。

刘计荣（江苏省震泽中学，苏州市名教师）

（二）另一种成长与进步

学生评课是增加师生沟通的一种手段，对我们教师本身而言，既是一种促进也是一种监督。可能有人接受不了，觉得这伤害了作为教者本身的尊严。但是我们应该意识到，世界的多元发展，本身就决定了学生获取知识的途径已经不仅仅局限于课堂，所以教学相长变成了一个很现实的命题。我们应该自信地敞开胸怀，去接受和拥抱这样一种新兴的评课模式，这对我们教师本身来说其实也是一种进步和成长。

赵加军（苏州教师发展中心，江苏省特级教师）

（三）教师耐挫力的考验

公开课后的采访，必将涉及对课堂教学的评价，这需要教师有极大的自信与极好的风度。教师讲课中难免会有瑕疵，如自身素养很高的颜老师课堂中关于抗战史实一个提问表达不够严谨，听课老师均发现了此问题，李惠军老师提出问题并引导学生强化历史时序认识，学生恍然。原本质疑教师权威，是值得倡导的，然而心智尚不很成熟的青年学生会不会因此而看轻老师，进而影响对教师的尊敬，降低学习效果？

汪建红（苏州十中，苏州市名教师）

（四）学生也可以教学反思

我们倡导教师进行教学反思，而学生评课是学生的教学反思。教学过程是教师的"教"与学生的"学"的互动过程，学生的反思不仅是一个教学实践问题，也是一个需要探讨的理论问题。学生评课涉及教师的"教"，但更主要的是学生的"学"，学到了哪些新知识，掌握了哪些方法和技能，哪些素养得到提升，获得了怎样的情感态度与价值观，对自己形成完善的人格有哪些宝贵的启迪，自己在历史学习中存在哪些不足，如何改进自己的学习。对这些问题进行反思，从而使自己成为学习的积极参与者而不是缺席者，对学生学会、会学、学好、会用不无裨益。

李君岗（苏州园区二中，江苏省特级教师）

学生评课如何成为新常态？

（一）温度，让授课者参与对话

历史教育不应忽视"人"的存在。不论是从课程论、教学论的角度来讲，还是从资源建设、观课议课的角度来说，都应当"主动邀请"学生参与到评课中来。"以学生的发展为本"不能仅体现在教学目标的设定、教学策略的设计、教学方法的选择上，更应体现在课堂教学评价上。因此，请学生参与评课，是新课程改革的应然之事。

然而，在实践中极少有评课者重视最有发言权的"当事人"。究其原因，除了未充分意识到学生的评课价值外，还有一个重要的原因是，不知如何把学生请到评课活动中来。请学生参与评课，不能简而化之地让学生谈谈听课感受，而应与日常的教学一样，由主持评课的"第三方"进行必要的设计，给学生设计出具体、可理解、易回答的问题，并不断地给予引导。只有这样，才有可能把应然之事变为实然的操作。

当然，在学生评课的活动中，仅有听课的师生与主持人参与是不够的，作为教学活动的重要当事人的授课教师，也应参加到评课活动中来。授课者解答学生的困惑，有益于提高课堂教学效果；授课者倾听学生的质疑，有益于提高教师的专业水平；授课者与听课者的平等对话、互动交流，有助于双方的共同提高。总之，学生评课中不能忽视授课教师的存在。

沈为慧（江苏省昆山中学，江苏省特级教师）

（二）量度，加强科学化、规范化

如果可以优化，我认为加强现场版"学生评课"的科学化、规范化或许比较重要。假若事前有科学的设计、详细的规划，甚至可以直接让学生主持，以尽量减少现场主持人的主观影响。正如我们所见，参与现场导引的大师们的着眼点大有不同。在质化（定性）观察之外，或许也有必要增加全体学生参与的科学的书面测试，以得到多数人的定量数据，增强其说服力。正如我们所见，在"学生评课"现场，发言的还是少数，而且其中很多观点截然相反，很难有广泛的代表性。

薛伟强（江苏师范大学教育学院，博士）

（三）高度，学生参与有终也有始

如何将学生评课变得更有效率和更有意义？我觉得学生评课的初衷应该是让学生高度参与到我们的历史教学中，所以我们教师在设计教学活动时就应该去征集学生的想法，而不是一味地自己坐在办公室里去做教学设计，然后想当然去想象所呈现的教学效果。学生参与应该是自始至终的。学生在参与了你的教学设计后，课堂教学后就会更有感触和想法，这样，评课的时候提出的问题也会更有现实意义。另外，对评课的形式做一下变通，让评课变成一种探究，可以让学生分成小组，让每个小组针对课堂教学或者课后的延伸提出一个问题，然后互相讨论，最后和老师进行探讨达成共识。这样的课堂就会变得更有意义，也更能体现课堂的价值所在。

赵加军（苏州教师发展中心，江苏省特级教师）

（四）角度，让学生自由发挥

以往的公开课大多是上给老师听，或者说是表演给大家看的。这次，耳目一新的是课后的"学生评课"环节。在我看来，虽然这不算真正意义上的学生评课，更多的是专家课后的提问或者采访。可能由于时间有限吧，并没有充分展开。最好的学生评课当然是给学生充分的时间，没有老师的暗示引导，让学生按照自己的思路来说、来评、来建议，说出他们自己的心声。这次抛砖引玉，意义非凡。

祝红德（苏州市苏苑中学）

（五）深度，导评有层次、有引领

要让学生有深度地回答，必须是有深度的设计。提问时最好要选择不同层次的教育对象，多个层次的学生参与便于全面、真实地反映课堂教学效果。对学生的回答，主持人要进一步即兴发问。如本次活动中学生评课环节，任鹏杰、李月琴老师都非常老到，看似一个随意的问题，但紧接着是一串连珠炮，层层深入，一环套一环，尤其是"老顽童"李惠军老师在一旁也按捺不住，不时"插嘴""煽风点火"，让评课高潮迭起，直让学生招架不住。所以，学生评课既是挑战学生，也是挑战"导师"。好的精心的引导，可以帮助学生积极参与、完成深入的思考，会进一步激发学生接受课堂教学知识扩展的潜能，提高综合运用分析的能力，会产生"余音绕梁"的积极效果。

一方面我们要鼓励学生不要有顾虑，要勇于表达自己真实的想法、有深度的想法，只有这样才能培养学生真正的参与度和思维度。另一方面，授课、评课过程中，需要教师进行及时、适当的引导，授课、评课可以百花齐放、百家争鸣，但不是天马行空、信马由缰。尤其是对一些明显偏离主题的回答要给予正面纠正，给学生以明确的是非准则，否则会引起学生思想上的混乱，长此以往，也许会出现学生丢失是非准则，丧失判断力，甚至导致极个别学生价值观的"畸变"。

沙夕岗（昆山市石浦中学）

学生评课可以走多远？

（一）大胆假设、小心求证

对这种新型的评课方式，大家一片叫好。好就好在他们找到了"人"，找到了学生，努力把学生从应试教育的桎梏中解放出来，从教师控制型课堂里解救出来，凸显了"以人为本""以学生为中心"的新课程理念。然而，我很忧虑：学生评课究竟能走多远？

首先，学生的时间和精力允许他们这么做吗？学生评课势必要占用学生大量宝贵的时间和精力，偶尔一次"玩玩"还可以，如果形成常态，学生肯定不愿意，家长也不会答应，校长也要不高兴了。就本次活动来看，两节公开课都不同程度地超过了45分钟，学生评课又在15分钟以上，一个多小时，学生没有休息。更重要的是，后面那节课的老师怕是望眼欲穿、欲哭无泪了。

其次，学生的经验和能力允许他们这么做吗？中学生毕竟是中学生，他们思想活跃、观点新颖，固然能给人启发，但是，他们基本没有接受过教育学、心理学的教育，对评课根本不可能有专业的见解。如果我们在这个方面走得太远，我又担心会否定传统的教师、专家评课。传统评课，还不到全盘否定的时候，自身的改良和优化完全可以适应新形势的发展。倘若以学生评课取代传统评课，那就因噎废食了。

对学生评课，我个人持悲观论调。它好，但再好也是水中花、镜中月，近在咫尺，又遥不可及。虽说如此，但这样的尝试也是有价值的、有意义的，它发散了我们的思维，打开了评课的新思路、新空间。由此，我又想起胡适先生的那句名言："大胆地假设，小心地求证。"

王黑铁（苏州新区实验初中）

（二）条件限制，难以推广

关于学生参与评课，笔者认为是一种很好的课堂延伸的形式，值得尝试和肯定。但另一方面，若主持者对学生的学情不了解，对授课老师的优长与存在的问题缺乏及时和准确的把握，则很难对学生有高质量的引领，而且受课时安排的影响，学生很难有较充足的时间进行评课。因此，受到主客观条件的限制，我想学生评课这种形式可能难以全面推广。

帅朝晖（安徽省铜陵市一中，铜陵市骨干教师）

（三）科学支撑，实现精进

"精进"是佛教语，意思为努力向善向上，对一切善法肯认真负责，精诚集中，不放逸。所以我力挺学生评课，实在是因为今天的学校教学评价机制太需要跟进、改革、优化了。

从人文上讲，其本质就是重建一种精进的生活方式，在社会化、全球化的世界公民群体里，提供民主的方式，变"教学生存"为"教学生活"，久而久之，民主意识和民主能力便内化成核心素养。

从科学上讲，如果不让学生评课从艺术走向科学，那依旧不算是得法的。故有标准的、规范的、可复制的，属于大多数人的评价设计才是"学生评价"到达教育"彼岸"的路径。这其中也不是简单的问卷调查或访谈预设所能覆盖的。如此次学生评课是以采访者追问形式实现的，许多问题是上课进行中生成的。但凡是科学的流程都是屡试不爽的，随心所欲或捕风捉影一定不是恒成立的创生形式，所以，"学生评价"需要更多的脑科学、心理学甚至是管理学去科学支撑、理性演绎、据理负责，以实现精进。

黄雯婷（吴江盛泽中学）

（四）不宜标新立异、哗众取宠

评课也是为了进一步完善课堂教学，利于教学目标的达成。学生由于年龄、知识以及阅历的制约，身心尚未成熟，个人价值观也未完全形成，所以对学生的回答、课堂的延伸要有所限定，不宜无限延伸。课堂教学包括学生评课，可以创新但不宜过于标新立异，更不能哗众取宠。

沙夕岗（昆山市石浦中学）

（五）理性看待，深思熟虑

以学习为中心的课堂观察，岂能忽视学习者的感受。评课中对学生的采访，是对教学目标落实情况的调查。尽管我们可以通过课堂中的提问交流，课后的作业、问卷等形式来调查学习情况，却总不如现场的采访来得直接真实。然而，囿于年龄、阅历、学识等，我们还必须客观理性地看待学生的评价。公开课后的即时采访，可以激发学生的进一步思考，促进学生视野拓展，但由于缺乏相关背景材料的支撑，不可能深思熟虑，认识也难免有所偏颇。

汪建红（苏州十中，苏州市名教师）

学生评课，有人说它是一次颠覆，也有人说它是一次作秀；有人说它预兆了新气象，也有人泼点凉水给它降降温……用"反应复杂"来形容各种心态最为恰当不过了。在学生评课的路途中，如果没有困惑、苦恼，甚至彷徨，说明学生评课的机制还未真正起航；如果没有争论、驳斥，甚至反对声，说明学生评课的践行还没有触及问题的要害。发现问题、研究问题、解决问题，原本就是做事情的常态，更何况我们又在做世上最幸福之事——育人的事，这其中的痛并快乐便是我们教师为之"人"的体验。

学生现场评课究竟可以走多远？现场的点赞、一线的感言、场外的热议，足以证明它有存在的必要性和可能性，尤其是学生对课的评议，给我们竖起的一面"镜子",让我们看到了平时看不到的自己;尤其是学生对评课的评议,更让我们没有理由无视那一个个小脑袋里对"大人的教学"那复杂而又纯真、理性而又感人的眼光。虽然有作息时间的限制,虽然有对学生能力的顾虑,但这并不妨碍我们认识并读懂此次首发的核心价值——历史教育,学生是最不能缺席的"人"。那么,我们就从"评课,让学生在场"做起吧!

最后,摘录四个期刊上的报道作为结束语:

(学生评课)不仅对两课内容的价值判断更加清晰,而且学生切实感受了什么是学习"主体"。这一举动,也促使听课教师反思何以让学习者成了学习效果评价的哑语者、失语者,进而引发了对历史中的"人"、课堂中的"人"、生活中的"人"等历史教育实践诸多层面"人"缺席现象的深度省察。学生评课不是要"审判"教师,而是重在"暴露"学生真实的学习体验状况,为教师改进教学、提升胜任力,寻找更加真切可靠的依据。学生无论说对抑或说错,对加强教学针对性、调整教学策略而言,都颇有参考价值。因为,学习者的健全成长,才是教学的出发点,也是教学的落脚点。

视 角

转化:对接"学生"和"价值"

教与学需要转化、融通。课堂是否有效,关键的衡量标准是是否实现了"教学转化"。那么我们又如何评价教学转化的效果,即学生理解、懂得、明白的程度呢?公开课后的评议即为一种比较常见的教学评价模式。而传统的公开课是由专家、名师、同行这些非学习者身份的旁观者来评鉴,而非学习当事人。这些旁观者,与开课老师一样,教学内容烂熟于心、历史思维训练有素、教学手段了如指掌,而不是和当事人——学生站在同一起跑线上。这种传统意义上的评课,以专业的"旁观者"来替代非专业的"当事人",往往不能对教学转化进行客观的评价,还使得公开课越来越"不接地气",缺乏"生"气,以至于热热闹闹的公开课后,开课班级的任课老师常常要悄悄地重上一遍,接补"地气"。

教学转化不是上课的老师一厢情愿所能达成的，其效果也不是听课专家一目了然的。学生说，"学生也许没有听课老师和专家那么知识渊博，但学生才是课堂知识的接受者，感受最深的当属学生"（张俞心语）。"教之效"转化为"学之果"，首席发言人一定是学生！学生的评课，虽然稚嫩、感性、直接、表面化，但却是"素颜"，最真实地展现出他们的理解程度、接受能力和情感世界。学生参与评课，不仅是对传统评课说"不"，更大意义在于倒逼着上课老师放低身段、俯瞰学情，推进教学的转化。

"历史教学，'人'不能缺席"主题活动"抗日战争"一课，由颜先辉老师执教，开课班级是我任教的高一（2）班。课后，由《历史教学问题》杂志李月琴副主编主持了学生现场评课。我的学生在评课中的谈吐、感悟以及困惑让我既欣喜又久久不能释怀，进而使我对公开课后如何在教学转化中连接"学生"和"价值"有了新认识。

一、"补课"？——"不作为"中有所为

【回眸评课】

李月琴：在大家的想象中，老师应该讲些什么？

张苏雯：课本上的知识。

李月琴：老师现在讲的与你的预期有多大？

张苏雯：蛮大的，不拘泥于课本。

李月琴：相比课本上学到了什么？

张苏雯：学到了很多精神上的东西，比如"民族精神"。

……

李月琴：今天这节课上完以后，你们印象最深的是什么？

杨瑜豪：魂。魂是一个民族的血液，没有魂，这个民族不算是一个民族。

【"转化""对接"】

1. 调研：检视教情学情

课后听课老师提出公开课的"补课"问题。李惠军老师在现场表达了他的观点："纪念抗战并非只要记住那些事情，更是要获得一种国家和民族的记

忆。"[1]学生在评课中说,印象最深的是"民族精神",从这个高度上看,课是很成功的。的确,我们更应关注学生的精神成长,不应该羁绊于知识目标。

活动结束后的下一节课,按惯例,在进入新课学习之前,我会以填空题的形式提三个问题,检查上节课的知识掌握情况。然而那天,学生表现出极大的诧异和委屈!他们争先恐后地说:"上节课是公开课啊!"这又让我想起公开课的"补课"问题。在实际教学中,公开课后的重上现象比较普遍,尤其是被借班开课的班级,很多任课老师至少也得把知识体系梳理一遍。"补不补课,谁说了算?"既然学生是课堂的主人,不如听听学生的想法,更何况这是个"榨"出真情实感的机会。所以,我就顺水推舟,以调查代替了检查,对全班42位同学进行了问卷。

(1)你觉得老师今天对"抗日战争"的知识进行检查,合理吗?
(2)你认为这节课要不要老师重上?为什么?
(3)如果老师不重上,你准备怎么办?
(4)如果再有上公开课的机会,你还愿意上吗?

第一问"对上节课进行知识检查是否合理",有28位同学认为不合理,他们认为,"(公开课)未讲课本知识,讲的都是课外内容,与考试没有关系"。

第二问,39人要求重上,理由都是"考试需要",为了"更好地把握书中知识""需要一个具体的框架,而不是一些抽象的、零散的记忆片段"。显然,学生比老师更现实,更在乎教材知识点的掌握。那么我就该顺应学生的呼声,为落实教材知识而重上。

第三问,"如果老师不上呢?"有35人说"看教材,完成教辅相应习题",还有几位学生说,"问同学或老师""网上查资料,看他人的PPT或文档""找上届学生的书本自学"。显然,"无奈"之下,他们是知道怎样通过自主学习进行补习的。既然如此,为什么要求补课呼声那么高?我不得不反思自己的教学!不就是我平时太包办了吗?过多的包办使老师传输、学生接收成为常态,不经意间还挤走了学生能力提升和价值观形成的空间,剥夺了学生自我探究的乐趣和成就感!既然如此,我还有必要重上吗?再次试探下,学生们达成了一致:"老师,我们自己来吧。"

---

[1] 2015年12月11日"历史教育,'人'不能缺席"论坛上李惠军的发言。

自己补，那一定会挤占宝贵的课余时间，以后再有公开课的机会，也许他们就该不愿意上了吧？第四问"以后还愿意上公开课吗？"也是39人！想"补课"39人，想"上公开课"也是39人，这两个愿望在我的认识中应该是相悖的，而现实却如此融洽！他们说："课的内容可以补回来，这样的课（公开课）能让人铭记在心""还想评课""磨炼自己在大场合下的机会""是一场全新的体验，一次丰富的收获""听到别的老师说自己班好会觉得很高兴"。

多可爱的学生啊！他们正视现实的无奈——考试，但是，他们也在乎精神的满足和自我价值的体现。钱诗静说："知识固然重要，但对历史真相的探索更让人着迷，沉溺其中。"张超说："梁启超对梁思庄说，'求学问不是求文凭'，我追求的是探索历史的乐趣，不是硬性对知识的掌握。"徐俊豪说："知识固然重要，但历史的真相更值得我们去探索，就像日本人隐瞒侵华历史，这是一种对历史真相的不尊重，人民也永远活在虚假的历史中。"

2. 认识：无为中有为

没有满足学生"重上"的要求，似乎是"不作为"。然而，无论对学生还是教师而言，却是以"无为"之形，求"有为"之实。香港大学荣休教授程介明说："社会发展了，学生要学的东西愈来愈多，但这不应该变成教师要教的愈来愈多。"[1]教学的主要目的在于"寻求并找出一种教学方法，使教员可以少教，学生可以多学"[2]，历史学习更是如此，学生自我探究中不仅积累了知识，还增长了对历史的兴趣，汲取了成长的精神动力。以教师的"无为"推进学生的"有为"，激活学生在"无奈"之下逼发的学习需求，从这个意义上看，"不作为"恰恰是促成教学方式转型的契机；于我的教学而言，又岂止是"无为"：要把学习主动权交还给学生，我就得优化教学策略、判断价值指向，并在学生的帮助下，获取最一手的教学反馈信息，进而更好地改进教学，服务当下的学生，服务未来的学生。

所以，公开课"不接地气"也罢，常态课"不采云气"也罢，任课教师尽量让学生自己下地行走，虽然走得没有教师推着、拽着、抱着那样"快捷"，但你没看见在跌跌撞撞、满身尘土中，孩子们是如此欢快？

---

[1] 程介明.教少些，学多些[J].上海教育，2015（28）.
[2] ［捷］夸美纽斯.大教学论[M].任钟印，译.北京：人民教育出版社，2006：6.

二、"残梦"？——对"影响"施加影响

【回眸评课】

李月琴老师将话筒递给了方婷："我再问一下语文科代表，当老师在问抗日救国什么梦的时候，为什么你的想法跟老师的答案这么高度一致？"

方　婷：因为他（颜老师）前面展示的抗日救国梦，引导我们说出抗日救国梦并不是真正地完成了，还是缺乏的，残缺的，所以我就那么回答了。

李月琴：当老师在问什么梦的时候，其他同学在她回答之前，有没有想到其他的字？

殷子杨：救国幻梦。我觉得这个抗日战争并非真正救国了，实际上还是对中国造成了很大的伤害，比如人民流离失所，还有大的伤亡，还造成了经济瘫痪……这个幻梦就是所谓真正的抗日并没有真正做到救国，所以我认为是幻梦。

李月琴：抗日战争没有真正地做到救国？

殷子杨：只是保卫了民族的主权。

王浩深：我们觉得是连主权也未完全保全，因为当时港澳问题也是没有解决的，所以中国的领土主权问题依然是存在的，她（方婷）那个"残梦"我觉得也是非常好的，因为毕竟是留下了太多太多的问题，然后是让后面去解决。

李月琴：（第二批学生的午餐铃声响起了）请坐，相信再讨论下去可能你们会认为有比"幻"更好的词。我们这次是"问史"论坛，课后你们可以"问师"，与老师展开讨论。谢谢我们在座的同学们。

【链接课堂】

教学即将进入尾声，颜老师抛出了问题："抗日救国梦真的实现了吗？"PPT投影了以下两段文字：

"抗日战争爆发后……因为有战争的特殊原因，或出于对日战争本身的需要，集权成为完成抗击日本的必不可少的组织形式……国民党也好，蒋介石个人也好，越来越趋向集权，以至于到抗日战争后期，蒋介石一人便身兼国民党总裁、国民政府行政院院长、军事委员会委员长数职，甚至还代理了国民政府主席。——《中华民族抗日战争全史》"

"（抗战胜利后）英国强行重占香港,不许我军接收……——《蒋介石日记》"

颜老师对两段材料进行了分析解读："这个时期的中国，从国家主权上看，距离完全的民族独立还有很大的距离。一个民主缺失、集权笼罩的中国，

一个外交上并没有完全独立的中国，一个经济凋敝的中国。在这种情况下，'抗日救国梦'用什么形容词来修饰呢？"PPT上投影了"抗日救国？梦"。语文科代表方婷脱口而出："残梦"，老师一声赞叹："我很欣赏你！"鼠标一点，PPT上投出一个大大的"残"字，顿时全场响起了掌声！这掌声，是赞美方婷精准的对答，是肯定教师完美的引导，还是对教学内容的高度认可？而此时我这个任课老师却在担心，学生是否会沾沾自喜于答案的精准完美，是否会沉溺于"残梦"的认识？李老师的追问，恰恰对接了我的担心：学生对"残梦"的论证和强化！

【"转化""对接"】

1. 评课，暴露前认知

评课在学生对抗日救国"残梦"的"论证"中戛然而止。本课教学设计初衷是这样的吗？颜老师在说课时是这样表达的："每个时代都有不同的梦。而这个时代，在抗日的同时救国，是当时很多人的梦想……抗战的成功对中国来说意味着什么？这方面内容很多，我截取了两个点，就是中国在国际地位上有所提高，以及我们民族的凝聚力……这种精神是抗战留给我们的宝贵的财富和遗产。第二个问题是抗战真的实现了吗？让学生有更深的思考……实际上，抗战梦是部分实现了，所以用残缺的意思表达，更贴近现实一些。"这节课一年前颜老师曾在无锡上过，对比上次的课件，"残梦"之教学设计并没有改动，说明无锡上课时并没有遭遇质疑。而今，如果不是学生的评议，也许我们老师还不一定能够发现，学生对"残梦"的认识竟这般强烈，以至于他们竟这般纠缠于抗日救国的缺憾上，并努力论证"抗战所带来的负面影响"——"经济瘫痪""流离失所""人员伤亡"，而这是否会成为学生对抗日战争的主导性认识？显然，学生的结论与老师的设计是有落差的，他们的取向并不同轨！从这个角度上说，学生评课给教学挂上了一面镜子，暴露了"学之果"偏离了颜老师预设的"抗日战争是中国走向复兴的民族精神"的指向。

"角度愈多、偏见愈少。"[①]从历史和现实多元审视历史固然无可厚非，但多元视角的呈现并不能平均看待，均衡体现，要用"发现的眼睛"去发现、比较它们，分出轻重缓急，找出举足轻重的核心取向。而判断核心的依据即看

---

① 任鹏杰. 一条线串联世界 多角度审察历史——评田雪莲老师"欧洲的殖民扩张与掠夺"一课［J］.中学历史教学参考，2014（1）.

它是否能够给学生一个五彩缤纷的世界，能否帮助学生健康成长。中国近代一百多年里，不同历史阶段的抗争和探索有着不同的时代使命，在前赴后继中，中华民族一步步走向民族独立，国家日渐富强。只有把每一阶段的历史放在特定的历史语境下去考量、去理解，我们才能真正发现它的时代价值和历史使命，也才能汲取历史留给后人的精神和智慧。既然如此，我们不能苛求一场抗日战争去解决近代中国的所有问题，包括现实问题和历史问题，包括政权建设和对外关系，否则，在狭隘的视界下，学生如何从历史的语境下去认识历史？

2. 引导，对"影响"施加影响

评课说错了怎么办？对此，任鹏杰主编早有预见，他说，学生的前认知已经混乱，发生了偏差，就应当充分暴露学生的前认知，然后再采取针对性的措施，对"影响"施加"影响"，引导学生走出误区。"残梦"的认知偏差在李月琴老师的追问下已经显露，如果不是被铃声打断，李老师与学生的深度追问一定引导学生走出"残缺"。李老师交代学生，再讨论下去会有更好的词，希望他们课后继续"问师"。我这个任课老师自然应该延续引导的任务，让历史与价值朗照学生的成长。为此，我引导学生借助图文材料，通过环环相扣、层层递进的设问和推导，对学生的已有的"影响"继续施加"影响"。

第一步，要求学生通过网络和教材，查找日本侵华暴行的相关图片，阅读日本对沦陷区的经济掠夺、奴化教育状况，概括"二十世纪三十年代日本在中国制造的侵华罪行"，由此引导学生认识到，中国民族危亡、生灵涂炭是日本侵华所致，而不是抗日战争导致（这是针对学生在评课时认为，抗日战争对中国造成了很大的伤害）；并认识到，如果不抗日，中国就会沦为殖民地，那时国将不国、亡国灭种。

第二步，出示"七七事变"后中国共产党的"抗日通电"和《国民政府自卫抗战声明书》，要求学生指出抗战的任务，借此引导学生将"抗日救国梦"的主导性认识转移到反侵略胜利的意义上：捍卫了国家主权，是中国近百年来取得的第一次反抗外国侵略的完全胜利，从此再也没有侵略者肆虐横行于中国的国土，而不宜过多地以其他历史遗留问题来评判抗日战争。

第三步，出示"开罗会议""1945年中国代表在《联合国宪章》上签字"等图片，以及习近平主席在纪念反法西斯战争暨中国抗日战争七十周年纪念活动中的讲话，提问："从抗日战争的胜利中你感受到了什么精神？"图片材料指向了中国开始以能够承担国际责任的大国身份重新走向世界，体现了中国国际地位的提高，赢得了国家尊严和民族声誉；而"讲话"则指向了走向复兴的民族精神，认识到抗日战争促进了中国人民的觉悟和团结，使民族精神达到了全新的高度。这样的认识也是对颜老师抗日救国梦的周全回应。还是方婷，她自信地说道："老师，我感觉抗日救国应该是圆梦了。"

学生现场评课，是一面最真实的镜子——教师获得真实的评价依据，获得教学转化最真实的效应。我憧憬着，倘若学生现场评课成为常态，"以学论教"一定会倒推着教师"以学定教"，优化"教学的排练"，促进教学的转化，达成历史教学连接"学生"和"价值"的教育诉求。

例谈 2

重视历史再认识

试题呈现：

"隋炀帝是历史上有名的暴君，但他的许多政略举措对中国历史的发展也发挥过积极的作用。列举这些政略举措并说明其历史意义。"[1]

一、名声最差的皇帝——对隋炀帝的传统认识

稍谙历史的人都知道，隋炀帝杨广乃隋朝开国皇帝隋文帝杨坚之次子。杨广害兄弑父霸庶母，继承隋朝王位，成为隋朝第二位皇帝。杨广为政期间推行暴政，断送了隋朝刚刚开辟的统一江山，使它没有通过王朝兴衰的瓶颈，仅37年即二世而亡，成为继秦之后最短的封建王朝。封建史家把隋朝二世而亡的原因归结到隋炀帝的身上，即使是造福后代、千秋功业的开凿大运河，也被说成是隋炀帝为了下扬州、赏琼花、觅美女，骄奢淫逸，滥征民力，结果导致"千里运河一旦开，亡隋波涛九天来"；隋炀帝攻打高丽，也被说成是祸国殃民之

---

[1] 该题是江苏2003年高考第29题。

举。大业十三年，隋炀帝终于和他的王朝一起覆灭。隋炀帝成了暴君的代名词。

二、历史转型期大有作为的国君——对隋炀帝的新认识

2003年江苏历史高考第29题对隋炀帝的功过是非进行辩证的、全面的新认识，充分肯定其在历史转型期的承上启下的历史作用："隋炀帝是历史上有名的暴君，但他的许多政略举措对中国历史的发展也发挥过积极的作用。列举这些举措，并说明其历史意义。"题目立意新，要求考生换个角度，从历史发展的视角，用客观的眼光列举隋炀帝对历史的积极作用，从而对隋炀帝重新定位认识。历史考生必须回到教材，从"隋朝承上启下"的历史地位去搜索隋炀帝的积极政略。隋朝承上启下表现在政治上结束了长期分裂、实现统一，隋唐时期的中央集权开始完善；经济上开辟了大运河，营建东都，修筑驰道，进行工程建设；对外与亚洲各国加强友好往来，等等。作为37年的二世王朝，这些功绩自然应归功于杨坚、杨广父子的雄才大略。于是，隋炀帝的形象被刷新了，一个有作为、有抱负的新形象跃然纸上。

三、"隋炀帝政略"题的教学导向启示

"隋炀帝政略"题不仅仅是还隋炀帝一个"公道"，给隋炀帝一个"说法"，它的意义更在于我们对历史再认识，对历史学习再思考。该题对我们今后的教学也起了一个很好的导向作用。

首先，选材上显新意。今年江苏省历史高考使用新版课程教材，而隋朝这一段历史得到了补充更新，显得更加丰满了，从而强化了隋承上启下的历史地位。该试题的推出也是新旧版本教材的区别所在，恰到好处地体现了试卷的新意所在。

其次，方法上重能力。历史学科对学生能力的考查，为人们称道的是"小切口、大视角"。"隋炀帝政略"题即为典型，本题以隋炀帝的政略举措为切入口，展现了隋朝社会政治、经济、文化、外交状况，不仅还历史一个真实，而且考查了学生的综合、分析、概括能力。

最后，观点上求创新。历史辩证法告诉我们，对历史人物的评价要从特定的历史背景、社会主题和人物阶级地位出发，根据历史人物所处的时代、所达到的认识水平，从人物对当时历史乃至后世产生的影响进行评论，道德情感的评价标准在历史发展的潮流面前必须服从生产力的标准。所以，评价隋炀帝以及

更多的历史人物,都要以发展的观点、辩证的观点,看历史影响的主导方面。

作为一个人,隋炀帝不是完人,甚至是历史戏说中的坏蛋。但是,作为处于皇帝这一特殊位置上的历史人物,他对历史的推动作用是不可一笔抹杀的。用历史的眼光看,隋的短命迎来了大唐盛世,把封建社会推到了顶峰。这正是隋朝或者说隋炀帝政略的价值所在。

第九章

聚焦核心，对学科素养的追问

"核心素养"是谁的素养？其"核心"在哪里？中学各学科该如何接招？各学科在核心素养的达成上各自承担怎样的任务？各学科之间又是怎样的关系？

素养的核心指向"人"——人的健全发展，"人"，是超越学习内容的灵魂和方向。每个学科站在学科特殊性的角度，思考如何服务于核心素养的养成。学科知识的价值不在于"为了知识的教育"，而在于知识对于核心素养形成和提升上的价值意义，即"通过知识获得教育"。

核心素养无"处"不在；核心素养无"时"不在；核心素养无"人"不再！

> 视 角

谁的素养？怎样的胜任力？

2016年7月，来自全国各地500名一线历史教师，齐聚古城西安，参加《中学历史教学参考》编辑部的策划举办的"全国历史教师学科素养和教学胜任力"研讨会。会前，接到编辑部的邀约，让我作为嘉宾为本次研讨会第一分会场"学生学科素养与教师教学胜任力"做一个微报告。带着这个任务，我对"学生学科素养"和"教师教学胜任力"做了前期的学习思考。也许是这两个概念先入为主的缘故，看到巨幅会标，我的脑海中下意识地读成了"全国历史教师/学科素养与高考教学胜任力/研讨会"。

闭幕式上，任鹏杰主编在主持发言时提到了我的微报告。他说："早上唐琴老师有一句话，大家可能没有特别注意，'素养是人的素养'！木头没有素养，学科也未必有素养。所以我们定的是'教师的学科素养'，而不是'历史学科的素养'。"我不由得又盯着会标，发现，原来还可以这么读："全国/历史教师学科素养与高考教学胜任力/研讨会"——而这，原本就应该是主办方的用心所在吧！这样的话，无论是主会场"历史教师学科素养"，还是分会场"学生学科素养"，所指向的，或教师或学生，都是人！

"大家觉得这两个有区别吗？人的素养和学科的素养是一回事吗？"任主编的发问又引发我对"素养，是谁的素养？""学科本身有素养吗？""'胜任力'，胜任什么？"这三个问题的追问。在一番反思、沉淀后，我重构了自己原先关于"素养和胜任力"的认识。

一、素养，是谁的素养？

闭幕式上，主持人说："我给唐琴老师下一个注脚——柏拉图说，由精神和品德所构成的人格，这就是素养。素养就是长期养成的习惯。"又有一说，素养就是素质和涵养，"核心素养指向人本身，唯有人，才可以用素质与涵

问史·践履
——让历史进驻"人"

养——素养——及其程度或水平来衡量。"[1]无论是"平素的养成"还是"素质和涵养",素养是人的素养,完全属于人,是人成长的内核,人内在的秉性,素养让我们真正从人的角度来思考教育、定位教育[2]。

《中史参》第七期卷首语有言:"什么是历史,什么是历史学,什么是历史教育,它们之间有何关联和区别,目标和功能有何不同,这些本系常识应该为人所熟知的东西,却已被严重混淆、莫辩究竟。"[3]由此,我想到了我们的专业。1991年我的毕业证书上是"历史学";1998年我的学生季芳毕业于我的母校,证书上是"历史教育学";今年,我的又一名学生陈王洁历史系毕业,证书上又回到了"历史学"(师范)。我们历史教师的专业究竟哪种表达是最合理的?

叶澜教授说,"教师,首先是一个教育者",教师呈现在学生面前的不仅仅是专业,更是全部的人格。因此,教师的眼里首先应该是人,而不是其他。历史教师眼里的"人"是谁呢?历史中的人?叙述历史的人?生活中的人?课堂中的学生?课堂中的老师?我认为,首先是课堂中的学生:他们生活在历史的当下,又是未来历史的抒写者,而未来历史的高度和厚度则取决于他们的素养。

把学生当成"心上人"!

作为核心素养的"人",是超越学习内容的灵魂和方向。肖川说,方向在很大程度上决定着教育方法选择、使用和创造。如果方向错了,方法越好,越有效,就越有可能南辕北辙,越来越远离真正的目标。因此,教师在内容、方法、路径的选择上,当基于"人",并将"人"的观念一以贯之,多多回望出发点,时刻审察每一步,牢牢把准落脚点,在潜移默化中涵养学生的素养。

正因此,我们经常开展如"问史,指向学生的发展"等一些凸显"人"的主题论坛,每一个主题似乎都是正确的废话,但它是一种观念的敲打,以保持上位的清醒。"历史教育,'人'不能缺席"问史论坛去年年底在我校举办。公开课后,任鹏杰和李月琴两位主编主持了学生现场评课,由此形成由60人参与的"评课,学生不能缺席"沙龙稿。在稿件的目录上,我是把学生姓名简化为"学生"和"杨瑜豪"等。然而,当翻开《中史参》第三期,我很受震动:

---

[1] 石鸥.核心素养的课程与教学价值[J].华东师范大学学报(教育科学版),2016,(1).
[2] 余文森.从三维目标走向核心素养[J].华东师范大学学报(教育科学版),2016,(1).
[3] 任鹏杰.主题征稿:"历史教育需要常识"[J].中学历史教学参考,2016,(7).

目录上，参与评课和调研的39名学生姓名一个不少。学生拿到样刊后，在隔壁班传、在微信上秀，还拍成照片贴在教室里，唯恐其他学科的老师不知道。"全班上杂志，我们班棒棒哒！""太牛太牛了！我们班牛上天了！"——qq空间里一句句"臭美"的自夸，让我听到了教育中最纯粹的灵动之声！显然，在这次活动中，他们不是配角、摆设和工具，因为他们的姓名和声音承托文字，全部在"席"！那一刻，一个个"小我"在感动中悦纳自己。

《中学历史教学参考》一贯倡导，"人"是历史教育的终极目标。媒体尚且目中有人，作为与学生朝夕相处的老师，我们当时刻反问自己："学生在哪里？"何止是目中有人，更应该真心实意地把学生当成"心上人"，这样我们才有可能成为一个真正教育者，才有可能在培养健全的人格这一根子上把好方向，而人格，就是核心素养！

二、学科本身有素养吗？

学科本身有素养吗？闭幕式上，李惠军老师说："今天这个会议是一个伟大的主题，伟大在于任鹏杰先生所说，学科是没有素养的，我们所追求的素养，是借助这个学科，试图培养学生的一种适应社会、适应未来、适应现代变化的能力。"

核心素养的养成，不是任何一门学科可以单独完成的，而是各学科各有侧重、共同培养的。每个学科站在学科特殊性的角度，思考如何服务于核心素养的养成。于是，学科知识的价值不在于"为了知识的教育"，而在于知识对于核心素养形成和提升上的价值意义，即"通过知识获得教育"。所以，学科本身不是长期的习惯养成，并没有素质和涵养，学科是通过人的建构成为达成核心素养的手段和工具。

从历史学科看，历史学对增进我们对人性的知识方面，是无可估价的[1]，"时空观念""史料实证""历史理解""历史解释""历史价值观"五大素养，就是从历史学的特质出发，由历史教师借助历史知识，帮助学生达成具有学科特质的素养，从而使历史知识成为促进学生成长的资源和养料。

---

[1] ［英］伯特兰·罗素.论历史［M］.何兆武，肖巍，张文杰，译.桂林：广西师范大学出版社，2001：26.

问史·践履
——让历史进驻"人"

"学生通过学习而生成学科素养,关键在于我们老师在应对这个变化的时候有没有这样的学科素养",因为教师"不具备这样的素养的话,外显的胜任力是没有的"——闭幕式上,李惠军、任鹏杰老师如此教导全体与会教师。

从历史中汲取养分!

德国哲学家雅斯贝尔斯说:"教育要培育一代人的精神,必须先使历史进驻个人,使个人从历史中汲取养分。"那么教师当如何"使历史进驻个人"、帮助学生"从历史中汲取养分"?这是一个艰巨的教育难题,而李惠军老师则从"历史教师不能为理念所绑架"的角度做出了警示。李老师列举了所谓的"史料教学"中的怪现象:一些老师在公开课上,罔顾"史料"泛滥所导致的"文字小学生看不清""时间限制学生来不及读""文言文晦涩学生没办法懂"的课堂现状,为了凸显"论从史出、史由证来"的学科素养,目中无"人"、一意孤行;他指出,老师们已经被理念绑架着走进了"没有史料就不能教学"的误区。面对已经刮起的"素养"之风,李老师提出了他的耽虑:"今天,课程标准把'史料实证'明明确确从说明的角度上升到目标本身的时候,我认为,它是被强化了,我们将来的历史教学会出现什么情况?"

无论是对"史料教学"的质疑,还是对教师被"学科素养"绑架的忧虑,无不体现了李惠军老师深刻的洞察力和敏锐的预见力,他的警示,告诫着每一位历史教师不能墨守成规、盲目跟风,要在笃定坚守的"独善"中、在与时俱进的"兼济"中,修炼素养,健全人格。

良好的素养对教师胜任力极其重要!历史老师只有自觉地不断从历史中汲取养分,修炼自身,积淀素养,才能有底气、有能力胜任学生的素养教育。"积养学识、丰厚课堂"是我所领衔的工作室开展的团队性传统研修项目。在项目实践中,我们凝练出以"共读""研课""沙龙"为进程的教研范式,通过阅读积养学识,并融汇于课程和教学,使课堂丰富而厚重[①]。2012年,也是针对"为史料而史料"的教学现象,我们就"基于'史料'的历史教学的价值取向"开展了主题研讨,形成了"呈现'史料':从学生的视角选择与解读""巧用'史料':激活学生思维""超越'史料',续写'活着的过去'""榨干'史料',对信息深加工细分解"等共识,把教学资源的组织、

---

① 唐琴.积养学识 丰厚课堂[J].中学历史教学,2013,(9).

教学方法的运用、教学内容的呈现均聚拢于"学生的发展",既为学生当下的升学做打算,又观照学生未来的精神成长。

三、"胜任力",胜任什么?

对"胜任力"的研究早先是在企业管理领域。而"教学胜任力"的多种定义也多聚焦于教师的人格特征、知识、技巧和态度上,没有充分体现教学对象——学生。在问责制的背景下,对"教师是否胜任教学"的考量,分数往往成为最重要的指标。虽然,过硬的高考教学质量的确是教学胜任力的一个体现,但这样的考评机制下,学生素养达成度是缺位的。正由此,屡屡发生的课堂教学中"价值导向"缺失、"价值判断"偏差的现象让我们汗颜、焦虑。

"教学胜任力",究竟胜任什么?会务通知上明确写道:"胜任力是指素养的外显化能力亦即办法和技能等行动力,但更深层地看,成就这行动力质量之根本则在内在素养——指导行动的思想、信念和价值取向等内隐的驱力。"由教师的学科素养以及素养外显为行动的能力所构成的教学胜任力,其任务是培养学生的学科素养,最终服务于核心素养"人格"的养成,所以,"人"是教师教学胜任力的价值指向!而在上述"学生"缺席、"素养"缺位、"价值"缺场的历史教育中,教师是不具备"教学胜任力"的。

"人"是教学胜任力的价值指向!

在《江苏教育报》上,我曾如此表达我对教学胜任力的理解:"师者,即为人师、为经师、为导师。为人师,当热爱并感恩于学生,关注学生的精神世界,养育学生的人文情怀……为经师,则对专业学识充满自信,坚信这门学科对人生具有无可替代的价值,在乎学生对本学科的态度和感受,期望并努力使本学科成为学生终身受用的财富……"[1]以今天的眼光看,也许这样的表述不够完美,但却是我二十多年历史教育的真实体悟,它也推动着我和老师们不断追求:成为一个胜任历史教学的老师。我们通过开展"探究—建构"型历史体验活动,引领学生汲取成长为时代性人才、世界性公民所需要的精神资源,以战争题材为例,通过"一封发往前线的家书""一份战地记者报""一个士兵的日记"等活动,让学生更多地从人性、和平的视角回望战争。

---

[1] 唐琴.在平凡的岗位上诠释师者的精神[N].江苏教育报,2014-10-31.

问史·践履
——让历史进驻"人"

"如果我们的思想不健康,判断力不正常,宁可学生把时间用来打网球,那样,至少可以使学生身体变得矫健①。"我曾经给初一学生上过《秦帝国的兴亡》,也为高二学生上过《秦始皇》。课前我与学生交流:"在你们眼里秦始皇是怎样一个人?"初一学生眉飞色舞地说,"秦始皇是个暴君,孟姜女把长城都哭倒了""秦始皇炼仙药,求长生不老";高中学生的回答则是冷冷淡淡、毫无情感的教条式的结论:"秦始皇创立了专制主义的中央集权制度""秦始皇的暴政导致秦的灭亡"。教学不会无效,教育不会无痕,每一个行为都会产生相应的影响。如果经过我们的教学,学生对历史产生了冷淡、不屑、偏见、麻木,即便教师带班成绩一流,纵然教师满腹经纶,我们敢说自己是一个具备教学胜任力的老师吗?而那节课,我和学生结伴"遇见真实的秦始皇""感怀智慧的秦先人",足矣!

"人—核心素养—学科素养—教学胜任力",只要我们用心琢磨教育,把智慧用在学生身上,没有什么能妨碍我们成为一个胜任教学的老师。

对以上三个问题的反思是浅薄的,甚至是偏颇的。好在,闭幕式上,任主编语重心长地指出,"素养和胜任力"这个话题只是个问题,它将引导我们去思考、去研讨,我们真正的重任在于会议结束之后!借助历史的镜子,照见世界、看清自己,你我任重而道远!

路径

核心素养的学科建构②

【导读】

随着"中国学生发展核心素养"的发布,一个个问题接踵而来,"核心素养"是谁的素养?其"核心"在哪里?中学各学科该如何接招?各学科在核心

---

① 张东华.蒙田教育思想简评[J].漳州师范学院学报(哲学社会科学版),2001,(6).
② 本篇文稿取自2016年10月由唐秦历史名师工作室和李雪林物理名师工作室跨界联袂举办的"核心素养的学科建构"主题研讨。策划人唐琴,文稿整理者为王光宇。

素养的达成上各自承担怎样的任务？各学科之间又是怎样的关系？

  2016年10月，吴江高级中学省物理特级教师李雪林和省历史特级教师唐琴所领衔的李雪林物理名师工作室和唐琴历史名师工作室，跨界联袂，主办了"核心素养的学科建构"专题研讨活动。活动中，陆良荣老师和顾俊老师以《物理学的重大进展》为共同课题开设研讨课。通过物理和历史不同的学科视角，或发问，或论谈，或探究，呈现各自的学科素养：陆良荣老师抓住物理学在不同阶段的演进过程，关照相关原理，兼顾学理逻辑，以思维模式带动思考模式；顾俊老师抓住科技与人文的关系，挖掘物理发展史背后的人文含义，站在不同的时空节点，阐释历史发展线索。两位老师的同题异构，直观展示了学科教学在核心素养达成上的关系和作用。课后的跨学科论坛，主办方邀请了上海市历史特级教师李惠军、江苏省物理特级教师王永元以及学校其他八个学科的教师共同参加，以期从"多学科"视角省辨"核心素养的学科建构"。参加研讨的人员从两节课出发，基于各自学科素养的认识和实践，在"对'核心'的定位""学科的价值""教学的策略""教师的素养"等方面推呈铺展、层层深入。这里呈现了论坛实录，企望能以文字呈现本次研讨所达成的共识：素养的核心指向"人"，学科是站在不同学科视角达成"人"的素养，殊途而同归。

唐琴（主持人）：有人说，历史是所有学科的入门。中学课程改革后，历史学科加重了跨学科课程内容，由此也给中学历史教师带来了困惑。比如，历史课对伽利略、牛顿力学和相对论的教学与物理课有什么不同？历史教师该具备怎样的文学素养才能胜任古代文学的教学？如何区别达尔文在历史和生物学科的教学价值？古典主义、浪漫主义美术、音乐又当如何在历史课上呈现？《中国学科发展核心素养》的发布，俨然是对我们的一个提醒：我们似乎忘了，所有学科都是教育！所有的学科有一个共同的指向，即教育的核心目的：培养"人"——一个大写的人、一个健全的人！而这该是素养之"核心"吧。核心素养的养成，不是任何一门学科可以单独完成的，而是每个学科站在各自的学科角度，各有侧重、共同培养。通过不同的学科建构，殊途同归、异曲同工，共同达成学生的核心素养——这是本次活动的策划背景和价值依归。而基于"跨学科"课程内容的"物理学的重大进展"这一课题，能为我们提供一个更为直观的支撑。

李惠军（历史）：在核心素养建构的前提下，一个典型的人文科学——历史和一个典型的自然科学——物理联袂，同题异构，从中寻求核心素养，给我

问史·践履
——让历史进驻"人"

很大的震撼！历史学科的核心素养包含唯物史观、时空观念、史料实证、历史解释和家国情怀。顾俊老师这节课，不是去揭示自然哲学内部的玄机和奥秘，没有通过实证的方法推导出结论，而是把本课放在人文大背景之下，在人文边框底纹的色彩之下去畅谈科学。很多历史老师在讲科学史的时候，动了物理老师的奶酪，动了化学老师的奶酪，结果越动越乱，因为那不是历史的课堂。历史课上如何讲科学史，今天顾老师的课是一个典范。至于陆良荣老师的课，我一个历史教师没怎么听懂，但听到了真谛：用自然哲学把学生唤醒。物理学遵循这样一个思路：大胆假设，小心求证，求证基于实验，基于学生的亲自观察，再进行数理推算。

王永元（物理）：物理课与历史课肯定是有区别的。物理学是以实验为基础的思维研究，物理课要体现物理学的本质。同样是科学史的发展，历史课更重视分析科技对社会、对人文精神的影响；物理课则要去发现它是怎么形成的？思想方法有怎样的特征？这种思想方法对学生有怎样的帮助？所以，从物理学角度来讲物理史的发展，我主张要让学生站在历史的节点上，站在历史人物的角度去对事件进行分析、研究。比如，在讲法拉第发现电磁感应现象时，可以给学生提出这样的问题："在当时的背景下，即科学实验的条件下，如果你是法拉第，你会设计一个怎样的实验？"也许这个实验设计不到位，但是学生能体会到法拉第在探索的过程中为什么会有那么多失败的经历。所以，从思维的角度去讲这段历史，学生就能体会科学家有怎样的思想方法，科学家在研究过程当中遇到了怎样的困难，这种困难又是如何去克服的。

张文秀（生物）：刚才王老师谈了他对物理史教学的探究，使我豁然开朗，为生物史教学提供了新的思路。生物学科的核心素养主要包括生命观、科学探究、理性思维和社会责任。其中，"生命观"大概是生物学科特有的，而科学探究、理性思维和社会责任，在其他学科中有些是核心素养，有些是非核心素养。所以，我觉得学生的核心素养的培养是需要各学科通力合作的。期待下次历史老师在上"生物学史"时，能再与生物老师分享，让我们的生物课更有趣味、更有高度。

凌小平（语文）：的确，"核心素养"的提出，昭示我们要打破狭隘的学科界限，破除学科壁垒，各学科通力合作，共同致力于"全面发展的人"的培养。但打破学科壁垒并不代表无视学科特点，不同学科的共有指向是"育人"，差异在于"育人"的使力点当有所区别。那么语文学科该做些什么呢？

语文是重要的交际工具，工具性与人文性的统一是语文课程的基本特点。一方面抓好"工具性"，使学生学会学习，形成较强的语文学习、应用及探究能力；另一方面抓好"人文性"，以古今中外文学经典濡染，构筑其人文精神的底蕴，形成一定的审美、探究能力，良好的思想道德素质和科学文化素质。两手齐抓，为学生的终生学习与个性发展奠定基础。从这个意义上说，专家概括的"语言建构与运用""思维发展与提升""审美鉴赏与创造""文化传承与理解"是极有道理的。

孙张（语文）：我认为，能够将语文上述核心素养几个要素有机联系起来的教学方式，是阅读教学。以文字建构为基础，开启学生思维，形成审美体验与创造，从而传承文化。语文核心素养的设定，已经对如今的阅读课有了新的要求，从应试的短期功利指向生命铸造的发展性意义。首先是建构与教材文本的姻亲关系，引导学生与文本对话；其次是重构文本阅读资料库，从语文阅读层面来创设属于语文个性化的校本课程。课程是一种话语的存在，这种话语在传递已有文化、创生新文化的使命中充盈着生命。我们需要尊重生命，立足于学生长期阅读素养的形成来设计与组织阅读，形成再生知识。

宋琼（英语）：与语文学科有点类似，在全球化的今天，英语是重要的交际工具之一。英语学科的核心素养包括四个方面：语言能力、文化意识、思维品质和学习能力。英语教师要不断提高自身的外语水平，包括语言理论和运用能力；不断扩大自己的语言输入，才能有更多的"好英语"向学生输出。只有这样，才能在课堂上言之有物，帮助学生提高文化素养。

钱明霞（地理）：刚才老师们都谈到核心素养的培养，不同学科要基于学科特色承担各自的责任，今天的两节研讨课更是对此做了生动的诠释，给人启发。顾老师的历史课以丰富而真实的史料再现历史，解读、理解历史，用史料形成问题链展开探索，凸显史料实证的特点。当史料故事启发学生思考科技发展和人文情怀关系的时候，我们能感受到历史学科发挥了"文以化之"的浸润作用。陆老师的物理课对"理想斜面试验"及牛顿的大炮等问题展开探究，体现学科本身以实验事实为基础来表达物理思想的特色。当物理课堂从对知识的关注回归到对"人"的关注，启发学生质疑"真理"的时候，也就是物理教师探索培养学生核心素养之路的开始。而身为地理教师，我们承担的责任毋庸置疑是培养学生的人地观念。随着世界经济、科技快速发展，全球性的问题日益突出，如全球气候变化、污染问题、资源能源短缺以及自然灾害的防御等，学

问史·践履
——让历史进驻"人"

生面对巨大的挑战。如何构建未来社会人与自然的和谐相处,促进社会的可持续发展,这是其他学科无法替代的育人价值。

赵芳(体育):在我看来,每一位教师不管是教什么学科的,其职责是先育人,再教书,正所谓树德才能树人。在体育学科教学中,如何渗透核心素养,从而让学生终身受益呢?我认为,高中阶段的体育课堂,应该让学生在以下三个方面获得发展。首先是良好的运动能力,让学生学会选择自己喜欢的运动项目,并且学会、学精,从而终身受益。其次是科学的锻炼方法,使学生掌握与了解基本的锻炼方法,科学地进行锻炼,并能积极地影响身边的人。再次是优质的体育品德,通过体育课堂学习、体育课外活动、各种体育比赛来培养学生团结合作的精神,胜不骄、败不馁的坚强品质,为今后的工作、生活保驾护航。

吴蕾(数学):今天两节课都提到了科学家伽利略,这让我不禁想起了伽利略曾说过:"自然界这部伟大的书是用数学语言写成的。"数学作为基础学科,其核心素养可概括为"用数学眼光观察世界,用数学思维分析世界,用数学语言表达世界"。教学中,我尝试开展数学课堂微型探究学习,在概念教学中进行微型探究,加深对概念的理解;在定理、公式、法则中进行微型探究,有助于挖掘思维潜能;在问题解决教学中进行微型探究,培养学生数学学习的认知策略。通过观察、分析、类比、归纳、猜想、证明,或通过调查研究、动手实践、亲身体验、表达与交流等探究性活动,把握数学内容的本质,感悟数学思想方法,提升学生的数学核心素养。通过聚焦数学核心素养的数学课堂活动,把学生培养成为知识丰富、思维敏捷、善于探究、勇于创新、人性善良、情感丰富、品格高尚的人,这该是对核心素养的达成吧?

唐琴(主持人):正如吴老师所言,我们的教学活动最终落脚点是为了培养人!核心素养是谁的素养?柏拉图说,由精神和品德所构成的人格,这就是素养。这正说明,素养是人的素养,唯有人,才可以用素质、养成及其水平程度来考量。那学科是什么?学科只是达成核心素养的手段和工具,通过学科学习帮助学生形成的必备品质和关键能力即核心素养。

凌小平(语文):我也不认同"学科核心素养"这一提法。本以为"核心"应只有一个,而专家提出的"中国学生发展的核心素养"却包含六大素养,令我倍感困惑。困惑之余再加思索,发现CPU有双核、四核,那么人也可以有六核了吧?所谓"核心素养"最终指向的应是"全面发展的人",而这"核心素养"则相当于"关键素养"的意思。"核心素养"指向人,如果以图来表示的话,应该是以人为中心呈现圆点辐射状。雅思贝尔斯说:"教育是人的灵魂的教育,而非理智知识和认识的堆集。"故要将以知识为本的教学转向以核心素养为本,以教师讲授为中心转向以学生学习为中心。教育的终极旨趣在于育人,从"双基"的提出,经"三维目标"而至"核心素养"的提出,日趋接近这一旨趣。

朱永元(政治):刚才凌老师提到教学的目标历经"双基""三维目标"到"核心素养",我认为"核心素养"是对"双基"和"三维目标"的补充与发展,是立足于国情和现实的需要,基于立德树人的本质,基于践行社会主义价值观的需要。陶行知说:"教学要知行合一、教学合一、教学做合一。"胡适说:"做学问,要在不疑处有疑;做人,要在有疑处不疑。"在此前提下,教师要力求上好"四堂课",我认为这是进行"素养教学"的"四驾马车":一是发掘课本正能量,实现师生同理、教学共情;二是营造课堂正空间,教学素材的选择、教学情景的设置需要进行价值选择与价值甄别;三是课题研究重实践,坚持理论与实践相结合,引导学生参加研究性课题的学习,走向生活,走向社会;四是课程开发重参与,教师主导与学生主体的深度契合是课程建设的要求与方向。就政治学科而言,要着力提升素养教育的人文底蕴,底是人文知识,蕴是人文情怀,而坚持正确的价值取向则是政治教学的方向性保证,这与把"核心素养"定义为"品格与道德"有高度的契合性。

沈利妹(化学):我认为,学科素养发展的真正核心是学科思维的发展。因此,研究、建构和实践思维教学,打造思维课堂的价值就不言而喻了。在教学中,我特别注意问题情境的创设,例如,创设"悬念式"问题情境,激发学生的求知欲;创设"辐射式"问题情境,培养学生思维的发散性;创设"探究式"问题情境,提高学生的创造力。这样可以使学生在"质疑—探究—释疑"的循环中不断掌握知识、发展思维。向学生充分展示思维的过程,把凝结在教材中知识背后的材料及科学活动过程充分展开,暴露思维的发生、发展过程。应用"问题链"的教学模式,设计"递进问题链",实施过程中将"宏微结合""变化守恒""模型认知""实验探究"等化学核心素养合理地融合进来,有效地引导学生建立和发展化学核心观念,促进其化学学科思路和核心素养的发展。

陈春娟(历史):"问题链"教学对学生思维的培养很有帮助,我也深有同感。追寻历史学科素养的历史课堂中,合理设置问题,激发学生学习热情,激活课堂学习氛围,有利于学生获得积极的、深层的体验,促进学生全面、主动的发展。比如，今天顾老师在评述牛顿时，引用其名言"如果我能看得更远的话，那也是因为我站在您这样的巨人的肩上"，很多学生回答这个巨人是伽利略，顾老师并不急于公布答案，而是让学生带着疑问课后自己去查资料证实，既尊重了学生，又鼓励了他们，更培养了学生发现问题、解决问题的能力。

王永元（物理）：真正要提高学生的核心素养，我认为，一定要改变我们的教学形态、教学方式。可以从五个方面入手：①关注情境创设，倡导生活意识。顾老师非常关注学习情境的创设，为我们呈现史料、小故事情境，这实际上体现了关注生活的意识。②关注问题质疑，倡导批判意识。让学生带着问题走进课堂，带着问题离开课堂。③关注观念展示，倡导倾听意识。教师要去倾听学生的观念，听学生对问题的理解的阐述。学生如果一直没有机会发表观念，慢慢会丧失学习的兴趣，一旦自己的观念得到大家的认同，内在的积极性就会被激发出来，内化为行为。④关注动态生成，倡导准备意识。教育必有生成，生成需要准备。教师心中只要有学生，一定有生成的部分；准备是指预估学生可能会出现的问题。⑤关注合作创造，倡导合作意识。学习活动可以小组形式对核心问题展开深入讨论，让学生在交流的过程中，相互学习，共同提高。

王光宇（历史）：的确，素养时代，教学要转型，课堂要升级，但能否真正实现，我认为关键在教师。素养时代，尤其呼唤推崇独立之思想的高素养教师。笛卡尔说："我思，故我在。"高素养教师应该是一个思想嗅觉十分敏锐的人，对教育教学有科学认识、有独特见解并能自成体系的人，也就是善思考、会思考的教师。如果教师自身不进行独立的、追根究底的、批判性的思考，如何引导学生"学会思考、善于思考、乐于思考"？一个有思想的教师绝不会用权威来压抑学生思考的热情，泯灭学生思维的智慧，更不会成为教科书的"奴隶"，唯教科书是尊，亦步亦趋，邯郸学步。一个有思想的教师能够用智慧开启学生的心智，提升学生的思维品质，塑造充满思考力的课堂，让课堂因思想的活跃而灵动，因生命的成长而精彩。

黄雯婷（历史）：习得思想，不是易事。人们生活在一定的社会环境中，遵循着固定风俗、思考习惯、权威认定，怯懦不敢挑战。而求智慧的方式正是质疑日常生活中习以为常并视之为"常识"的东西，鼓励人们寻根究底去发掘事物真正的意义所在，这是我们"问史寻人"的恒久启事。教育的改革，无法等待社会启蒙，学生正在我们的课堂接受教育，教师不能等，在青少年成长的时期，要唤醒他们的思想。在我们的教育中，教师要在每个环节注意学生的思维品质，一点一点地去做，在理性的质疑中，在"大胆假设、小心求证"的姿态中，学生才可能"觉悟"，并沿袭下这种深入进骨髓的习惯来。

李惠军（历史）： 我记得，莱辛说过："如果上帝一手拿着真理，一手拿着寻找真理的能力，任凭选择一个的话，我宁愿要寻找真理的能力。"教师要追求真理，因为真理永远是一个动态的过程；教师要不断思考，不一定要有多少思想，但要在思想，因为有思想是一个完成时态，在思想是一个进行时态，我们永远在思想的路上。回眸历史，人类就是在这样的不断摆脱权威、迷信中不断发展起来的。我们要坚持，要继续找人，要继续寻史，在找人中间去启示，在寻史中间去得道。

唐琴（主持人）： 正如李惠军老师所说的，"人"是我们教学的方向！而物理和历史这次跨界"同题异构"，不正是在"格物"与"问史"中寻人求道吗？本次研讨俨然留下了许多亟待我们深入思考和研究的问题，从这个意义上看，关于"核心素养学科达成"的研讨仅仅揭开了序幕，而这也正是我们邀请所有学科老师一起参与研讨的目的所在——希望老师们带着问题、带着质疑回到你们各自学科组，从认识和实践层面纵深推进这个话题，我们期待着一场更大的讨论！

主持人：唐琴（江苏省历史特级教师）
嘉宾：李惠军（上海历史特级教师）、王永元（江苏省物理特级教师）
参加老师：吴江高级中学教师和物理、历史名师工作室成员

例 谈

斯人已逝 写照传神

曾经听过一节课，开课教师在解释一道有关人物肖像画的试题时，"启发引导"很直接——"题目的观点属于墨家，而备选项四幅人物像，哪个是墨子呢？请大家翻开教材。"对号入座，"顺理成章"，听课师生也都很平静地接受了这样的解释。我也曾有类似的解题指导，不同的是，我的学生提出了质疑："为什么他是墨子？这又不是照片！""是不是教材错了？必修3第6页上

问史·践履
——让历史进驻"人"

的老子和封面上的孔子神情相似,而与选修1第19页的老子完全不一样。"[1]经过几年历史学习,学生的历史意识渐趋形成,他们有一种捍卫知识尊严的自觉;同时,作为一个有思想的人,他们希望在理解中接受,而不是简单地在被"告诉"中接收。

察考现行人教版历史三本必修教材,人物肖像画达50多幅。如此众多的肖像画,其教学地位如何呢?笔者进行了调研,绝大多数学生认为教材上的肖像画不过是"图文并茂"的装点罢了,可有可无;对于一些调皮的学生来说,肖像画则成为他们课上神游之消遣了,他们帮古人开双眼皮、画眼睫毛、添胡须、戴墨镜,"整容"后的先贤圣哲"全新亮相"。调研表明,肖像画在平时教学中少有问津、不被重视;为应付考试,学生往往只能强记。笔者忧虑,如此教学,不仅肖像画的人文教育作用丢失了,还导致学生对包括肖像画在内的历史整体教材不以为然,历史知识的客观性和真实性被大打折扣,历史教学求真、求实的底线难以坚守,[2]教育目标难以达成。

为此,笔者就"如何通过教学使历史人物逼近真实""教学中怎样恰当使用人物肖像画""怎样引导学生认识肖像画的现实意义"等问题做了深入实践和思考,并以"尊重历史、尊重学生,还历史教育'人'的本原"为立足点,设计执教了《从诸子百家画像看中国传统文化》一课。本文就设计和反思撰文,求教于同行,希冀能与更多的老师达成共识。

一、"从诸子画像看中国传统文化"教学设计

1. "画像惹的祸":切入主题、激活思维

在科技进步的今天,我们要了解某个人的长相非常便捷;而古代,相对于"眉似远山""眼若秋波"的文字类描述,肖像画更直观真实些。本课导入便从"昭君出塞:画像惹的祸"说起。"昭君出塞"的故事对于大部分高中生来说并不陌生,学生在自己的讲述中不知不觉融入历史。在此基础上,教师介绍中国传统肖像画的繁多名目,如写照、传神、写像、追影、象人、顶相、代图、接白、云身等,以此突出肖像画在古代社会的地位和作用。教师进一步提

---

[1] 此处学生所质疑的必修3老子像,见人教版高中《历史3(必修)》2007年1月第3版2007年6月第1次印刷的版本,第6页。之后再印刷的版本,该处老子头像得到了纠正。

[2] 任世江.编余杂俎:历史课程研究[M].天津:天津古籍出版社,2010:233.

问："如何为没有肖像遗作的先人作画？"学生依据常识和经验，经过讨论，认识到作为一种画种，肖像画以"历史上客观存在的人物"为依据，通过"以形写神""妙处传神"的方法，[1]达到"形神兼备"的效果；认识肖像画，则要通过陈设、服饰等信息特征，在时代中写实，并在此基础上，研究其生平经历、思想观点，并体会其在特定历史阶段中的独特地位和作用。

2."疑从画中来"：观照思想、认知画像

近年来，高考材料题以文字、图表等多种形式呈现，人物肖像画也粉墨登场，而一线教学中，其教育价值尚未充分挖掘。在学生初步了解肖像画作用后，笔者从图像材料出发，尝试紧紧扣住"形神"与"思想"的内在联系，设计了两个系列的问题，着力引导学生从画中发现问题，并运用所学解决问题。

第一系列：（出示孟子、荀子、韩非子肖像画，见下图）

（1）唐太宗深信"君为舟，民为水，水能载舟，也能覆舟"，励精图治，开创了"贞观之治"的局面。唐太宗的君民之道直接吸取了哪位先秦圣贤的思想？（挖掘有效信息"人民的力量"）

（2）为什么是荀子？（比较先秦诸子的思想观点）

（3）为什么这幅画像是荀子？（该问似乎出乎意料，因为这几乎就不成为问题：教材上白纸黑字注明这幅像就是荀子。顺势进行第二系列）

第二系列：

（1）从服饰神情看，荀子与谁更接近，孟子还是韩非子？（学生做比较：荀子脸颊瘦削、线条刚毅，服饰简朴、须髯落拓；孟子脸庞圆润、鼻翼丰满，

---

[1] 郑午昌.中国画学全史［M］.上海：上海古籍出版社，2001：53.

穿着华丽、慈祥温和；韩非子棱角分明、剑眉英挺，穿戴简洁、神情坚定。从神情看荀子和韩非子更接近。）

（2）为什么同为儒门，荀子和孟子有如此不同？（提示学生从思想观点、尤其是人性论的差异上去分析，并引导学生认识到，性善论和性恶论殊途同归，均为对儒学的发展。）

（3）从画像看韩非子，他是怎样一个人？（学生交流归纳：严厉而不可亲近，体现"法不阿贵"的刚正秉性；作为新兴地主阶级，从容自信，显示出旺盛的精力和昂扬的斗志。）

（4）为什么画家笔下的荀子和韩非子更神似？（通过前面的铺垫，学生认识到，思想上的一脉相承正是画像神似的原因所在：作为韩非子和李斯的老师，荀子去恶存善、以礼化民的王道思想为法家注入了根基。）

3. "再问画中人"：穿越历史、对话古人

在学生认识到肖像画"神形兼备"的特点后，我出示了三幅墨子画像（见下图，其中第三幅出自教材），要求学生挑选心目中的墨子，并穿越历史，与墨子"对话"。

第一幅因为喜感强、福感重，没被学生认可；第二幅，因神形酷似《墨攻》主角刘德华而被两位男生选中；其余学生均选第三幅。是否因为教材印象先入为主？随后的"与墨子对话"打消了我的顾虑。历史科代表被推荐为"发言人"，她说——

墨子，你出生"百工"，"上无君上之事，下无耕农之难"，当属"士阶层"，你却自认为贱人。你曾习儒术，因不满"礼"之烦琐，另立新说。你一个墨者，"下察百姓耳目之实"，"兼爱""非攻"，自觉维护"草根阶层的利益"；你深陷的眼眶印刻着岁月的痕迹，眼角的皱纹可是为百姓奔波劳累所致？你常说，有力者以力助人，有财者以财分人，有道者以道教人。凝视前方，你看到了什么，是"饥者得食，寒者得衣，劳者得息，乱者得治"的理想社会吗？你以禹为榜样，过着节俭而充实的平民生活，节用、非乐，身体力行。墨子，你以自己的一腔热情抒写百家争鸣的传奇，育古之文人，启今之学者。[①]

4."张冠李戴"误：察言观色、质疑教材

通过教学，学生对人物肖像建立了一定的信任度。但教材就是经典、不容置疑吗？针对2007年印刷的必修3上的老子像（见右图），我设计"张冠李戴"这个环节，以培养学生不盲从的怀疑精神和还原历史的证据意识。

老 子

老子名聃，生平不详，传说姓李名耳，春秋晚期楚国人，他曾做过周朝管理藏书的史官，相传，孔子曾向他问礼。老子退隐后，著有《老子》，又称《道德经》。

我将教材上的这幅图截取下来，学生一眼识别："这是孔子！"那么证据呢？一位学生说："这个人谦良恭顺，有万世师表之相，俨然是孔子；选修1第19页上的这个老子，闭目养神、半仙半神，这才是道家的始祖。"同组的同学翻开另外几本教材加以辅证声援；还有一位同学径直走到讲台上的电脑前，百度搜索"孔子"，网页上显示的除了个别几张周润发演的《孔子》剧照外，其余均是我从教材上截取的这幅命名为"老子"的图像。显然是教材错了！而"周润发演孔子"给了我灵感，我想到了聂幼犁教授曾经介绍过的研究性学习"孔子有多高"，[②]于是，我索性让学生课后研究："老子有多老""孔子有多高"。

5."精彩画外音"：拓宽视界，彰显价值

从内容上看，肖像画教学似乎画上句号了，但是，从文化传承的高度看，仍需拓宽视界、彰显价值。当下学生生活在网络时代，作为历史教师，应把视线放宽到教材之外、校园之外，帮助学生在尊重历史的前提下，采取明智而可取的方式，正视现实，审视历史，丰厚学识，传承文化。我援引以下视角让学生做选择性思考：

---

① 此文系本校2009届高三（11）班邹洁同学的历史作业《墨子，我要对你说》。
② 聂幼犁.历史课程与教学论［M］.杭州：浙江教育出版社，2003：238.

（1）关于"孔子标准像"的争议。

既然教材都把老子、孔子这两位最重量级人物给"张冠李戴"了，那么，是否有必要为他们做个标准像？2008年孔子标准像于孔子故里曲阜隆重揭幕，一些地区如法炮制，为历史文化名人"统一长相"，由此引发了舆论争端。我请学生对此发表看法。学生的见解掷地有声，"标准像有利于光大儒家精神""标准像借弘扬传统文化之名，行商业赢利之实""孔子像设计以尊重历史依据、吸收众多作品的优秀元素为根本"，我把他们零星的看法归纳为"文化暴力之说""商业行为之争""历史依据之论"，补充了社会评论，使学生从社会现象角度认识历史，发挥历史学习的现实价值。

（2）关于"历史教材上的人被克隆"的贬议。

无独有偶，网上"历史教材上的人被克隆"的贬议引发了公众对中学历史的不信任。教材不严谨，既是对历史的不尊重，也是对求真求实的治史态度的不尊重。虽然近年来历史教材多次再版，但人物肖像"克隆"之嫌尚未完全消逝。相形之下，西方人物肖像画就基本没有这样的问题。对这一现象不予理会，很可能使学生对本国传统文化妄自菲薄。我出示孟德斯鸠、卢梭和康德的画像请学生辨别，结果是异口同声；之后出示黄宗羲、顾炎武、王夫之的画像，结果学生七嘴八舌，难以辨认。"为什么同一时代东西方肖像画有这般差异？"我试图引导学生通过东西方"写意"和"写实"画风的比较，认识到西方肖像画是建立在解剖学和透视学的基础上，而中国古代肖像画的发展则受中国自身传统文化的影响，有着其鲜明的独特性，[①]并由此对东西方文化的交流共融做拓展延伸。

精彩画外音

中西人物肖像画的对比

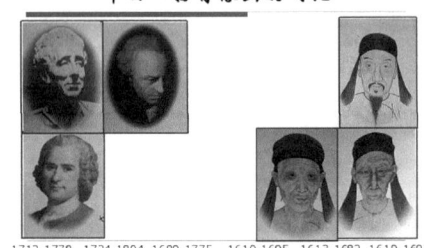

1712-1778　1724-1804　1689-1775　　1610-1695　1613-1682　1619-1692

（3）关于"穿越""戏说"的热议。

虽然百家讲坛的学术性受到质疑，但它的确推动了历史知识的普及；同时，与历史相关的书籍大量发行，影视娱乐中"戏说"和"穿越"盛行，时代

---

① 钟伟.论相面术对中国古代肖像画之影响[M].大艺术，2007（1）.

纵横交错，人物天马行空，历史离真实越来越远。令人忧虑的是，很多学生以为从影视和小说中获取的历史即是真实的历史。为纠正认识偏差，我以正反两例做警示和引导，反例是2012年春晚小品《荆轲刺秦》，正例是出演《甄嬛传》温太医一角的中央戏剧学院副教授张晓龙在南京高校做的学术讲座"中华优秀传统文化的传承——从古代礼仪到现代礼仪"，让学生了解传统文化传承中的怪现象，认识从影视作品获取历史知识的利弊，进而正确看待经过艺术加工过的历史题材。

二、对古代人物肖像画教学的深入思考

评课中，基于直面教材和现实需要，大家对肖像画教学达成了"写照传神"的共识。而我的一位徒弟发出了另外的声音：教材中的肖像画来源是否可靠？我不由得陷入思考：本课设计基本上是在认可接受教材的基础上而展开的，甚至是与肖像画作者站在了同样的背景视角下，这样教学是否可靠？

作为一种视觉文本的教学素材，人物肖像画和教材文字材料一样，也是具有独特价值的"课程资源"，有利于培养学生学习历史的兴趣和历史理解能力。[1]然而，肖像画虽有"以图代文""无文之史"之功效，但作为再造性史料，其史料价值不及原始性史料，这就需要教师引导学生用批判的眼光去解读。教材上的肖像画，我们无法穷尽其来源，更无法考证其客观真实度究竟有多少。不要说古代，即使是当代，即使是现场临摹，每一幅肖像画无不掺杂画家个人的喜好，以及他基于个人经历而产生的对历史的独特理解。如采取回避的态度来避免学术争议，虽然不失为明智，但历史教学的现实已经让我们看到，淡化与无视，都只会带来学生对历史更大的误解和轻视。传承、理解、还原，是历史教学应担当的教学责任。

1. 见贤思齐，在传承中弘扬传统文化

魏曹植在《画赞》序中有一段精辟论述："观画者，见三皇五帝，莫不仰戴，见三季暴主，莫不悲惋。"作为辅助政治教化的手段，[2]历代肖像画均有"见贤思齐、慎终追远"之意，即使在今天，仍有警世激励和弘扬孝道的价

---

[1] 中华人民共和国教育部.普通高中历史课程标准（实验）[S].北京：人民教育出版社，2003：33.

[2] 王东.中国古代人物画的鉴戒教化作用研究[J].消费导刊·理论版，2008（2）.

值。中学历史教学要通过合适的方法，引导学生体会肖像画所传达的历史信息、体现的时代风貌，感受"斯人已逝、写照传神"所释放的细节魅力；教学中还应引导学生认识到，肖像画虽然不是真人真貌，但作为一种文化遗存，具备特有的"成教化，助人伦"功能，我们应自觉缅怀和主动传承。中国需要走向世界，世界也需要了解中国，那么，对于历史上的先贤圣哲，如果有较权威的代表性形象，也应合了全球化趋势下的文化需求，不能因为商业行为的存在、文化暴力的争议而不作为。如果中国的孔子、老子形象被其他国家、地区统一了，难道不是我们对自身文化的不作为吗？传播中华文化、增进世界对中华历史文化的理解和认同，这是全球化的时代要求。

2. 图文互动，在叩问中理解历史人物

历史需要理解，却不可以被灌输。作为教师应目中有人，从学生的已有经验出发，采用学生感兴趣、并可以理解的方式，深挖肖像画的教学价值，通过巧设问题、图文互动，驱动学生潜入特定的时代，在叩问、探究中理解人物。问题的设置坚持三个有利于：有利于知识掌握，有利于能力长进，有利于情感态度价值观生成；问题切入的方式，首先要有阶梯性，由浅入深、由易而难、环环相扣、层层推进；其次要有针对性，在高中主题性专题体例之下，问题要围绕主题挖掘素材，既要克服抓不住重心的全方位探究，也要避免抛开主题的钻牛角尖；再次要有灵活性，教学最大的问题是忽略学生的问题，所以课堂上要珍视学生的问题，捕捉生成性问题，从而弥补教学的缺漏不足。

3. 求真还原，在担当中迎对历史与现实的挑战

很多学者在讲历史，很多作家在写历史，很多明星在演历史，其中，多少是真实客观的？多少是艺术虚构的？阎崇年说过，"历史学不讲究可能性，就讲事情本来是什么样子"。[①]的确，历史求真、艺术求美，对于同样一幅人物画，艺术的眼光和历史的眼光所得出的结论是不一样的。随着科学技术的发展和商品经济冲击下价值观的变化，文化传播方式和途径日益多元化，这些现代技术支撑下的光怪陆离的传媒世界，总有吸引人眼球的技巧，总有获取收视率的手段。学生对未知世界的渴求，对现有知识的不满足，使我们不可能把学生包裹起来，隔绝外界的传染"侵蚀"。教材不是完美的，教师也不是全能的，

---

① 梁岩.本期聚焦：千人一面.现教传媒.http://www.modedu.com/msg/info.php?InfoID=35434.

教师要放宽视野，接受包括人物肖像画在内的传统文化在今天的呈现方式，洞察其价值内涵，整合取舍，为我所用，在历史与现实结合中，活化先贤圣哲，彰显文化魅力，更为重要的是，学生将不再是被动的接受者，他们会用求真的眼光审视历史、逼近真实，成为还原历史的主动自觉的担当者。

参考文献

[1] 齐健.教给学生有生命的历史［J］.中学历史教学参考，2004，（10）.

[2] 李其龙.建构主义教学哲学探讨［J］.教育参考，2000，（5）.

[3] 张春兴.教育心理学［M］.杭州：浙江教育出版社，1998.

[4] 黄安年，任鹏杰，陈瑜.错不在多少，而在于如何尊重史实［J］.中学历史教学参考，2000，（11）.

[5] 中华人民共和国教育部.普通高中历史课程标准（实验）［M］.北京：人民教育出版社，2003.

[6] 聂幼犁.历史课程与教学论［M］.杭州：浙江教育出版社，2003.

[7] 赵行良.论中国人文精神和科学精神的相互渗透与融合［J］.社会科学，2003，（1）.

[8] 朱汉国.历史教学研究与案例［M］.北京：高等教育出版社，2007.

[9] 程胜编.合作学习［M］.福州：福建教育出版社，2005.

[10] 钟启泉，崔允漷，张华.基础教育改革纲要（试行）解读［M］.上海：华东师范大学出版社，2001.

[11] 任长松.探究式学习18条原则［M］.福州：福建教育出版社，2005.

[12] 姬秉新，李稚勇，赵亚夫.理解与实践高中历史新课程——与高中历史教师的对话［M］.北京：高等教育出版社，2005.

[13] 春兴.教育心理学［M］.杭州：浙江教育出版社，1998.

[14] 马卫东.历史学理论与方法［M］.北京：北京师范大学出版社，2009.

[15] 黄仁宇.中国大历史［M］.北京：三联书店，1997.

[16] 钱乘旦，陈意新.走向现代国家之路［M］.成都：四川人民出版社，1987.

[17] 高文，徐斌艳，吴刚.建构主义教育研究［M］.北京：教育科学出版社，2008.

[18] 黄牧航.历史教学与学业评价[M].广州：广东教育出版社，2005.

[19] 靳玉乐.新课程改革的理念与创新[M].北京：人民教育出版社，2003.

[20] 樊树志.国史十六讲[M].北京：中华书局，2006.

[21] 马克思.资本论（第一卷）[M].北京：人民出版社，2004.

[22] 马克思，恩格斯.马克思恩格斯选集（第一卷）[M].北京：人民出版社，1995.

[23] 邓小平.邓小平文选（第三卷）[M].北京：人民出版社，1993.

[24] 赵亚夫.追寻历史教育的本义——兼论历史课程标准的功能[J].课程·教材·教法，2004，（3）.

[25] 任世江.编余杂俎——历史课程研究[M].天津：天津古籍出版社，2010.

[26] 历史课程标准研制组.普通高中课程标准（实验）解读[M].南京：江苏教育出版社，2004.

[27] 范德新，张艳飞，曹大梅.历史教学选用史料应慎重[J].历史教学，2011，（5）.

[28] 叶澜.重建课堂教学价值观[J].教育研究，2002，（5）.

[29] 赵亚夫.找准历史有效教学的原动力[N].中国教育报，2007-3-23.

[30] 刘俊利.学术的历史学与中学历史学科素养[J].教育研究与评论，2010，（1）.

[31] 王一军.江苏省中小学教师科研2012[M].南京：南京大学出版社，2012.

[32] 于沛.价值判断——研究历史的重要任务[J].红旗文稿，2014，（5）.

[33] 赵亚夫.学校历史课程的公民教育追求[J].全球教育展望，2009，（4）.

[34] ［美］约翰·麦金太尔，奥黑尔.教师角色[M].丁玲，马玲，等，译.北京：中国轻工业出版社，2002.

[35] 雷颐.历史，何以至此[M].太原：山西人民出版社，2010.

[36] 陈汉才.容闳[M].广州：广东人民出版社，2013.

[37] 陈旭麓.近代中国社会的新陈代谢[M].上海：上海社会科学院出版社，2006.

[38] 郭廷以.近代中国史纲[M].上海：格致出版社，2009.

[39] 陈恭禄.中国近代史[M].北京：中国工人出版社，2012.

[40] 容闳.西学东渐记[M].北京：中国人民大学出版社，2011.

[41] 程介明.教少些，学多些[J].上海教育，2015，（28）.

[42] ［捷］夸美纽斯.大教学论[M].任钟印，译.北京：人民教育出版社，2006.

［43］任鹏杰.价值协商与价值共享：当代历史教育的重大课题［J］.中学历史教学参考，2014，（1）.

［44］［美］津巴多，利佩.态度改变与社会影响［M］.邓羽，肖莉，唐小艳，等，译.北京：北京大学出版社，2008.

［45］任鹏杰.历史教育必须走出上位不清下位糊涂窘境［J］.中学历史教学参考，2015，（10）.

［46］任鹏杰.一条线串联世界 多角度审察历史——评田雪莲老师"欧洲的殖民扩张与掠夺"一课［J］.中学历史教学参考，2014，（1）.

［47］石鸥.核心素养的课程与教学价值［J］.华东师范大学学报（教育科学版），2016，（1）.

［48］余文森.从三维目标走向核心素养［J］.华东师范大学学报（教育科学版），2016，（1）.

［49］任鹏杰.主题征稿："历史教育需要常识"［J］.中学历史教学参考，2016，（7）.

［50］［英］伯特兰·罗素.论历史［M］.何兆武，肖巍，张文杰，译.桂林：广西师范大学出版社，2001.

［51］唐琴.积养学识 丰厚课堂［J］.中学历史教学，2013，（9）.

［52］张东华.蒙田教育思想简评［J］.漳州师范学院学报（哲学社会科学版），2001，（6）.

［53］郑午昌.中国画学全史［M］.上海：上海古籍出版社，2001.

［54］钟伟.论相面术对中国古代肖像画之影响［J］.大艺术，2007，（1）.

［55］王东.中国古代人物画的鉴戒教化作用研究［J］.消费导刊·理论版，2008，（2）.

［56］唐琴."探究—建构"习题教学例析［J］.教学月刊，2011，（1）.

［57］陈仲丹.著名特级教师教学思想录·中学历史卷［C］.南京：江苏教育出版社，2012.

［58］［清］蒋良骐.东华录［M］.济南：齐鲁书社，2005.

［59］中华书局影印.清实录［M］.北京：中华书局，2012.

［60］［美］乔治·华盛顿.华盛顿选集［M］.北京：商务印书馆，2012.

［61］钱乘旦，陈晓律.英国文化模式溯源［M］.上海：上海社会科学出版社，2003.

［62］课程教材研究所，历史课程教材研究开发中心.普通高中课程标准试验教科书历史必修1［M］.北京：人民教育出版社，2005.

后记

一路上有你

"著书""立说",庄重而神圣!没有一定的学术积累和教育成就,岂敢轻易谈"书"?——这是我一贯的看法,以至于今天,虽然集结了这册"小书",却仍然羞于说这是一本"书"。

无论从儿时对戏曲的爱好还是中学时的写作风格来看,我都是一个很感性的人,擅长写信、写议论文和散文。从教后,在学科教学上渐渐崭露头角,然而,我的优势不在所谓的学科论文上,而是公开课教学和业务比赛;担任了班主任、走上行政岗位后,在策划组织管理上得心应手,尤其是带着团队一起搞教研,更是风生水起。然而,有一块领域,却是我不愿主动涉及的,那就是科研写作。即便要写,也是出于职称申报、业务评审需要,或者是为了给青年教师起个示范带头作用,每每提笔都是勉为其难,堪称痛苦。所以,当前几年被要求"著书",我以学校行政工作忙碌为由推脱,屡屡逃避,内心还自我安慰:女人家,低调点。今年终于有勇气把自己从教以来的研究做一梳理并付梓刊印,乃是多方压力、动力之合力使然。

一方面,源于各级领导部门的再三督促,从这个意义上讲,本书要算作是迟交的"作业"了。如果没有苏州、吴江的组织部,人才办和教育行政部门多年来对我一如既往的关心和期待,我想,我是没有这个压力的。人往往动情于"被期望",它可以转化为动力,促发潜能的迸发。我曾在几年前的一次教师节表彰会上做了题为《环境助推,感恩教育》的发言,今天在此,我亦将感恩吴江教育局领导为我创设的成长环境!当然,除了吴江教育的大环境,我所供职的吴江高级中学,有着"走名特教师自我培养之路"的小环境,"创研究型校园、做学术型教师"成为我和全体老师的价值追求;历任校长不时勉励并提醒我踏实走好学术之路,使我在教务主任和副校长岗位上没有荒废对历史教育

问史·践履
——让历史进驻"人"

的研究，没有迷失专业成长的路径。

另一方面，在学科教育上，我能渐入佳境，缘于全国各地的教育专家和学科名师的提携扶助——他们是我和工作室的贵人！按结识的时间先后排列，我要感谢他们：姚锦祥、姜红珍、殷俊、王雄、张艳云、任鹏杰、赵亚夫、任世江、李月琴、沈为慧、朱煜、齐健、冯丽珍、王卫平、李惠军、王斯德、王继平、杨莲霞！他们为我和我的工作室示范指导、提供机会，使我们在更宽阔的平台上得到检阅和锤炼。全国中学历史教育四大期刊的主编们，对我工作室室刊《问史》——这一"草根性"的"杂志"给予了高度评价，并不惜篇幅在他们的刊物上发布推介我们的研究成果，使我们不断获得进步。在江苏，高中历史不是"大科"，然而，尽管是小学科同样可以成就"大作为"，而这又离不开成尚荣、金连平、丁昌桂、蔡守龙、杨孝如、颜莹、徐伯钧等江苏教育媒体、教育科研大家的认可和扶持，使我们的学科研究得以在课题的统领下有规范、有方向、有规划、有步骤地开展，并多次获得江苏省优秀教学成果奖和教科研成果奖。

我还要感谢我的学生、我的团队、我的家人。我的学生，正是他们，让我收获了只有教师才能体验到的欣喜和满足，也是他们，成为了我历史教育研究的"小白鼠"，作为教师，我希望我没有耽误他们的升学，更希望历史能涵养他们的素养，照亮他们的人生！我的团队，无论是我所在的历史教研组，还是我的"唐秦工作室"，青年才俊的拔节成长、团队建设的整体效应彰显了我这个"老太太"领跑的价值。我要向我的父母、丈夫和孩子致以最深切的情意，父母的健康、丈夫的担待和孩子的鼓励使我沉浸并陶醉于我的历史教育中。我有一张不轻易示人的证书——"苏州市和谐家庭"，想必这可以成为他们对我工作的理解和支持、以及我们全家其乐融融的最好见证吧。

最后，我要特别感谢吴江区哲学社会科学界联合会给予我莫大的支持，将这本书列入"苏州市吴江区社会科学书库项目"。

探微索迹，回归历史教育培育"人"的本真，践履自身专业成长的价值追求，追溯历史教育的生命图景，我的路上，有你——感谢你！

唐琴
2017年1月23日于家中